# 뉴요커가
# 돈을 쓰는 기업에
# 투자하라

뉴요커가 움직이면
미국 주식이 움직인다

# 뉴요커가
# 돈을 쓰는 기업에
# 투자하라

김용갑 지음

NEW YORK

매일경제신문사

기자에게 특파원이란 각별한 커리어일 겁니다. 그것도 경제매체 기자에게 세계 최대의 도시, 뉴욕 특파원이란 경험은 매우 큰 의미가 있겠습니다.

2년이란 길지 않은 기간에 김용갑 특파원은 진정한 뉴요커가 되기를 시도한 기자입니다. 특히 뉴욕의 거리 거리를 메운 그 많은 브랜드의 역사와 현재 그리고 미래를 발로 뛰며 공부하고 그 결과물을 영상으로 만들어왔습니다. 그 내용물이 혀를 찰 정도여서 저희 〈삼프로TV〉에서도 뉴욕 비즈니스에 자문과 협조를 구할 정도였지요. 그 노력의 결실이 책으로 나왔다기에 자청해서 추천의 글을 씁니다. 뉴욕과 뉴요커에 대한 친절하고 재미난 참고서이자 투자 교본이 될 것입니다. **- 〈삼프로TV〉 의장 김동환**

최근 미국 주식 시장은 성장주에 대한 기대가 매우 뜨겁습니다. 그러나 수년간 미국 사업을 하면서 관찰해 온 경험을 바탕으로 저는 미국 소비 심리야말로 변동성이 아닌, 예측 가능한 투자의 가장 확실한 성장 엔진임을 확신합니다.

이 책은 아베크롬비의 성공적인 변신, 코스트코의 회원 중심 전략 등 생생한 사례를 통해 소비재 기업의 성공이 결국 '사람의 마음'과 '비즈니스 모델 혁신'에 달려 있음을 명쾌하게 보여줍니다. 특히 미국 부유층의 지출 동향 같은 핵심 신호를 읽어내는 통찰은 투자자는 물론 미국 시장을 이해하려는 모든 경영인에게 명확한 나침반을, 변동성에 지친 투자자에게는 장기적 안정성의 통찰을 제공할 필독서입니다. **- LG전자 북미법인 대표 정규황**

이 책은 AI시대에 간과하기 쉬운 소비재 시장을 뉴욕 특파원으로서 직접 뛰어다니며 쌓은 취재 경험과 심층 인터뷰를 통하여 소비재 섹터의 핵심 트렌드와 기업별 경쟁력을 치밀하게 분석한 재미있는 책이다. 유튜브에서 만났던 현장 취재 내용들에 금융데이터를 균형 있게 엮어내어 마치 내가 뉴욕에 와 있는 듯한 착각을 불러일으킨다. 미국 주식시장에 투자하려는 투자자, 미국 여행을 계획하고 있는 분들뿐 아니라 미국 소비재 시장을 제대로 이해하고 싶은 모든 이에게 자신 있게 권한다. 투자와 여행의 재미를 크게 증가시켜 줄 것이다.

- 신한은행 아메리카 은행장 육지영

"모두가 차트를 볼 때, 누군가는 본질을 읽었다."
뉴욕의 소비 현장과 기업의 실적을 연결해 분석하는 저자의 시선은, 기업들의 마케팅 전략과 그 결과를 투자 언어로 번역해내는 날카로운 통찰을 보여준다. 이 책은 뉴요커의 욕망과 경험, 소비, 세대의 네 가지 축으로, 소비 트렌드에서 투자 기회를 읽어내는 명쾌한 프레임을 제시하고 있다.
AI가 세상을 바꿔도 돈의 방향을 결정하는 것은 여전히 사람들의 일상 속 선택이다. 기술주 광풍 뒤에 가려진 진짜 기회가 여기에 있다. 기업들의 성공 공식에 대한 저자의 통찰은 투자자들뿐 아니라 마케터들에게도 열독을 권하고 싶을 만큼 날카롭다. 저자는 기자가 아니라 사업가가 더 어울리지 않았을까?

- 안다르 및 에코마케팅 대표 김철웅

성인이 되어 뉴욕에 온 이민자 창업가로서, 저는 '일상'을 일상으로 보지 않는 낯선 시선이 얼마나 강력한 통찰력을 주는지 경험했습니다. 김용갑 기자님은 2년간의 뉴욕 특파원 생활 동안, 그 '이방인의 눈'으로 전 세계의 축소판인 뉴욕 소비 트렌드에서 가장 이질적이고 새로운 변화를 생생하게 포착해 냈습니다. 이는 미국에서 태어난 이들이 쉽게 지나치는 '다름'을 이해하고 분석하는 탁월한 안목의 원천입니다. 세상의 모든 브랜드가 데뷔를 꿈꾸는 맨해튼 거리를 뉴요커처럼 발로 뛰며, 망하지 않고 오래 성장하는 브랜드, 새롭게 도전하는 기업들의 스토리를 집요하게 분석한 그의 날카로운 시선에 감탄합니다. 이 책은 그의 2년간의 치열한 노력과 통찰이 응축된 정수입니다. 기술주 광풍 속에 가려진 진짜 기회, 그리고 대중의 지갑이 따르는 브랜드의 성공과 실패를 꿰뚫어 볼 안목을 키워줄 사업가와 투자자 모두에게 귀한 선물이 될 것입니다.

- 눔(NOOM) 창업인 & 의장 **정세주**

# 테슬라와 엔비디아만 사랑하는
# 야수의 민족

한국 투자자들이 미국 주식시장으로 떠났다. 국내 주식시장에 실망하고 미국 주식시장에서 희망을 봤기 때문이다. 소위 '투자이민'이라 부른다. 이들이 국내 주식시장을 떠난 이유는 기업들의 일방적인 쪼개기 상장, 오너 일가, 대주주에만 유리한 경영, 주가조작, 정책 불확실성, 비합리적인 주가변동 등 다양하다. 그중 소액주주의 이익이 침해당해도 보호받을 수 없다는 문제점은 젊은 투자자들이 한국을 떠나게 만든 가장 큰 이유이다.

그렇다면 한국을 떠난 투자 이민자들은 어디로 갔을까? 이 물음에 대한 답은 명확하다. 바로 '미국'이다. 특히 코로나19 팬데믹을 거치면서 투자 이민이 급증했다. 한국예탁결제원에 따르면, 미국 주식 보관 금액은 2019년 말 기준으로 84억 1,565만 달러였으나 이듬해

국내 투자자들의 국가별 해외 투자 규모

단위: 십억 달러

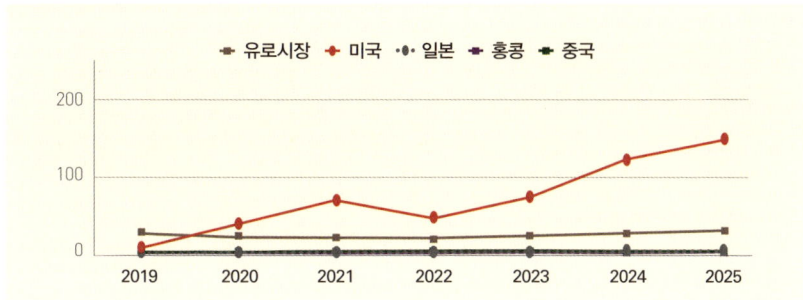

출처: 한국예탁결제원

인 2020년에 373억 3,529만 달러로 급증했다. 2021년에는 677억 7,871만 달러를, 2024년에는 1,121억 181만 달러를 기록했다. 팬데믹 이전이었던 2019년과 2024년을 비교해 보면 10배 이상이나 급증한 셈이다. 유럽이나 일본, 홍콩, 중국 투자 규모와의 격차는 더 커졌다. 한국 투자자들은 미국으로 떠났다.

특히 한국 투자자들의 테슬라 사랑은 유별나다. 미국으로의 투자 이민을 넘어, 테슬라 투자 이민이라 불러도 과언이 아니다. 2025년 6월 말을 기준으로 보면 국내 투자자가 보유한 미국 주식 1위는 테슬라다. 테슬라의 보유 금액은 무려 218억 5,214만 달러에 달한다. 그다음으로 많이 보유한 종목은 엔비디아이며, 보유 금액은 132억 7,235만 달러이다. 그러나 3위부터는 보유 금액이 급격하게 떨어지는데, 3위인 팔란티어와 4위 애플의 보유 금액과 5위인 마이크로소

국내 투자자들의 미국 주식 보유 순위

2025년 6월말 기준

| 순위 | 국가 | 종목코드 | 종목명 | 보관금액 |
|---|---|---|---|---|
| 1 | 미국 | US88160R1014 | TESLA INC | 21,293,986,028 |
| 2 | 미국 | US67066G1040 | NVIDIA CORP | 13,503,529,161 |
| 3 | 미국 | US69608A1088 | PALANTIR TECHNOLOGIES INC CL A | 4,594,873,000 |
| 4 | 미국 | US0378331005 | APPLE INC | 4,221,002,267 |
| 5 | 미국 | US5949181045 | MICROSOFT CORP | 3,383,937,823 |
| 6 | 미국 | US74347X8314 | PROSHARES ULTRAPRO QQQ ETF | 3,291,225,223 |
| 7 | 미국 | US25459W4583 | DIREXION DAILY SEMICONDUCTORS BULL 3X SHS ETF | 2,993,872,326 |
| 8 | 미국 | US46090E1038 | INVESCO QQQ TRUST SRS 1 ETF | 2,809,595,864 |
| 9 | 미국 | US46222L1089 | IONQ INC | 2,731,444,599 |
| 10 | 미국 | US02079K3059 | ALPHABET INC CL A | 2,729,815,226 |

출처: 한국예탁결제원

프트의 보유 금액을 모두 더해도 테슬라를 넘어서지 못한다. 테슬라에 대한 선호도가 압도적이라는 뜻이다. 미국 주식시장의 주축인 마이크로소프트, 애플, 아마존, 엔비디아, 알파벳, 메타, 테슬라를 이르는 말인 '매그니피센트7(Magnificent 7)'에 집중적으로 투자하는 현상은 한국 투자자들의 성향까지 동시에 보여준다. 테슬라는 전기차, 자율주행, 에너지 사업이라고 하는 미래의 성장 가능성을 지닌 기업이며, 엔비디아 역시 AI 반도체라는 새로운 성장 동력을 확보한 기업이다. 대부분의 투자자들이 기업의 성장 가능성에 주목하지만, 한국 투자자들은 특히 기업 스토리와 성장 가능성에 움직이는 경향을 보였다. 이는 장기적으로 우상향하는 기업이나 안정적인 배당주에 투자하기보다 성장성을 더욱 중요하게 생각한다는 의미이다. 소위 '야수의 심장을 지닌 민족'이라 불리는 이유다.

한국인들의 공격적인 투자 성향은 레버리지 ETF에 대한 집착에서도 나타난다. 한국 투자자가 보유한 미국 ETF 순위를 보면, 시장 상황에 따라 달라지기는 하지만 레버리지 투자가 주를 이룬다. 시장이 좋을 때는 나스닥100지수의 3배 수익률을 추종하는 레버리지 ETF인 TQQQ에 투자한다. 특정 분야에 투자할 때도 마찬가지다. 필라델피아 반도체 지수를 추종하는 ETF를 투자할 때도 레버리지를 선택하는데 '디렉시온 데일리 세미컨덕터 불 3배 ETF(Direxion Daily Semiconductors Bull 3X Shares ETF)'가 대표적이다. 티커 SOXL로 더 잘 알려진 3배 레버리지의 반도체 ETF다. 통상 ETF의 장점은 계란을 한 바구니에 담지 않는다는 점이다. 리스크의 분산 차원에서 장점이 있다. 하지만 한국인들에게는 ETF도 하이리스크 하이리턴의 수단이다. ETF도 레버리지를 위한 수단으로 활용한다.

'야수의 심장'을 지닌 한국 투자자들은 '한 방'을 노린다. 한국 주식시장의 변동성을 피해 미국으로 떠났지만, 미국 시장에서도 변동성이 큰 종목에 집중한다. 온라인상에서는 '한국인들이 모이는 곳이 국장'이라는 우스갯소리까지 나온다. 고위험을 감수하는 투자 전략은 변동성이 큰 글로벌 시장에서는 큰 손실을 유발할 수도 있다. 미국 기술주에 전 재산을 투자하고, 밤낮없이 투자하는 투자자들도 다수다. 테슬라의 자율주행 기술 발표를, 혹은 엔비디아 젠슨 황 CEO의 발언을 기다리는 밤샘 투자는 쉽지 않다.

## 미국 주식 투자, 기술주만 정답일까

미국 주식 투자를 생각하면 가장 먼저 기술주를 떠올린다. 테슬라와 엔비디아가 아니더라도 반도체와 전기차, 빅테크를 미국 주식투자의 정답으로 여긴다. 사실 한국인들만 그런 것은 아니다. 기술주는 통상 미래 성장성에 기반한 비교적 높은 수익률을 보여준다. 투자자들은 당연히 높은 수익률에 더 끌리기 마련이다. 미국 주식시장의 투자자들도 그렇다.

실제로 기술주 중심인 나스닥지수의 상승률은 매력적이다. 미국 주식을 대표하는 지수는 단연 S&P500이지만, 상승률은 나스닥지수를 따라가지 못한다. S&P500지수는 미국 경제와 주식시장을 보여주는 바로미터 역할을 한다. 이런 S&P500지수에 편입되기 위해서는 깐깐한 조건을 갖춰야 한다. 예를 들어 가장 최근 4개 분기 연속 실적이 흑자를 기록해야 하는 등의 조건이다. 비교적 탄탄한 대기업들로 구성되어 있다. 반면 나스닥지수는 대부분이 기술주다. 주로 성장성이 큰 기술주로 구성되어 있다. 미국의 성장성을 지닌 기술 기업들은 대기업보다 더 빠르게 성장하는데, 미국 시장에는 역동성이 있기 때문이다.

지난 2023년과 2024년은 미국 증시 역사에서 손꼽히는 연속 강세의 장이었다. 강세장의 주인공 역시 기술주였다. 2023년 연간 수익률을 비교하면 S&P500지수는 24.2%가 상승했고, 나스닥은 43.4%나 상승했다. 20%포인트에 가까운 차이다. 2023년의 나스닥은 압도적인 상승을 보여줬다. 분위기는 그 다음 해에도 이어졌다. 2024년 S&P500지수는 23.3% 상승했고, 나스닥지수는 28.6% 상승률을 기록했다. 나스닥의 상승률은 통상 S&P500의 상승을 웃돈다. 2023년에는 인공지능(AI) 열풍이 나스닥을 끌어올렸고, 2024년에도 그 흐름이 이어졌다.

최근 나스닥 상승에는 매그니피센트7의 빅테크 기업 7곳이 그 중심에 있다. 테슬라, 엔비디아, 알파벳, 아마존, 애플, 메타, 마이크로소프트의 주가는 꾸준히 상승세를 보여왔다. 다행히 미국 주식의 강세장을 한국 투자자들도 함께했다. 물론 모두가 강세장을 누리진 못했을 것이다. 지금까지 말한 것처럼 기술주의 상승은 최근 시장을 주도한다.

질문을 해보자. 미국 주식 투자, 과연 기술주가 정답일까? 만약이 질문에서 정답이라는 단어를 '상승률'로 정의한다면, 그렇다. 기술주는 정답이었다. 하지만 미국 주식시장에는 기술주만 정답은 아니다. 미국 주식시장에는 기술주 외에도 소비 관련 종목들이 차지하는 비중이 크다. 이들의 주가 상승률 역시 과소평가할 수 없다. 모두가 아는 엔비디아의 상승률을 뛰어넘는 소비 기업들이 여럿 존재하기 때문이다.

S&P500의 섹터별 비중을 보면, '정보기술'이 전체의 33.1%로 가

S&P500 지수의 섹터별 구성

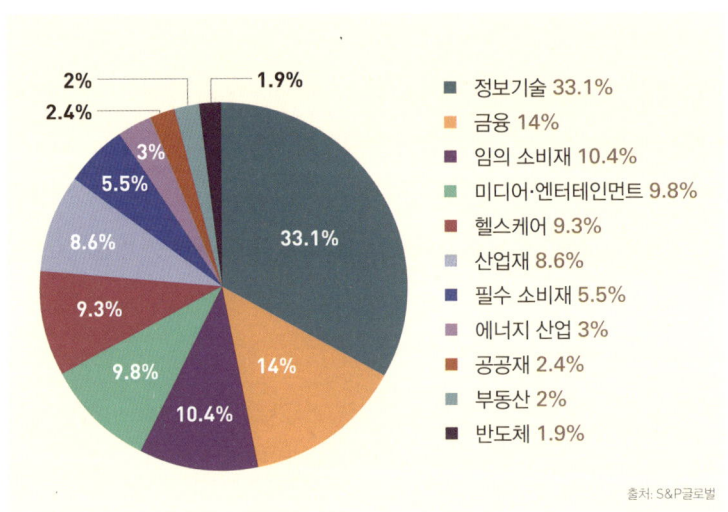

- 정보기술 33.1%
- 금융 14%
- 임의 소비재 10.4%
- 미디어·엔터테인먼트 9.8%
- 헬스케어 9.3%
- 산업재 8.6%
- 필수 소비재 5.5%
- 에너지 산업 3%
- 공공재 2.4%
- 부동산 2%
- 반도체 1.9%

출처: S&P글로벌

장 큰 비중을 차지하고 있다. 애플, 마이크로소프트, 엔비디아 등 미국 주식시장의 주요 기업들이 속한 섹터다. S&P500 내에서 소비 관련 섹터의 비중도 상당하다. 경기변동에 민감한 '임의 소비재', '필수 소비재'의 비중을 더하면 15%를 넘어선다. 기술 외의 소비가 미국 주식시장에서 주요 축을 이루고 있음을 알 수 있다.

소비 관련 주식들은 팬데믹 이후에 더 주목받고 있다. 재택이 끝나고 외부 활동을 시작하면서 시장도 급변했다. 식음료, 외식, 리테일, 홈인테리어, 레저 분야에 이르기까지 다양한 소비재 기업들에서 변화가 나타났다. 대표적인 기업이 코스트코, 홈디포, TJX, 윌리엄스 소노마와 같은 곳들이다. 이들 소비재 기업들의 특징은 '예측 가능성'에 있다.

엔비디아와 테슬라의 실적 발표, 혹은 기술 관련 발표가 있을 때면 투자자들은 밤잠을 설친다. 기술과 관련한 CEO의 한마디가 다음 날 주가의 운명을 가르기 때문이다. 그렇다보니 어떤 기술을 새롭게 발표할지에 대한 예측 가능성은 낮아질 수밖에 없다. 테슬라의 로보택시 발표를 한번 떠올려 보자. 일론 머스크 테슬라 CEO는 로보택시 출시와 발표일 모두 수차례 연기했다. 연기 발표가 나올 때면 테슬라의 주가는 출렁였다. 하지만 코스트코와 월마트에는 이 같은 예측 불확실성이 필요 없다. 미국 소비가 얼마나 강력한지를 살피고, 어떤 소득 계층의 소비가 강력한지 살피면 어느 정도 예측할 수 있으니 말이다.

그렇다면 다시 질문해보자. 미국 주식 투자, 기술주가 정답일까? 만약 정답이라는 단어를 '예측 가능한 합리적 투자'라고 정의한다면 정보기술 기업보다는 소비재 기업에 투자하는 것이 정답이라 할 수 있다.

## 소비를 보면 미국 주식이 보인다

주식시장에는 "소문에 사서 뉴스에 팔아라(Buy the rumor, sell the news)"라는 격언이 있다. 뉴스가 나오면 주가는 벌써 고점을 찍었다는 뜻이다. 신제품 발표, AI 기술 등 굵직한 뉴스가 흐를 때면 이미 신제품을 발표할 시점에는 주가가 고점에 이르렀을 경우가 많다. 기술 발표에 대한 기대감은 주가에 선반영되어 있다. 다시 말해, 주식시장에 있어 뉴스는 매도의 기준이 된다. 반면 소비 관련 주식에서는 뉴스가 매수의 기준이 되기도 한다. 소비재 기업의 실적은 소비 트렌드와 밀접하게 연결되어 있기 때문이다. 그러니 뉴스에 나오는 소비 트렌드는 아직 주가에 반영되지 않았을 가능성이 높다. 가령 미국 소비자들이 프로틴 소비를 늘리고 있다는 뉴스를 접했다고 치자. 일부 소비자들이 프로틴 복용을 늘리고 있다면, 관련 기업의 실적에는 아직 반영되기 전이다.

뉴스에서 소비의 변화를 읽을 수 있다면, 이는 투자의 기준이 된다. 알다시피 미국은 소비의 나라다. 소비가 미국 국내총생산(GDP)의 약 70%를 차지한다. 이들의 소비 트렌드를 파악하는 것은 미국 경제를 이해하는 것과 다름없다. 그러니 뉴스에서 소비의 트렌드를 읽는 것은 필수다.

국내 투자자들의 미국 주식 매수 순위는 앞서 언급한 것처럼 기술주에 집중되어 있다. ETF도 레버리지를 이용한 ETF가 주를 이룬다. 야수의 심장을 지닌 한국인 투자자라면 매일 미국의 기술주 관련 뉴스에 민감하게 대응해야 한다. 보통의 직장인이 따라하기에는 다소 위험한 투자 방법일 것이다. 반면, 소비 트렌드를 읽고, 그에 반응하는 것은 보다 장기적인 투자에 적합하다. 한국 일반 투자자들의 입장에서는 고민해 볼만하지 않는가? 일부 소비재 기업의 주가 상승률은 엔비디아를 뛰어넘는다. 이를 위해 첫 단계는 뉴스를 읽어야 한다. 특히 주요 언론사의 뉴스 가운데 돈의 흐름을 파악하는 것이 첫 단계다.

"The U.S. Economy Depends More Than Ever on Rich People."

월 스트리트 저널의 한 기사 제목이다. 미국 경제가 그 어느 때보다 부자들에게 의존하고 있다는 내용이다. 기사 내용에 따르면, 소득 상위 10%의 부자가 미국 전체 소비의 49.7%를 차지하는 것으로 나타났다. 30년 전에 이 비중이 약 36% 수준이었던 것에 비하면 증가 폭이 크다. 또한 미국 내 소득 상위 10%는 연봉 25만 달러(약 3억 5천만 원) 이상을 의미하므로 미국 경제에서 미국 부자들의 소비가 매우 중요해졌다는 점을 알 수 있다.

2023년 9월부터 2024년 9월까지 약 1년 동안 고소득층은 소비를 12% 늘렸지만 중산층과 저소득층의 소비는 감소했다. 특히 소득 하위 80%는 4년 전과 비교하면 소비가 25%나 증가했지만, 이 기간 미국의 물가는 21% 상승했다. 물가가 상승하면서 소비가 늘었을 뿐, 사실상 소비 증가가 크지 않았다는 의미이다. 반면 상위 10%는 58%를 더 소비했다. 여기서 주목할 부분은 중산층 역시 소비패턴이 바뀌고 있다는 점이다. 이들은 상위층들과는 다르게 소비를 줄이고 있는 추세다. 하지만 중산층 역시 어디선가 돈을 쓰고 있음에는 분명하다. 미국 주식 투자에 성공하기 위해서는 미국 부자들이 어디에서 돈을 쓰는지, 또 중산층은 어디에서 돈을 쓰는지, 시장에 새롭게 만들어진 소비 트렌드에 대응한 기업은 누구인지를 파악하는 것이 핵심이다.

더불어 이 책은 내가 뉴욕 특파원으로 있으면서 직접 발로 뛰며 취재한 매일경제TV의 유튜브 시리즈 콘텐츠 〈어바웃 뉴욕〉을 기반으로 하고 있다. 뉴욕 곳곳의 매장을 직접 방문해 브랜드 매니저와 소비자를 만나고, 때로는 몇 시간씩 줄을 서가며 수십 개의 영상을 남겼다. 기술주의 화려한 그래프에 가려졌던 실제 소비의 흐름을 기록하기 위한 여정이었다. 독자 여러분들도 이 책을 통해 뉴요커들이 어디에 지갑을 열고 있는지, 그리고 그 지갑의 방향이 어떻게 시장을 움직이는지 현실감 있게 확인할 수 있을 것이다.

그러니 다시 한번 강조하겠다.

소비 트렌드를 읽으면 소비재 기업의 주가가 보인다.

# CONTENTS

Part 01

# 이미지가
# 돈이 된다

# 아베크롬비,
# 논란 속에서 드레스로 환생하다

## 아베크롬비 앤 피치 Abecrombie&Fitch

어바웃뉴욕

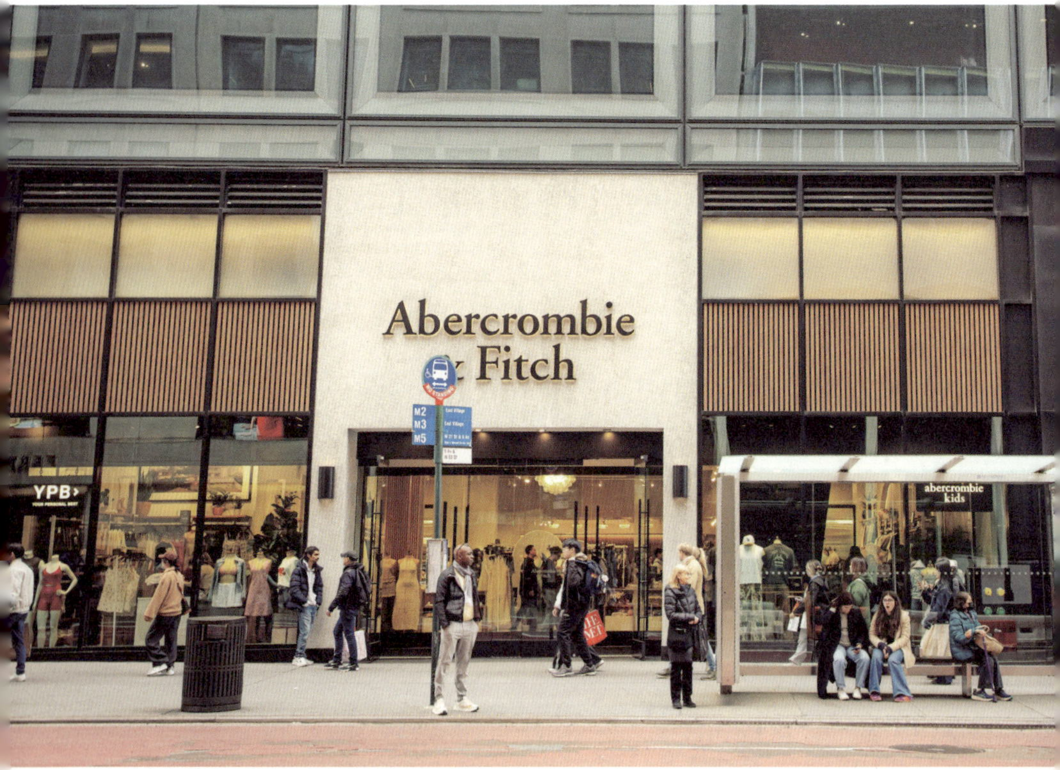


뉴욕 맨해튼 5번가(5th Ave)에 위치한 아베크롬비 앤 피치 매장.

논란의 아베크롬비가 부활에 성공했다. 패션 브랜드 아베크롬비의 흥망성쇠는 미국 사회의 분위기를 고스란히 반영한다. 한때 미국 10대가 열광했던 브랜드에서 인종차별 논란으로 사라지는가 싶었던 아베크롬비가 다시 돌아온 것이다. 패션브랜드 아베크롬비 앤 피치(Abecrombie&Fitch)의 주가는 2024년 6월 사상 최고치를 갈아치웠고, 뉴욕의 아베크롬비 매장은 뉴요커들로 북적인다. 도대체 어떤 변화가 있었던 걸까?

## 옷이 아닌 라이프스타일을 팔다

아베크롬비를 생각하면 대부분 상의를 탈의한 백인 남성을 떠올린다. 그리고 한 명 더, 아베크롬비를 성공시키고 망하게 만든 장본인 마이크 제프리스(Mike Jeffries) CEO이다. 아베크롬비는 1892년에 뉴욕 맨해튼에서 데이비드 아베크롬비의 손으로 시작된 기업이다. 처음에는 낚시용품, 캠핑용품 등 아웃도어 스포츠웨어를 판매했으나 아베크롬비의 단골 고객이자 뉴욕의 부자 변호사였던 에즈라 피치(Ezra Fitch)가 인수하면서 회사 이름이 아베크롬비 앤 피치로 바뀌었다. 이후에 빅토리아 시크릿으로 잘 알려진 의류 브랜드계의 거장 레슬리 웩스너에게 인수됐지만, 성공하지는 못했다. 그리고 논란의 마이크 제프리스가 아베크롬비의 CEO 자리에 오르면서 이들의 성공 스토리가 시작된다.

마이크 제프리스는 처음부터 아베크롬비의 옷이 아니라 이미지를 팔기 시작했다. 식스팩을 가진 잘생긴 백인 남성 모델을 앞세우는 전략을 택한 것이다. 매장 앞에는 청바지를 입고 상의를 탈의한 잘생긴 백인 남성들이 배치됐다. 지나가는 행인들은 옷보다는 모델들의 멋진 몸에 시선을 빼앗긴다. 마치 아베크롬비를 입으면 멋진 몸을 가질 수 있을 것 같은 욕망을 주기 위해서 말이다. 아베크롬비 카탈로그 속 모델들이 해변에서 멋지게 노는 모습을 통해 지면 홍보 또한 적극적으로 진행했다. 그러니 이들은 옷이 아니라 라이프스타일을 홍보한 셈이다. 아베크롬비는 소위 학교에서 잘나간다는 인기 많은 학생들에게 자사의 옷을 홍보하면서, 10대들 사이에서는 쿨한 브랜드라는 이미지를 각인시켰다. 결과적으로 누구나 갖고 싶고, 하나쯤은 있어야 하는 옷이 됐다.

소비자들에게는 아베크롬비를 입는다는 사실 자체가 쿨함이었고, 옷 곳곳에 아베크롬비 로고가 크게 붙었다. 특히 명문고등학교 부잣집 아이들이 입는 옷이라는 뜻의 '프레피룩'의 대명사로 자리 잡기까지 했다. 2006년에는 아베크롬비의 가치가 50억 달러에 달했고, 매장은 전 세계 800개로 확대됐다. 연매출도 20억 달러에 달했다. 아베크롬비는 마찬가지로 매장도 이미지를 팔았다. 시끄러운 클럽 음악을 틀고 진한 향수를 뿌려, 옷을 파는 매장보다는 클럽에 가깝도록 꾸몄고, 쇼핑객들이 아베크롬비 매장에 간다는 것 자체로 쿨한 사람이라고 느낄 수 있도록 만들었다.

## 논란의 끝에서 다시 태어나다

이미지 메이킹의 성공가도에도 인기를 지속하기에는 논란이 너무 많았다. 마이크 제프리스 CEO가 "뚱뚱한 사람은 우리 옷을 입지 않았으면 좋겠다"는 실언을 하면서 논란의 중심에 선 것이다. 실제로 아베크롬비는 당시까지도 XL사이즈의 옷을 만들지 않았으며, 심지어 동양인을 조롱하는 티셔츠를 판매하기도 했다. 2000년대 초까지 미국 10대 사이에서 인기의 정점에 있던 아베크롬비는 패스트패션과 애슬레저룩의 성장으로 위기를 겪었다. 소위 레깅스가 청바지를 이기기 시작하면서 아베크롬비의 어려움이 본격화된 것이다. 쿨한 사람들은 청바지 대신 레깅스를 입기 시작했다. 이런 추세 속에서 제프리스 CEO의 실언은 브랜드의 몰락을 더욱 가속화했고, 22년간 CEO 자리를 지키며 아베크롬비를 성공시켰던 마이크 제프리스는 결국 2014년에 물러났다. 여기까지가 일반적인 아베크롬비의 성공과 실패에 대한 이야기이다. 그러나 다시 한번, 아베크롬비가 변신에 성공했다. 옷에 붙어 있던 큰 로고가 대부분 사라진 것이다. 과거 시끄럽고 어두웠던 매장은 조용하고 밝아졌고, 10대의 우상이던 브랜드는 20~30대 손님으로 주를 이루고 있다. 뚱뚱한 사람은 못 입게 했던 이전과 달리, 큰 사이즈의 옷도 판매를 시작하면서 매장에서는 쉽게 XL 이상의 옷을 찾아볼 수 있다. 아베크롬비의 홍보 모델은 다양한 인종들로 이루어졌고, 옷의 핏도 더 편안해졌다. 이 놀라운 변화는 제프리스 CEO가 은퇴한 이후 등장한 프란 호로비츠(Fran Horowitz)

CEO의 등장부터다. 호로비츠 CEO는 시대에 뒤처진 아베크롬비를 바꾸기 시작했다. 그는 타깃 고객층부터 20~30대로 바꿨다. 새로운 소비자로 밀레니얼 세대를 겨냥한 것이다. 호로비츠는 2003년 아베크롬비 티셔츠를 입었던 10대들이 지금 무엇을 원할지에 대해 고민했고, 그 해답을 젊은 밀레니얼 세대에서 찾았다. 과거 아베크롬비에 열광하던 10대들이 20대가 되어 결혼식에 입고 갈 수 있는 드레스를 팔기로 말이다.

## 있는 그대로의 당신을 위한 브랜드

특히 주 타깃 고객층을 여성으로 바꿨다. 옷을 더 섹시하게 만드는 것보다 더 나은 소재에 집중했고, 빅사이즈를 만들었다. 실제로 호로비츠 CEO는 "우리는 더 이상 사람들이 브랜드의 일부가 되기 위해 자신의 모습을 바꾸는 것을 원하지 않는다"며 "당신이 그대로 브랜드에 속하기를 바란다"고 강조했다. 제프리스 CEO가 "우리 옷을 입기 위해서 살을 빼야 한다"고 말한 메시지와는 정반대의 행보였다. 호로비츠발 아베크롬비의 대표 제품은 '커브 러브 청바지 (Curve Love Jeans)'다. 엉덩이와 허벅지에 여유 공간을 주며 다양한 체형이 아름다운 핏을 구현할 수 있도록 선보인 청바지 시리즈이다. 이 새로운 전략은 과거 아베크롬비와 함께 10대를 보냈지만 잠시 등을 돌렸던 밀레니얼 세대들을 다시 돌아오게 만들었다. 아베크롬비는 다시 돌아온 20~30대 밀레니얼 여성 고객을 잡기 위해 그들의 라이프스타일을 존중했다. 이제는 10대가 지나 20~30대가 되어 신부가 되고, 하객으로 파티에 참석하여 칵테일을 마시는 고객을 겨냥한 드레스를 판매했다. 아베크롬비의 드레스는 그래서 상징적이다. 그 결과, 2023년과 2024년에 좋은 성과를 거뒀다. 실적 발표에서 완벽한 부활을 증명했다. 연간으로는 30억 달러대에 머물던 매출이 2023년에 43억 달러를 기록하며, 전년 대비 16% 성장했다. 이들은 2023년이 결정적인 해였다고 설명한다. 아베크롬비의 주가가 당해에 290%나 상승했기 때문이다.

아베크롬비의 변신에도 불구하고 한 가지 의문은 남는다. 주 고객층인 20~30대 밀레니얼 세대는 10대 시절 아베크롬비의 위상을 경험한 세대다. 하지만 현재의 20대들은 아베크롬비의 화려한 과거를 모른다. 과연 이들의 마음도 사로잡을 수 있을까. 앞으로야 말로 기업의 새로운 전략이 필요한 시점이다.

## 주가 키포인트

---

# 아베크롬비 앤 피치(ANF)

---

아베크롬비 앤 피치는 5개의 브랜드를 통해 의류와 액세서리를 판매한다. 가장 대표적으로 '아베크롬비 앤 피치'가 있다. 다음으로 스포츠의류를 판매하는 '유얼 퍼스널 베스트(Your Personal Best)'의 약자인 'YPB'가 있고, 아베크롬비 키즈, 홀리스터(HOLLISTER), 길리힉스(GLLY HICKS)를 보유하고 있다. 북미와 유럽, 아시아 등에 약 780개의 매장을 운영하는 대형 의류 프랜차이즈이다.

아베크롬비의 매출 추이를 보면 팬데믹 이전인 2018년과 2019년에는 36억 달러 수준을 기록했다. 매출 증가추세도 전년 대비 1~3% 수준에 그쳤다. 브랜드 정체기였다. 2020년 팬데믹 때는 매장문을 닫으면서 매출이 31억 달러까지 떨어졌다. 2021년에는 매출 37억 달러를 기록하면서 전년 대비 19%라는 성장을 했지만, 이는 팬데믹 이후 리오프닝으로 인한 반등에 불과했다. 이는 2022년 실적에서 확인할 수 있다. 2022년 매출이 37억 달러로 유지되면서 다시 성장 팬데믹 이전 수준으로 돌아갔다. 본격적인 성장이 나타난 것은 2023년과 2024년 모두 16% 성장을 했던 시기다. 2024년

연간 순매출액 추이

단위: 10억 달러

에는 사상 최대 매출을 기록했다. 2025년에는 다시 성숙 단계로 접어들었다. 3-5% 수준의 성장 기조에 진입할 것으로 예상된다.

아베크롬비 앤 피치의 주가는 팬데믹 당시 10달러 수준이었으나 2024년 6월 180달러를 넘어섰다. 주가 측면에서 두 차례의 큰 상승이 있었다. 한 차례는 팬데믹 이후 리오프닝으로 2021년 40달러를 넘어섰다. 다른 한 차례는 브랜드 정체성의 변화에 성공하며 2024년 180달러를 찍은 순간이다. 현재는 지난 2년과 같은 고성장 모멘텀은 둔화됐다.

2025 회계연도 1분기에 아베크롬비는 역대 최대 매출을 기록했다. 매출이 작년 대비 8% 성장했고 주가는 14.68% 급등했다. 영업이익률은 9.3%로 지난해 같은 기간 12.7% 대비 감소했다. 조정 주당 순이익은 1.59달러로 지난해 같은 기간 2.14달러 대비 줄었다. 다만 그동안 주가 상승을 견인해 온 핵심 브랜드인 아베크롬비의 매출은 4% 감소했다. 동일 매장 매출로 보면 감소폭이 더 커진다. 아베크롬비의 동일 매장 매출은 10% 감소했다. 반면 홀리스터 브랜드의 매출이 22% 성장하면서 전체 성장을 견인했다. 1분기에 홀리스터의 매출이 아베크롬비를 역전했다. 전체 매출은 10억 8,700만 달러를 기록했는데, 아베크롬비의 매출은 5억 4,800만 달러, 홀리스터의 매출은 5억 4,900만 달러를 기록했다. 이제는 아베크롬비 앤 피치의 성장에서 홀리스터의 중요성이 더 커졌다.

# 코치,
# 엄마 가방에서 GenZ들의 패션템으로

코치 Coach

![COACH 매장 사진]

맨해튼 5번가(5th Ave)의 코치 매장.

코치는 오랫동안 '엄마 가방'이라는 꼬리표를 달고 다녔다. 1990년대와 2000년대 초반까지만 해도 미국 중산층 여성들이 사랑하는 핸드백 브랜드였다. 미국 주부들은 코치 매장 앞에 줄을 섰다. 하지만 2010년대에 접어들면서 젊은 세대에게 코치는 '엄마 가방'으로 전락하고 말았다. 엄마가 드는 가방이라는 이미지가 강해지면서 패션 브랜드로써의 위상도 추락했다. 하지만 놀랍게도 현재의 코치는 미국 10대 여성들이 가장 선호하는 핸드백 브랜드 1위 자리를 차지하고 있다. 엄마 가방이 GenZ 세대의 잇템으로 자리잡게 된 것이다. 이러한 코치의 성공은 곧바로 태피스트리의 주가 상승으로 이어졌다. 브랜드의 부활을 보면, 투자가 보인다.

## 작은 공방에서 시작된 이야기

코치는 1941년 뉴욕 맨해튼의 작은 공방에서 시작됐다. 원래는 남성용 지갑과 소품을 만들었는데, 지금 우리가 '코치'하면 떠올리는 여성 핸드백과는 거리가 멀었다. 마일스 칸(Miles Cahn)과 릴리언 칸(Liian Cahn) 부부가 이 공방을 인수하고 1961년 이름을 코치로 바꿨다. 그리고 이듬해인 1962년, 코치를 상징하는 디자이너 '보니 캐신(Bonnie Cashin)'을 영입하면서 본격적인 변화가 시작된다.

코치는 남성용 지갑 대신 여성을 겨냥한 핸드백을 만들기 시작했다. 1960년대 당시 미국은 얇은 가죽으로 만든 핸드백이 대부분이었지만 코치는 달랐다. 이들은 내구성이 뛰어난 소가죽 소재 '글러브 탠드 카우하이드(Glove Tanned Cowhide)'를 사용했다. 야구 글러브에서 영감받아 탄생한 가죽으로, 일반 의류용 가죽보다 훨씬 더 두껍고 내구성이 강하다. 코치는 야구 글러브 공정 방식을 그대로 이용해 무두질한 소재로 가방을 만든 것이다. 칸 부부는 코치의 핸드백을 '청바지 같은 가방'이라고 설명했다. 찢어지고 바랜 청바지를 자랑스럽게 입는 것처럼, 코치의 핸드백도 3~4년을 메고 다녔다고 자랑할 수 있는 가방이라는 메시지였다.

오래 쓸수록 더 매력적인 핸드백은 당시 여성들의 취향을 저격했다. 1960~70년대는 미국 사회에서 본격적으로 여성들의 사회진출이 늘어나던 시기였고, 튼튼하고 실용적인 핸드백은 당시 소비자의 니즈를 정확히 이해한 결과물이었다. 당시 디자이너 보니 캐신(Bonnie Cashin)이 금속 장식을 돌려서 여는 '턴록(Turnlock)' 잠금장치를 디자인했고, 지금까지도 코치의 상징으로 남아 있다. 코치는 캐신을 만나 급성장을 거듭하며 1980년대 초 매출이 2천만 달러에 달했고, 미국 핸드백 시장의 대표 브랜드로 자리 잡았다.

## 합리적 럭셔리의 선구자

승승장구하던 코치는 1985년 사라 리(Sara Lee Corporation)에 3천만 달러에 매각되면서 루 프랭크포트(Lew Frankfort) CEO의 취임 이후 다시 한번 주목받는다. 1995년 CEO 자리에 오른 루 프랭크포트는 합리적 가격의 럭셔리라는 뜻의 '어포더블 럭셔리(Affordable Luxury)' 개념을 제시했다. 전통적인 명품보다는 저렴하고, 품질과 디자인에서는 고급스러움을 유지하는 전략이었다. 결과적으로 어포더블 럭셔리는 시장에서 인기를 끌었다. 1990년대 후반부터 2000년대 초까지 미국 중산층 여성에게 첫 명품 가방은 단연 코치였다. 하지만 이 성공을 계속 이어가지는 못했다. 2010년대 들어 마이클 코어스(Michael Kors)의 급성장이 코치를 위협한 것이다. 새로운 경쟁자는 시장에서 코치의 위치를 빼앗기 시작했다. 사람들은 점차 마이클 코어스 가방과 코치 가방을 구별하지 못하게 되었고, 결국 2010년대 중반에 들어서면서 매출이 역전된다. 코치에는 없는 마이클 코어스의 의류와 신발이 역전에 한몫을 한 것이다. 핸드백에만 의존하며 변화하지 못한 코치는 차별성이 없다는 지적과 함께 '엄마 가방'이라는 오명을 얻었다.

## 부활을 위한 도전

코치는 2010년대부터 조금씩 변화를 위한 노력에 나섰다. 다시 클래식으로 돌아가기보다는 새로운 에너지를 선택했다. 셀레나 고메즈(Selena Gomez), 제니퍼 로페즈(Jennifer Lopez)를 홍보 모델로 기용했고, 매장에서 로고백을 없앤 대신 트렌디한 백들을 줄 세웠다. 2014년에 들어서 6월 브랜드 리뉴얼 계획을 발표하고, 약 3년 만에 젊은 층의 관심을 끌기 시작했다. 아베크롬비처럼 브랜드 이미지 변화가 극단적인 경우에는 고객의 피드백이 비교적 빠르게 반영된다. 하지만

트렌디한 코치 가방들이 진열되어 있다.

코치의 변화에 대한 고객들의 반응까지는 시간이 더 필요했다. 이 과정에서 코치는 2015년에 고급 신발브랜드 스튜어트 와이츠만(Stuart Weitzman)을 인수했고, 2017년에는 케이트 스페이드(Kate Spade)를 인수하면서 2017년에 사명을 '태피스트리(Tapestry)'로 바꿨다. 이로써 코치는 단일 브랜드가 아닌 여러 럭셔리 브랜드를 거느리는 기업이 됐다.

코치의 부활을 상징하는 제품을 꼽으라면 단연 필로우 태비 백(Pillow Tabby Bag)이 대표적이다. 2021년, 기존의 클래식 모델인 태비를 재해석하여 폭신한 질감의 필로우 태비 백을 출시했다. SNS에서 #PillowTabby 해시태그가 수백만 회 공유됐다. GenZ 세대 소비자의 마음을 사로잡았다. 미국의 10대들이 돈을 모아서 살 수 있을 정도의 가격대인 300~500달러였던 점도 인기 요인이었다. 파이퍼샌들러가 발표하는 미국 10대 선호 브랜드 조사에서 코치는 2023년과 2024년 연속으로 10대 여성 선호 핸드백 1위 자리를 차지했다. 불과 10년 전까지만 해도 엄마 가방이라고 불리던 브랜드가 10대 사이에서 가장 인기 있는 패션 아이템으로 자리 잡게 된 것이다.

코치의 타깃 고객은 명확하다. 조안 크레보세랏(Joanne Crevoiserat) 태피스트리 CEO는 "머지않아 GenZ 세대와 밀레니얼 세대 쇼핑객이 럭셔리 시장을 대표하는 타깃팅이 될 것이며, 기성세대의 관심에도 영향을 미칠 것이다"라고 말했다. 이들은 이미 MZ 세대의 중요성을 인지하고 있다. MZ 세대는 사회적 책임에 민감하게 반응한다. 기업의 사회적 책임, 지속가능성을 소비에 반영한다.

코치는 코치 러브드 익스체인지(Coach Loved Exchange)라는 프로그램을 운영하고 있다. 더 이상 사용하지 않는 코치 가방을 매장으로 가져오면 크레딧을 제공해주고, 수선을 통해 재활용이나 재판매된다. 코치는 가방을 만들면서 버려지는 소재를 활용해 새로운 가방을 제작한 브랜드 '코치토피아'를 만들었다. 환경을 고려해 버려지는 재료를 최소화하겠다는 취지였다. 이는 GenZ 세대가 중요시하는 지속 가능한 소비를 겨냥하고 있다.

10대가 사랑하는 브랜드 코치는 이제 대표적인 중저가 럭셔리 브랜드로 자리 잡았다. 원인은 미국의 중산층이 붕괴하고 있기 때문이며, 결과적으로 소비자들은 비싸지 않지만 품질은 좋은 제품을 찾고 있다. 태피스트리의 주가는 대부분 코치에 의해 움직인다. 태피스트리는 한때 마이클 코어스, 베르사체, 지미추를 보유한 카프리 홀딩스를 85억 달러에 인수해 패션 공룡, 미국판 LVMH를 꿈꿨으나 연방 법원에 의해 무산됐다. 그러니 이들에게 코치의 중요성은 더 커진 셈이다.

# 태피스트리(TPR)

태피스트리에는 코치 이외에도 케이트 스페이드, 스튜어트 와이츠만 등의 브랜드가 있지만, 코치의 매출이 전체의 80% 이상을 차지한다. 태피스트리의 2025 회계연도 연간 실적은 매출 70억 달러를 기록했다. 이 가운데 코치의 매출이 55억 달러, 케이트 스페이드의 매출이 12억 달러 수준이다. 케이트 스페이드와 스튜어트 와이츠만이 연간 각 10%, 11%씩 역성장을 했지만, 코치가 연간 10% 성장하면서 전체 성장을 견인하는 구조다. 그리고 코치 매출 구조의 핵심은 여전히 여성 핸드백이 50% 이상을 차지하고 있다.

결국 주가는 코치의 핸드백이 좌우할 것이다. 이들의 신상 핸드백 전략을 파악하고, 거기다 10대들의 선호도가 이어지는지 확인하면 예측해볼 수 있다. 최근 분기 실적에서는 이 같은 움직임이 유지되고 있다. 코치는 4분기 매출이 14% 증가했다. 매출 증가의 핵심인 신규 고객 가운데 60%는 MZ세대인 것으로 집계됐다. 특히 브랜드 전략이 글로벌로 뻗어 나간다는 점이 향후 주가에 영향을 미칠 것으로 보인다. 연간을 기준으로 유럽 매출은 29% 성장했다. 최근

## 태피스트리 2025 회계연도 4분기 실적

| 구분 | 4분기 매출<br>2025년 6월28일 기준 | 결과 | 연간 매출<br>2025년 6월28일 기준 | 결과 |
|---|---|---|---|---|
| **브랜드별** | | | | |
| 코치 | 1,425.1 | 14% | 5,598.5 | 10% |
| 케이트스페이드 | 252.6 | (13)% | 1,197.1 | (10)% |
| 스튜어트 와이츠만 | 45.5 | (10)% | 215.1 | (11)% |
| **국가별** | | | | |
| 북미 | 1.103.2 | 8% | 4,516.5 | 5% |
| 중국 | 273.9 | 18% | 1,059.7 | 5% |
| 일본 | 118.3 | (7)% | 514.8 | (7)% |
| 그 외 아시아 국가 | 86.4 | – | 380.3 | 9% |
| 유럽 | 104.2 | 13% | 420.7 | 29% |
| 그 외 국가 | 37.2 | 14% | 118.7 | 3% |
| **태피스트리** | 1,723.2 | 8% | 7,010.7 | 5% |

출처: Q4 2025 Inverstor Presentation

1년간 유럽에서 성장이 주요했다. 반면 향후에는 중국의 회복세를 지켜볼 만하다. 중국에서 매출 성장은 연간으로 5%였지만 최근 분기에는 18%를 기록했고, 점차 회복세를 보이고 있다. 카프리 홀딩스 인수에 실패하고 주주환원 정책을 강화하고 있는 점도 의미 있다. 최근 실적 발표 때도 배당을 14% 늘리겠다고 밝힌 바 있다.

# 룰루레몬,
## '슈퍼걸'을 타깃으로 성장하다

룰루레몬 Lululemon

어바웃뉴욕 ▶

뉴욕 맨해튼 미드타운에 있는 룰루레몬 매장은 주요 명품 브랜드 매장들 사이에 위치해 있어, 요가복계의 에르메스라는 타이틀을 떠올리게 한다. ©박경륜

전 세계 패션 시장의 트렌드를 바꾸어 놓은 요가복 브랜드 룰루레몬의 주가는 언제 상승했을까? 룰루레몬의 주가 상승도 소비 트렌드를 통해 이해할 수 있다. 요가복계의 샤넬이라 불리는 룰루레몬은 단지 좋은 원단의 레깅스를 파는 브랜드가 아니다. 룰루레몬은 커뮤니티와 경험, 감정적인 연결을 강조한다. 그리고 최근 룰루레몬 성공 비결의 핵심 가운데 하나는 '32세 전문직 여성이 엄마가 되었다'는 변화다. 이 변화가 어떻게 작용한 것일지 룰루레몬의 성공 구조를 살펴보자.

## 기능을 넘어 커뮤니티를 팔다

룰루레몬은 1998년 캐나다 밴쿠버에서 시작됐다. 창업자인 데니스 칩 윌슨(Dennis Chip Wilson)은 원래 운동복 사업을 하던 사람이었다. 그런 그가 어느 날 우연히 요가 수업에 참석했다가 아이디어를 얻게 된다. 이때까지만 해도 통상적으로 요가복은 면 소재였는데, 그가 입고 있던 요가복의 소재가 불편하다는 것을 깨닫고 몸을 잡아주면서도 편한, 신축성이 있는 요가복을 만들자고 다짐하게 된다. 룰루레몬의 레깅스는 요가복답게 여성들의 입소문을 타고 인기를 끌었다. 룰루레몬은 창업 10년 만인 2008년에 3억 5천만 달러의 매출을 기록했고, 10년이 지난 2018년에는 매출 32억 달러를 넘어서며 10배에 가까운 급성장을 했다. 룰루레몬의 시작은 기능성이었다. 하지만 만약 기능성에만 집중했다면 잘 만든 국내 등산 브랜드 수준 정도의 성공에 그쳤을 수도 있다.

룰루레몬 레깅스의 가격은 비싸다. 레깅스 1개의 가격이 약 100 달러 수준이다. 그렇다 보니 룰루레몬의 주 타깃 고객군은 명확했다. 콘도 회원권을 가지고 있고, 운동과 여행을 좋아하는 32세 전문직 여성을 주요 고객으로 정한 것이다. '모두를 위한 제품은 결국 누구를 위한 것도 아니다'라는 마음으로 타깃 설정을 구체화했다. 그는 여행과 운동을 즐기면서 경제적 여유가 있는 32세의 전문직 여성들을 '슈퍼걸'이라 불렀다. 그리고 슈퍼걸은 레깅스 하나를 사기 위해 100달러를 쓸 수 있을 것이라 확신했다.

룰루레몬이 비싼 가격을 책정한 것은 단순히 고급 브랜드라는 정체성에만 집중한 것은 아니다. 나이키가 브랜드로 성공했다면 룰루레몬의 성공은 '커뮤니티'다. 룰루레몬의 매장은 제품을 진열하고 판매하는 공간으로서만 활용하지 않는다. 매장에서 요가 수업이 열리고, 커뮤니티 이벤트도 진행된다. 고객과의 감정적인 연결을 유도하는 체험형 공간이자 라이프 공간으로도 활용하고자 한 운영 방침이었다. 운동을 좋아하는 사람들은 룰루레몬 매장에 모여 함께 땀 흘리고 소속감을 느낀다. 흘린 땀만큼 룰루레몬 브랜드와 깊이 연결된다. 경쟁업체들이 따라오지 못하는 룰루레몬만의 또 다른 경쟁력이다.

### 애슬레저로 세대를 잇다

룰루레몬의 옷은 편안하다. 하루 종일 입어도 편안하다. 집 안과 밖 어떤 상황에서도 입을 수 있다. 할리우드 스타들이 집 앞 1마일(1.6km) 정도를 나갈 때 즐겨 입는 옷이라고 해서 '원마일 웨어(1mile wear)'라 불리기도 한다. 이러한 미디어 노출 덕분에 룰루레몬은 대표적인 애슬레저 룩으로 떠올랐다. 운동을 의미하는 '애슬레틱(athletic)'과 여가를 의미하는 '레저(leisure)'의 합성어이다. 일상복으로 입으면서 운동복처럼 편한 옷이라는 의미이다. 룰루레몬은 이 같은 경쟁력으로 급성장하여 2007년 미국 나스닥에 상장했다. 급격한 성과에 비해 주가는 꽤 오랫동안 횡보했다. 이들의 본격적인 주가 상승은 2018년부터 시작된다.

2018년, 본격적인 주가 상승 시기에 CEO의 교체가 있었다. 창업자인 윌슨 대신 룰루레몬의 CEO 자리에 캘빈 맥도날드(Calvin McDonald)가 왔다. 창업자인 칩 윌슨이 논란의 발언으로 비판을 받았기 때문이다. 칩 윌슨은 "룰루레몬의 사명은 'L(엘)' 발음을 제대로 못 하는 일본인들의 모습을 생각하면서 지었다"라고 하거나, 어떤 여성에게는 "룰루레몬 요가복이 어울리지 않는다"라고 직언해 논란을 빚었다. 그래서 캘빈 맥도날드 CEO가 추진한 고객 확장성 키워드가 성장의 핵심이었다는 평가를 받은 것도 이 때문이다. 캘빈발 룰루레몬은 남성복과 러닝화 시장에도 진출했다. 이 시기부터 룰루레몬의 매출과 영업이익은 크게 성장한다.

룰루레몬이 2018년부터 성장에 속도를 낸 배경 가운데 하나로, '32세 전문직 여성'과 '10대 여성' 간의 관계를 주목할 필요가 있다. 룰루레몬의 초기 소비자였던 32세 전문직 여성 대신 10대 여성층이 주요 고객이 됐다. 투자은행 파이퍼샌들러 조사에 따르면, 미국 10대 사이에서 룰루레몬은 나이키에 이어 선호하는 의류 브랜드 2위 자리까지 올랐다. 결론적으로 세대를 아우르는 고객층을 확보한 셈이다. 소위 한국의 노스페이스 패딩 사례를 보면 알 수 있듯, 특정 브랜드가 10대 사이에서 유행하면 어른들은 입지 않는다. 심지어 기존에 입던 옷도 입기 꺼려진다. 그 반대의 경우도 마찬가지다. 10대는 어른들이 입는 브랜드는 힙하지 않다고 생각한다. 그러나 룰루레몬은 예외다. 이유는 무엇일까?

### 엄마가 사고, 딸이 따라 산다

룰루레몬은 1998년 창업 이후 약 10년 동안 32세 전문직 여성을 핵심 고객으로 성장해왔다. 시간이 흘러 2018년, 당시 30대였던 여성들은 이제 40~50대가 되었고, 그들의 10대 딸 세대가 새로운 소비층으로 등장했다. 흥미로운 점은 이 두 세대가 동시에 룰루레몬의 고객이 되었다는 것이다.

엄마 세대는 건강과 커뮤니티 문화를 통해 룰루레몬에 100달러를 기꺼이 지불한다. 반면 10대 딸들은 명품가방 대신 현실적인 명품인 룰루레몬 레깅스를 선택하며 스타일을 완성한다. 미국 10대들 사이에서 룰루레몬은 지위의 상징이라는 평가까지 나온다. 딸의 소비를 감당해주는 존재는 결국 엄마다. 룰루레몬의 진짜 경쟁력은 바로 엄마와 딸이 함께 입는 브랜드를 강조한 '세대 간 교차 소비'에 있다.

이 구조를 한국 상황에 대입해보면 더 선명해진다. 레깅스를 입어본 경험이 없는 한국의 엄마 세대가, 과연 딸을 위해 10만 원 넘는 레깅스를 쉽게 사줄 수 있을까? 룰루레몬이 만들어낸 경험과 커뮤니티가 미국 시장에서 얼마나 강력한지 짐작할 수 있다.

또한 룰루레몬은 할인 전략을 거의 쓰지 않는 브랜드다. 단기 매출을 위해 가격을 깎으면 장기적으로 '정가의 가치를 인정받는 브랜드' 지위를 잃기 때문이다. 룰루레몬이 고가 정책을 유지할 수 있는 비결은 가격이 아니라, 그 가격을 지탱하는 경험과 커뮤니티다.

아베크롬비와 룰루레몬 사례가 보여주는 미국 소매업의 본질은 명확하다. 고객이 어떤 경험을 공유했는지, 어떤 라이프스타일이 성장의 기반이 되었는지를 이해해야 기업의 다음 성장 또는 하락을 예상할 수 있다. 결국 브랜드의 히스토리와 고객의 변화는 투자 판단과 직결되기 때문이다.

## 주가 키포인트

## 룰루레몬(LULU)

룰루레몬은 지난 5년간 애슬레저 업계에서 독보적인 존재였다. 그러나 최근 분위기는 사뭇 다르다.

룰루레몬의 최근 5년간 분위기와 최근 시장의 분위기를 비교해보자. 주가 상승에 배당까지 고려한 총수익률을 기준으로 보면, 2020년 팬데믹이 시작된 이후에도 애슬레저 열풍은 지속됐다. 룰루레몬의 총수익률은 2020년을 100으로 봤을 때 2021년에는 137이 됐다. 같은 기간 S&P500 지수의 총수익률은 15% 수준이었다. 동종업계 지수는 역성장을 했다. 반면, 룰루레몬은 팬데믹 시기에 엄청난 성장을 했다. 그 이후인 2024년 초까지도 흐름은 나쁘지 않았다. 룰루레몬은 실제로 2023년 12월 29일에 사상 최고가인 511.29달러로 장을 마감했다. 룰루레몬이 IPO 당시, 주가가 9달러(2007년 2대 1 주식분할을 고려한 가격)이었던 것을 비교하면 5,581%나 상승했다. 만약 IPO 당시에 1만 달러를 투자했다면 56만 8,100달러가 됐을 것이라는 의미다. 하지만 그래프에서 볼 수 있듯, 2025년 분위기는 달라졌다.

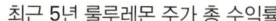

최근 5년 룰루레몬 주가 총 수익률

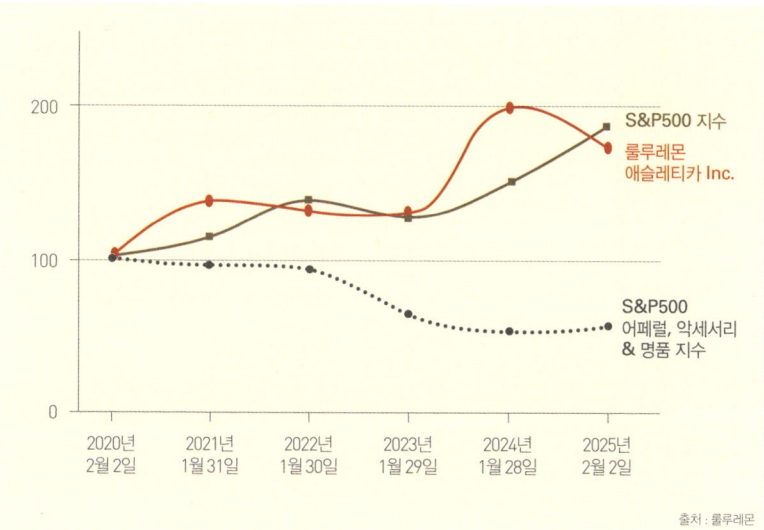

S&P500 지수

룰루레몬
애슬레티카 Inc.

S&P500
어페럴, 악세서리
& 명품 지수

200

100

0

2020년
2월 2일

2021년
1월 31일

2022년
1월 30일

2023년
1월 29일

2024년
1월 28일

2025년
2월 2일

출처 : 룰루레몬

룰루레몬의 2025 회계연도 1분기 실적을 보면, 매출은 전년 동기
대비 7% 증가한 24억 달러를 기록했다. 영업이익은 1% 증가한 4
억 3,860만 달러를 기록했고, 영업이익률은 110bp 하락해서 18.5%
를 기록했다. 조정 주당 순이익은 2.60달러로 전년 동기 2.54달러
와 비교하면 개선됐다.

최근 실적에서 확인할 수 있는 소비 분위기는 미국에서 룰루레몬
의 인기가 시들해졌다는 점이다. 전체 매출은 7%가 증가했는데, 지
역별로 매출 추이를 보면, 미국에서 매출은 전년 대비 2% 증가에
그쳤다. 캐나다는 4% 증가했고, 중국에서는 21% 증가했다. 미국

## 2025 룰루레몬 회계연도 1분기 실적

2025.5.4. 종료

| 순 매출액 | 성장률(%)<br>2025년 1분기 | 동일 매장 매출 | 성장률(%)<br>2025년 1분기 |
|---|---|---|---|
| 미국 | 2 | 미주 | -2 |
| 캐나다 | 4 | 중국 | 7 |
| 멕시코 | N/A | 기타 국가 | 6 |
| 미주 | 3 | 국제 전체 | 6 |
| 중국 | 21 | 전체 | 1 |
| 기타 국가 | 16 | | |
| 국제 전체 | 19 | | |
| 전체 | 7 | | |

출처: 룰루레몬

에서 매출 증가는 둔화됐고, 주로 중국에서의 성장에 기대고 있다. 동일 매장 매출의 증가 추이로 보면 더 심각하다. 1분기 동일 매장 매출은 1% 증가했는데, 미주에서는 2%가 감소했고, 중국에서는 7% 증가했다. 룰루레몬 성장의 축은 미국에서 중국으로 넘어갔다. 지역에 따라서 룰루레몬 성장 모멘텀이 큰 차이를 보이고 있다.

미국 시장에서는 이미 애슬레저 시장의 경쟁이 심화됐다. 룰루레몬 외에도 알로 같은 브랜드들이 인기를 끌고 있다. 룰루레몬 주가의 키포인트는 글로벌 시장의 고성장 유지 여부가 한 축이고, 미국의 성장세 회복이 한 축이다. 미국 애슬레저룩 시장에서 경쟁력 확보에 있어 핵심은 향후 남성과 풋웨어 등 다양성이 좌우할 가능성이 크다.

월스트리트에서는 매수에 나선 인물도 있다. 영화 빅쇼트의 실제 모델로 알려진 마이클 버리다. 마이클 버리는 2008년 글로벌금융 위기를 예상한 전설적인 투자자다. 2025년 2분기 13F 보고서를 보면, 마이클 버리가 약 1,190만 달러 상당의 룰루레몬 주식 5만 주를 매입했다. 포트폴리오에서 비중은 2.1%에 달한다. 월가에서는 그 이유를 2025년 주가가 크게 하락하면서 그가 폭락에서 기회를 봤다고 분석했다.

룰루레몬의 주가는 1월 대비 2분기까지 약 50% 하락했다. 밸류에이션 측면에서 봤을 때, 주가수익비율(PER)은 약 12배 수준으로 최근 5년 평균보다 훨씬 낮다. 투자자들 입장에서 매력적인 수준일 수 있다. 룰루레몬은 평균적으로 약 40배 수준인데, 과거 한 때는 90배 수준까지 치솟기도 했다. 역사적으로 봤을 때 저점 수준인 것은 맞다. 다만, 앞서 말한 성장 모멘텀을 확인할 필요가 있다.

# 아리찌아,
# 럭셔리 바지로 미국 여성들을 사로잡다

아리찌아 Aritzia

어바웃뉴욕

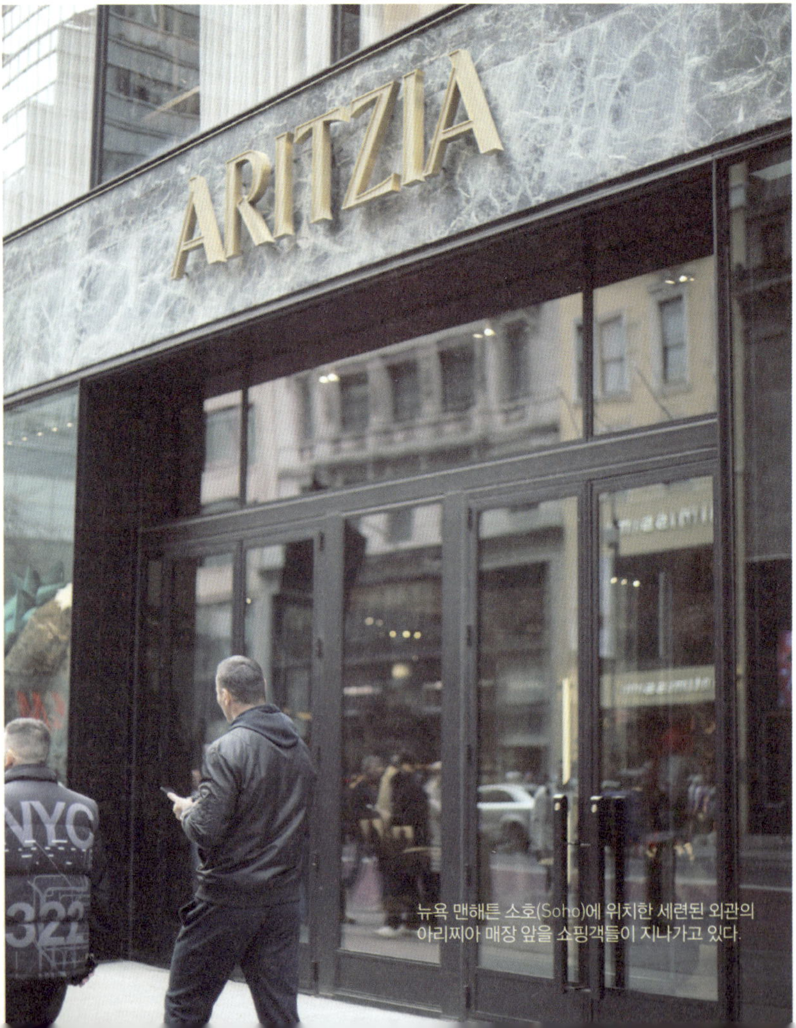


뉴욕 맨해튼 소호(Soho)에 위치한 세련된 외관의
아리찌아 매장 앞을 쇼핑객들이 지나가고 있다.

©박경은

고물가 시대에도 미국 여성들이 줄을 서서 사는 바지가 있다. 가격은 148달러, 한화로 약 20만 원에 달한다. 흔히 볼 수 있는 주름이 있는 플리티드 팬츠지만, 아리찌아(Aritzia)의 '에포트리스 팬츠 (Effortless Pant)'는 단순한 바지가 아니다. 팬데믹 이후 재택근무에서 사무실로 복귀하는 시기에, 편안하면서도 오피스룩으로 손색이 없는 아이템을 찾던 미국 여성들의 니즈를 정확히 겨냥했다. 틱톡에서는 #EffortlessPant 해시태그가 수천만 회 노출되며 유행을 이끌었고, 20대 미국 여성들의 옷장을 빠르게 점령했다.

아리찌아는 이 제품 하나로 '에브리데이 럭셔리(Everyday Luxury)'라는 브랜드 철학을 현실로 증명했다. 명품처럼 특별한 날에만 꺼내 입는 옷이 아니라, 일상 속에서도 고급스러움을 경험할 수 있는 브랜드. 이는 명품과 패스트패션 사이의 넓은 틈새시장을 정확히 파고든 전략이었다. 미국 시장에서 아리찌아의 존재감은 무시할 수 없다. 아리찌아는 뉴욕증시에 상장된 기업은 아니다. 하지만 미국 의류시장을 파악하기 위해서 아리찌아를 볼 필요가 있다. 아리찌아는 캐나다 밴쿠버에서 출발한 작은 브랜드지만, 어느덧 미국 매출이 전체의 절반을 넘어서며, 월가에서도 '제2의 룰루레몬'으로 불리고 있다. 그렇다면 아리찌아는 어떻게 미국 여성들의 마음을 사로잡았을까?

## 작은 부티크에서 시작된 도전

아리찌아의 시작은 캐나다 밴쿠버의 한 쇼핑몰에서부터다 창업자 브라이언 힐(Brian Hill)은 23세의 젊은 나이에 첫 매장을 열었다. 그는 패션 리테일 환경에서 자연스럽게 성장한 인물이었다. 그의 가족은 '힐스 오브 케리스데일(Hill's of Kerrisdale)'이라는 패션 소매점을 운영했고, 힐은 어린 시절 매장에서 옷걸이를 정리하고 창문을 닦으며 소매업의 기본을 배웠다. 그 경험은 나중에 아리찌아 매장이 일반적인 판매 공간을 넘어서, 고객 경험의 장소로 발전하는 밑거름이 되었다. 어린 시절 경험이 아리찌아 매장의 세심함을 만들어 낸다.

힐이 겨냥한 고객층은 15세에서 30세 사이의 여성들이었다. 그는 이 연령대가 경기 침체의 영향을 가장 적게 받으면서, 경기 침체가 와도 소비를 유지하는 집단이라고 판단했다. 실제로 경기 불황기에도 10대 후반에서 20대 여성들은 유행과 스타일에 민감하고, 또래 집단의 시선에 따라 지갑을 열기도 한다.

그는 아리찌아 매장을 '스토어'라고 부르지 않았다. 아리찌아의 매장을 '부티크'라고 불렀다. 단순한 쇼핑을 넘어서, 경험을 제공해야 한다는 그의 철학이 반영된 표현이었다. 힐은 고객이 부티크에 다시 방문할 이유를 제공한다면, 계속 그 이유를 제공할 수 있다면 아리찌아가 성공할 수 있다고 봤다.

## 아리찌아 부티크의 비밀

아리찌아 부티크는 브랜드 철학이 고스란히 녹아든 공간이다. 매장의 규모는 일반 의류 매장보다 큰데, 수많은 소매업체들이 디지털 시대를 맞아 온라인을 강조할 때 아리찌아는 매장 크기를 키웠다. 내부에는 무료 커피바와 가죽 소파가 비치되어 있다. 럭셔리 매장처럼 고객이 오래 머물 수 있는 환경을 조성했다.

아리찌아는 탈의실에도 특이점이 있다. 탈의실 대부분에 거울이 없다. 고객은 옷을 입고 반드시 탈의실 밖으로 나와야 한다. 탈의실 안에서 혼자 입고 거울로 보고 판단할 수 없는 이유는 거울을 보기 위해 밖으로 나오면, 그 순간 직원들이 스타일링을 제안하거나 추가 제품을 추천하기 위해서이다. 이 과정에서 고객은 '나만을 위한 컨설팅'을 받는 듯한 기분을 느끼고, 이는 다시 구매로 이어진다. 에브리데이 럭셔리에 맞는 매장 서비스를 제공하고 있는 셈이다.

## 148달러 바지의 힘

아리찌아의 에포트리스 팬츠는 이 브랜드 철학을 압축한 상징적인 제품이다. 이름처럼 노력이 필요 없는 자연스러운 바지로, 외형에서 확인할 수 있듯 풍성한 핏의 편한 바지다. 허리에 주름을 잡은 '플리티드(Pleated) 팬츠' 디자인은 특별할 것 없어 보이지만, '편안함과 격식'이라는 두 마리 토끼를 잡았다. 플리티드는 주름(pleated)이 있다는 의미다. 허리에서 다리쪽을 향해 세로의 주름을 의미한다. 주름이 있으면 허리와 엉덩이에 여유 공간을 만들어주기 때문에 편안함을 주어, 주로 정장에 활동성을 주기 위해 쓰이곤 한다. 미국 여성들 사이에서는 편안하지만 사무실에서도 입을 수 있는 바지로 통한다. 재택근무에서 사무실로 복귀하는 미국 여성들에게 가장 필요한 포인트였다.

아리찌아는 다양한 체형과 키가 작은 여성에게도 어울리도록 만들어졌다고 강조한다. 이름처럼 노력 없이 입을 수 있고, 주름이 잘 가지 않으며 세탁기 사용도 가능하다. 패스트패션보다 훨씬 비싼 가격대지만, 명품 브랜드에 비하면 합리적인 가격. 이 애매한 경계가 오히려 MZ세대 여성들의 지갑을 열었다. 틱톡에서는 '출근할 때도, 브런치 모임에도, 파티에도 어울리는 바지'라는 리뷰가 쏟아졌다. 소비자는 단순히 제품을 구매한 것이 아니라, 일상 속에서 럭셔리한 순간을 샀다.

## 팬데믹으로 이룬 폭발적 성장과 미국 시장

사실 아리찌아의 성공은 최근이다. 아리찌아는 1984년 설립됐고, 2016년 캐나다 증시에 상장했지만 오랜 기간 동안 성장세를 볼 수 없는 곳이었다. 그러나 팬데믹이 전환점이었다. 많은 소매업체들이 팬데믹으로 매출 급감을 경험했지만 아리찌아는 오히려 팬데믹을 기회로 삼았다. 틱톡에서 입소문을 탄 에포트리스 팬츠가 기폭제였다. 팬데믹 이후 미국 소비자들이 다시 외출복을 찾기 시작하면서 매출이 폭발적으로 증가했다. 상장 이후 2016년부터 2021년까지 정체됐던 매출은 2022년 회계연도부터 급성장하기 시작했고, 2년 만에 매출이 2배 가까이 뛰었다.

아리찌아는 에브리데이 럭셔리 철학을 매장 곳곳에서 보여준다.

아리찌아의 또 다른 특징은 강한 여성 리더십이다. CEO 제니퍼 윙(Jennifer Wong)은 1987년 파트타임 직원으로 입사해 최고경영자 자리까지 오른 인물이다. 그녀를 포함해 고위 리더십의 70% 이상이 여성으로 구성되어 있다. 이 때문인지 아리찌아는 여심을 잘 파악한다는 특징이 있다. 브랜드의 방향성도 이대로 계속 유지될 가능성이 크다. 아리찌아의 DNA가 유지되고 있는 이유이다. 따라서 아리찌아의 성장은 미국의 20대 여성의 소비를 읽을 수 있는 지표다. 현재 아리찌아는 캐나다 토론토 증권거래소(TSX)에 상장되어 있다.

## 소비주와 동일 매장 매출이 중요한 이유

미국 소비주를 분석할 때 빼놓을 수 없는 지표가 있다. 바로 '동일 매장 매출(Same-Store Sales)'이다. 국내 기업들은 대부분 공개하지 않기 때문에 한국 투자자들 사이에서는 비교적 잘 알려지지 않은 지표다. 반면 월스트리트에서는 소매업체의 상황을 파악하는 지표로 동일 매장 매출을 중요하게 본다. 실적 발표 시즌이 되면 월가의 애널리스트들이 가장 먼저 보는 숫자 가운데 하나가 바로 동일 매장 매출이다. 총매출보다 동일 매장 매출이 중요하다. 이유는 의외로 간단하다. 동일 매장 매출의 증가율이 진짜 성장을 보여주기 때문이다.

기업의 매출이 증가한다고 해서 반드시 소비자들의 수요가 증가하고 있다고 보기는 어렵다. 예를 들어 A 기업이 작년에 100개의 지점을 새롭게 열어 매출이 20% 증가했다고 가정하자. 이렇게만 보면 매출이 20% 급성장한 기업이 된다. 하지만 새롭게 문을 연 지점을 빼놓고 보면, 기존 매장들의 매출 증가는 5% 증가에 그쳤을 수도 있다. 5%의 동일 매장 매출이 나쁘다는 의미가 아니다. 동일 매장 매출은 A 기업에 대한 소비자들의 수요가 여전히 증가하고 있는지를 판단하는 데 있어 유용하다.

또한 동일 매장 매출은 착시를 걷어낸 진짜 성장률을 보여주는데, 통상 1년 이상 운영한 매장의 매출을 기준으로 계산되기 때문이다. 새롭게 문을 연 매장은 제외하겠다는 취지다. 몸집만 불리는 성장에 집중하는 기업을 걸러낼 수 있다. 신규 매장뿐만 아니라 영업이 중단된 매장도 제외한다. 기존 매장의 매출이 10억 달러였는데, 10억 5천만 달러가 됐다면 동일 매장 매출성장률은 5%가 된다.

미국 기업 사례에서 총매출과 동일 매장 매출이 다른 경우는 꽤 찾아볼 수 있다. 미국의 유명카페 체인점인 파네라 브레드의 성장 과정을 보면, 급격하게 지점을 늘리는 과정에서 총매출은 5% 이상 증가했는데, 동일 매장 매출은 1%대 성장에 그쳤던 사례가 있다. 무조건 이 경우에는 나쁘다는 것이 아니다. 상황을 제대로 인식하기 위해서 매출과 동일 매장 매출을 잘 파악해야 한다.

한국의 소매업체들이 동일 매장 매출을 정기적으로 공시하는 것을 본 적이 없다. 반면, 미국의 소매업체들은 대부분 분기마다 동일 매장 매출을 공개한다. 이는 미국이라는 시장의 특수성도 반영된다. 미국은 거대한 시장을 가지고 있다. 미국에서 꽤 알려져 우리도 한번

쯤 이름을 들어봤을 법한 기업들도 지속적으로 매장을 확대한다. 동부에 집중하던 기업이 서부로 진출하고, 남부에 진출하기도 한다. 그래서 신규매장 확대와 동일 매장 매출을 분리해서 파악하려 한다. 반면, 한국은 내수 시장이 작고, 신규 매장의 상권이 기존 매장의 상권을 침해하는 경우도 많다. 그래서 동일 매장 매출보다는 총매출, 종합성적표 위주의 평가를 한다.

동일 매장 매출은 장기적인 성장을 기대할 수 필수적인 요소다. 브랜드 파워가 지속하고 있는지 가늠할 수 있는 기준이 되기 때문이다. 매출이 증가하고 있지만, 동일 매장 매출은 늘지 않는 기업이라면 이 기업의 성장에는 끝이 보인다. 브랜드의 매력은 떨어지고 있음을 시사한다. 특히 동일 매장 매출의 감소가 오랜기간 지속한다면 이는 소비자들의 외면이 시작됐다는 의미다. 시장의 트렌드를 다시 돌리는 것은 쉽지 않다.

## 동일 매장 매출증가는 신고가로 이어진다

동일 매장 매출이 예상보다 좋다면 기업의 주가에는 호재다. 미국의 커피프랜차이즈 더치 브로스가 2025년 2월에 '2024 회계연도 4분기 실적'을 발표했다. 실적 발표 이후 더치 브로스의 주가는 30% 급등해 역대 최고치를 기록했다. 이 때 시장이 주목했던 지표가 동일 매장 매출이다. 더치 브로스의 해당 기간 매출이 35% 증가한 3억 4,280만 달러를 기록했다. 이 기간 더치 브로스는 미국 11개주에 걸쳐 32개의 매장을 새로 열었다. 새로운 매장을 열었기에 큰 매출을 기록했다. 시장에서는 동일 매장 매출이 1.6% 증가에 그쳤을 것이라고 전망했는데, 실제로는 6.9% 증가했다. 이는 더치 브로스의 양적 성장 뿐만 아니라, 소비자들의 수요가 여전하다는 것을 증명했다. 이는 달리 말하면 소비자들이 여전히 기업에 지갑을 열고 있음을 시사한다. 동일 매장 매출은 때론 총매출보다 주가를 더 강하게 움직인다.

# 어반 아웃피터스,
# 계란을 한 바구니에 담지 않는다

어반 아웃피터스 Urban Outfitters

어바웃뉴욕 ▶

뉴욕 맨해튼 미드타운에 위치한 어반 아웃피터스 매장. 오래된 건물을 개조해서 만들었다.

미국의 소비재 기업들은 다양한 전략을 펼친다. 그래서 미국이라는 거대한 시장을 대하는 기업들의 생존전략은 각기 다르다. 거대한 시장의 장점은 하나의 소비자층만 잡아도 성공할 수 있다는 점이다. 10대만 겨냥하거나 중산층, 혹은 남성만 겨냥해도 성공할 수 있다. 이 때문에 미국 기업들은 모호한 전략 대신 명확한 전략을 세운다. 타깃이 명확하면 살아남기 쉽기 때문이다. 그렇다면 한국에선 잘 알려져 있지 않은 미국의 유명 소매업체 '어반 아웃피터스(Urban Outfitters)'는 어떠한 전략으로 미국시장에서 살아남았을까?

## 계란을 한 바구니에 담지 않는다

기업의 본질과 전략을 모르고 투자하는 것은 묻지마 투자에 가깝다. 어떤 기업인지 알아야 그에 맞는 투자전략을 세우고 대응을 할 수 있으니 말이다. 의류 소매기업에 투자할 때도 마찬가지다. 얼핏 비슷해 보이는 기업들은 각기 다른 전략을 취한다. 어반 아웃피터스 역시 특정 소비자를 겨냥하지만, 동시에 여러 브랜드를 파생시켜 계란을 한 바구니에 담지 않는 전략을 취한다. 어반 아웃피터스의 산하 브랜드에는 어반 아웃피터스를 포함해, 프리피플, 앤트로폴로지, FP 무브먼트, 눌리 등이 있다. 공동창립자이자 CEO인 리차드 헤인은 이처럼 다중 브랜드와 채널을 생성하면서 미국 패션업계에서 성공의 대명사로 불린다. 소매업체들이 팬데믹으로 쓰러질 때 어반 아웃피터스는 성장했다. 주가 역시 상승해왔다. 다중 브랜드 생성 전략으로 위기에 빠진 기업을 다시 일으켜 세운 기회를 찾은 것이다.

어반 아웃피터스는 1970년, 23세였던 리차드 헤인(Richard Hayne)이 대학 룸메이트였던 스콧 벨에어(Scott Belair), 그리고 주디 윅스(Judy Wicks)와 함께 시작했다. 대학에서 '기업가 정신'이라는 수업을 들으며 주제를 찾다가 창업에 나서게 됐다. 처음에는 프리피플(Free People)이라는 이름으로 펜실베이니아 대학교 근처에 첫 번째 매장을 열었다. 주로 대학생들에게 중고 의류나 가구 등을 제공했다. 당시 매장은 빈티지에 보헤미안 스타일에 집중했다. 대학생을 겨냥한 자유로운 소매업체였다. 특히 독특한 매장 분위기로 유명했는데, 오래된 건물 본래의 분위기를 강조한 인테리어가 통했다. 페인트를 벗겨내고 벽돌을 노출 시킨 것이다. 오늘날의 매장에도 이런 분위기가 이어진다. 지금이야 한국에서도 이런 실내 인테리어 매장이 흔하지만, 어반 아웃피터스가 시도했을 당시에는 상당히 독특한 감각으로 여겨지며 젊은 사람들을 이끌었다.

이들은 1976년 브랜드 이름을 어반 아웃피터스로 바꿨으며, 1990년대에는 미국의 주요 도시에 진출했다. 어반 아웃피터스의 옷을 경험했던 20대 대학생들이 30~40대가 됐을 시기, 초기 고객을 잡기 위한 브랜드를 고안했다. 바로 '앤트로폴로지(Anthropologie)'다. 1992년 펜실베이니아주 웨인의 개조 자동차 매장에서 앤트로폴로지가 처음 등장한다. 앤트로폴로지는 교육수준이 높고, 부유한 여성을 위한 브랜드로 탄생했다.

## 위기를 기회로 바꾼 다중 브랜드 전략

30~40대 여성들을 타깃으로 한 앤트로폴로지는 의류뿐만 아니라 액세서리와 홈데코 등을 판매하는 쇼핑 공간으로 만들어, 라이프 스타일을 판매했다. 요즘이야 무지(MUJI) 같은 브랜드들이 의류와 홈데코 등을 함께 판매하는 모습을 볼 수 있지만, 1990년대에 흔한 전략은 아니었다.

앤트로폴로지까지 출시한 어반 아웃피터스는 1993년 나스닥에 티커 URBN으로 상장했고, 이어 2002년에 '프리피플' 브랜드를 공식적으로 만든다. 프리피플은 모험심이 넘치는 26세의 말괄량이 소녀를 타깃으로 하는 브랜드다.

정리하면 10대부터 대학생이 입는 어반 아웃피터스, 20대 중반을 노리는 프리피플, 30대 이상을 겨냥한 앤트로폴로지의 세 가지 브랜드를 보유하고 있다. 여기에 홈데코까지 판매해서 전 연령과 라이프스타일을 아우르는 전략을 펼치고 있는 것이다. 이외에도 요가복을 중심으로 한 FP 무브먼트, 구독형 의류 렌탈서비스인 눌리까지 만들어 브랜드 포트폴리오를 확장했다. 이들의 브랜드 전략은 각 연령별로 라이프스타일을 공략하는 것이다.

어반 아웃피터스는 브랜드뿐만 아니라 생산 전략에서도 다변화를 시도했다. 소량 생산을 통해 시장의 반응에 빠르게 대응할 수 있도록 바꾼 것이다. 이 전략은 팬데믹 시기에 경쟁력으로 작용했는데, 급격하게 줄어든 수요에 비교적 빠르게 대응할 수 있었기 때문이다.

팬데믹이 본격화 되었던 2020년 미국의 패션업체들은 줄줄이 쓰러졌다. 미국에서 가장 오래된 기성복 브랜드인 브룩스 브라더스(Brooks Brothers)가 파산 신청을 했고, 유명 중저가 의류 브랜드인 제이크루(J.Crew)도 파산 보호를 신청했다. 그러나 어반 아웃피터스는 이 기간에 오히려 성장했다.

소량 생산의 대표적인 예가 바로 어반 아웃피터스의 브랜드, '프리피플'이다. 프리피플은 어반 아웃피터스를 시작했을 당시 매장의 이름이었던 것과 같이 그룹의 뿌리와 같은 브랜드다. 26세의 말괄량이 소녀를 타깃으로 20대 여성의 개성을 존중하고자 했다. 20대 중반의 여성은 유행에 민감하게 반응한다고 판단하여 다양한 색상과 패턴, 악세서리 상품을 동시에 제공하는 전략이다. 똑같은 옷을 대량으로 찍어내는 곳과는 차이가 크다. 가장 친한 친구와 함께 쇼핑을 하더라도 똑같지 않아 보일 수 있다고 강조할 정도로 다양한 제품을 제공한다.

## 채널을 넓히고 리스크를 나누다

브랜드뿐만 아니라, 판매 채널도 다양하게 확장했다. 오프라인 매장은 물론이고 디지털 전환에도 성공했는데, 특히 팬데믹 기간에 무료배송을 확대 시행하면서 디지털 채널의 성장을 주도했다. 소셜미디어 또한 다중 채널을 활용한다. 다중 채널을 이용한다고 해서 '원소스 멀티 유즈(One Source Multi Use)'라는 명분으로 하나의 콘텐츠를 여

프리피플(Free People)만의 독특한 감각이 돋보이는 패션이다.

러 곳에 대충 올리지 않고 각 플랫폼마다 적합한 마케팅으로 고객 참여도를 높이는 전략을 취했다. 예시로 인스타그램에 '마이크로 쇼츠'라는 아주 짧은 반바지를 공개하자 누리꾼들 사이에서는 갑론을박이 벌어졌다. 누군가는 CVS의 영수증보다 짧은 반바지라고 표현하거나, 혹은 반바지가 아니라 주머니를 사는 것이라고 조롱했다. 많은 이들이 댓글로 토론하며 상황을 즐겼고, 홍보 효과는 생각보다 컸다. 게시물이 업로드된 이후, 반바지 카테고리 수요가 무려 33%나 증가했으니 말이다.

주목할 만한 판매 채널은 의류 렌탈 플랫폼인 '눌리'다. 눌리는 2019년에 시작된 어반 아웃피터스의 의류 렌탈 브랜드다. 넷플릭스처럼 월정액을 내고 옷을 빌려 입을 수 있다. GenZ 세대의 실용주의적인 성격과 지속가능성이라는 트렌드를 반영하고 있다. 한 달에 약 100달러를 내고 다양한 옷을 입을 수 있다. 원한다면 구매도 가능하다. 젊은 여성들 사이에서 인기가 커지면서 5년만인 2024년에 구독자 30만 명을 확보했다. 어반 아웃피터스의 미래에 성장동력으로 자리잡게 된 것이다.

어반 아웃피터스는 다중 브랜드와 채널들 중 어느 한 곳에 집중하거나 공격적인 확장을 하지 않고 철저하게 리스크를 분산한다. 그래서 다른 브랜드가 유행하거나 주 타깃층의 소비가 감소해도 유연하게 대응할 수 있다. 전 세계 소매업체들이 문을 닫을 때, 어반 아웃피터스는 재고 관리와 디지털 전략을 동시에 성공시켰다. 심지어 미국의 관세 전쟁 속에서도 비교적 영향이 적은 편이다. 다양한 국가에서 제품을 공급받고 있기 때문이다. 제품 생산량이 25% 이상을 차지하는 단일 국가도 없다. 이처럼 어반 아웃피터스는 계란을 한 바구니에 담지 않는다.

# 주가 키포인트

## 어반 아웃피터스(URBN)


어반 아웃피터스는 전체 매출의 약 70%가 앤트로폴로지와 프리피플이 차지한다. 기업의 안정적인 캐시카우 역할을 하고 있다. 브랜드 어반 아웃피터스 역시 성장은 둔화하고 있지만, 여전히 그룹에서 상징적인 역할을 한다. 어반 아웃피터스의 주가는 2025년에도 상승세를 지속하고 있으며, 상승 동력은 크게 두 가지로 보인다.

첫 번째는 구독형 의류 렌탈 서비스 '눌리'의 폭발적인 성장이다. 어반 아웃피터스의 2025 회계연도 2분기 실적을 보면 사상 최고 매출과 순이익을 기록했는데, 매출은 약 15억 달러를 기록했다. 전년 동기 대비 11.3% 증가했다. 소매 부문 매출이 7.8% 증가했고, 소매 부문에서 동일 매장 매출은 5.6% 증가했다. 브랜드별로 보면, 앤트로폴로지의 분기 매출이 6억 달러로 가장 많은 비중을 차지하고 있고, 6.7% 성장했다. 프리피플의 매출은 4억 1천만 달러로 13% 증가했다. 가장 큰 매출 증가는 구독 부문에서 발생했다. 렌탈 서비스인 눌리에서 매출이 무려 53% 증가했다. 구독 부문의 분기 매출이 1억 달러를 넘어서며 전체 매출에서도 유의미한 수준까지 성장했

**2025년 2분기 순매출 현황**

단위: 천 달러

| 구분 | 2025년 7월 31일까지<br>3개월간 | 2024년 7월 31일까지<br>3개월간 |
|---|---|---|
| **브랜드별 순매출** | | |
| 앤트로폴로지 | 606,954 | 569,100 |
| 프리피플 | 415,014 | 365,129 |
| 어반 아웃피터스 | 333,171 | 316,715 |
| 눌리 | 138,932 | 90,696 |
| 메뉴 & 베뉴 | 10,684 | 10,319 |
| 합계 | 1,504,755 | 1,351,959 |
| **사업부문별 순매출** | | |
| 소매 부문 | 1,289,269 | 1,196,456 |
| 구독 부문 | 138,932 | 90,696 |
| 도매 부문 | 76,554 | 64,807 |
| 합계 | 1,504,755 | 1,351,959 |

출처: 어반 아웃피터스

다. 단순히 매출 증가뿐만 아니라 평균 활성 구독자가 48.1% 증가
했다. 이는 다수가 이 시장을 활용하고 있다는 의미로, 트렌드를 반
영한다. Z세대의 친환경 트렌드와 맞물려 급성장하고 있는 것으로
풀이된다. 렌탈 시장에서의 성장은 다른 의류 브랜드의 성장에도
도움이 된다. 렌탈 시장에서 확보한 데이터를 활용해 사이즈, 패턴,
소비 트렌드에 대한 정보를 얻을 수 있다.

어반 아웃피터스의 리차드 헤인 CEO는 분기 실적에 대해 "5개 브
랜드 모두 모든 지역에서 긍정적인 동일 매장 매출 성장을 달성했

다"며 "이는 브랜드의 강점과 전략을 반영해 성장할 것을 확신했다"고 말했다. 한 바구니에 계란을 담지 않는 전략이 성공하고 있다는 의미다. 최근에는 렌탈 시장 바구니에 담아둔 계란이 큰 기여를 하고 있다. 어반 아웃피터스의 디지털 부문이 성장을 지속하고 있기 때문이다. 디지털 채널은 전부 한 자릿수 중반대의 성장세를 보인다. 2025년 EPS는 약 29% 성장할 것으로 예상되고 있는데, 이는 업계 평균 EPS 성장률인 10%를 웃도는 수준이다. 또 어반 아웃피터스의 주가와 관련해서 살펴볼 부분은 현금 흐름이다. 현금 흐름이 우수하다는 것은 외부에 도움 없이 사업 확장이 가능하다는 의미다. 어반 아웃피터스의 현금 및 현금성 자산은 2025년 7월 31일을 기준으로 3억3천만 달러 수준이다. 전년 대비 59%가 증가했다.

# 랄프 로렌,
# 미국 상류층이 사랑하는 아메리칸 클래식

## 랄프 로렌 Ralph Lauren

어바웃뉴욕

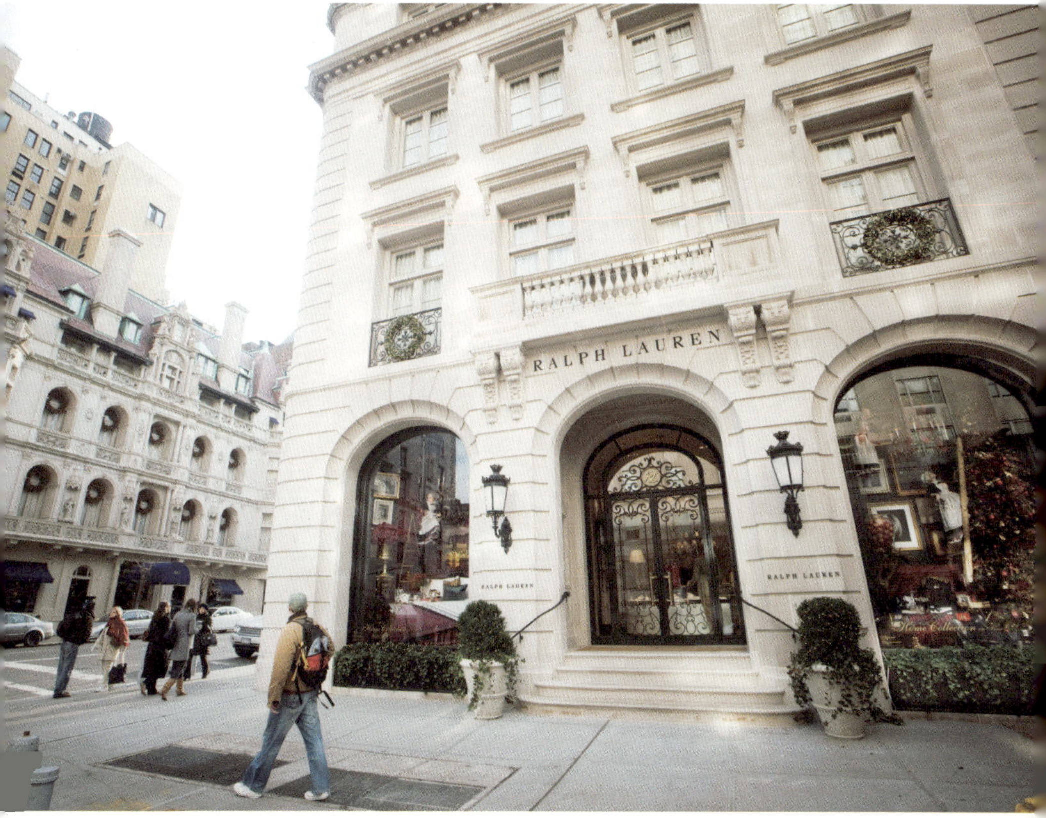


뉴욕 매디슨 에비뉴(Madison Ave)에 위치한 대형 랄프 로렌 매장.

미국을 대표하는 패션 브랜드를 꼽으라면 여러 이름을 떠올릴 수 있다. 하지만 미국 그 자체를 상징하는 브랜드는 단연 '랄프 로렌'이다. 도널드 트럼프 미국 대통령이 지난 2017년 취임할 당시, 영부인인 멜라니아 트럼프 여사가 입었던 하늘색 수트가 바로 랄프 로렌의 작품이다. 조 바이든 전 대통령도 2021년 취임식에서 랄프 로렌 정장을 입었다. 미국 대통령이 취임식에서 입을 정도로 미국을 상징하는 옷이 바로 랄프 로렌이다. 랄프 로렌은 한때 패스트패션의 물결에 존재감이 약해지며 할인매장에서 재고를 털던 기업이었다. 그러나 최근에는 미국 상류층뿐만 아니라 MZ세대가 랄프 로렌에서 소비를 하면서 실적이 개선됐다. 랄프 로렌 성장의 원동력은 과연 어디에 있을까?

## 랄프 로렌의 탄생

창업자 랄프 로렌은 1939년생으로 미국 뉴욕 브롱크스의 유대인 이민 가정에서 태어났다. 랄프 로렌의 본명은 랄프 립쉬츠(Ralph Lifshitz)였다. 그는 어린 시절 이름 때문에 놀림을 받았고, 이에 미국식 이름인 랄프 로렌(Ralph Lauren)으로 이름을 바꾼다. 랄프 로렌은 뉴욕 시립대에 속한 바룩 대학에서 경영학을 공부하다 중퇴했다. 미군에서 2년간 복무한 마친 그는 뉴욕의 브룩스 브라더스(Brooks Brothers)에서 판매원으로 일했다. 그러다 1967년 창업에 나선다. 브랜드의 시작이 1960년대인 점을 고려하면 매우 짧은 기간 안에 미국을 상징하는 브랜드로 자리 잡았다. 랄프 로렌의 처음은 넥타이였다. 당시에는 폭이 좁고 단순한 넥타이가 일반적이었지만, 랄프 로렌은 폭이 넓고 화려한 넥타이를 만들었다. 최고급 원단을 사용하여 수작업으로 제작했다. 그러자 그의 넥타이가 시장의 반향을 일으켰다. 바로 이 넥타이 이름이 '폴로(Polo)'이다. 넥타이 라인에 미국 상류층의 스포츠인 폴로라는 이름을 붙였다. 처음부터 옷이 아니라 라이프 스타일을 팔고자 했기 때문이다. 랄프 로렌은 자신의 브랜드가 상류층이 갖는 고급스러움과 우아함을 상징하길 원했다.

1968년이 되어서 남성복으로 사업을 확장한다. 1972년에 브랜드의 상징이라고 할 수 있는 폴로 셔츠가 등장한다. 가슴에 로고가 새겨진 다양한 색상의 셔츠는 미국을 상징하는 옷이 된다. 랄프 로렌 브랜드가 대중적으로 유명해진 계기는 1974년 개봉한 영화 〈위대한 개츠비〉 덕분이다. 영화 속 주인공인 개츠비가 입고 있는 수트와 폭이 넓은 넥타이가 바로 랄프 로렌의 작품이다. 당시 주인공의 핑크 수트가 관객들의 눈길을 사로잡았고, 랄프 로렌은 아메리칸 클래식을 대표하는 브랜드로 성장하게 된다.

1983년에는 홈 컬렉션을 내놓았고, 1986년에는 맨해튼 어퍼 이스트 867 매디슨(867 Madison)에 첫 번째 플래그쉽 스토어를 열었다. 이 매장은 랄프 로렌 브랜드의 철학과 라이프스타일을 그대로 보여주는 곳이다. 랄프 로렌은 이 매장을 "내가 첫 넥타이를 만든 이후 이야기해온 모든 것들의 본질이다. 나는 단순히 하나의 매장을 만들고 싶었던 것이 아니다. 나는 하나의 세계를, 그리고 스타일에 대한 개념을 판매하고 있다."라고 평가할 정도였다. 당시 문을 연 첫날에만 매출 10만 달러를 기록했다. 내부에는 랄프 로렌이 추구하는 클래식과 고급스러움, 우아함을 동시에 느낄 수 있으며, '클래식은 영원하다'는 문구 그 자체를 보여준다. 바닥에는 카펫이 깔려있고, 내부에 있는 몰딩은 직접 손으로 조각했다.

## 상류층과 사회적 지위의 상징

랄프 로렌에는 다양한 라인의 옷들이 있다. 한국에 가장 잘 알려진 폴로 이외에도 '럭셔리 라인'이 있는데, 대표적인 럭셔리 라인이 바로 퍼플 라벨이다. 퍼플 라벨 자켓 한 벌의 가격은 보통 수천 달러에 달한다. 일반 소비자가 구매하기는 어려운 럭셔리의 영역이다. 미국 서부 스타일을 담고 있는 RRL이 있다. 아내 이름 리키와 랄프 로렌의 이름을 따서 RRL(Ricky and Ralph Lauren)으로 지었다고 한다. 랄프 로렌은 미국에서도 부자집 아이들이 입는 옷이라는 프레피룩의 대명사이기도 하다. 아이비리그 대학생들이 입는 단정한 블레이저와 셔츠, 니트는 단순한 유행이 아니라 사회적 지위를 보여주는 수단이었다. 랄프 로렌을 입는다는 것은 단순히 옷을 입는 것이 아닌, 상류층의 문화를 입는 행위였다.

그러나 랄프 로렌의 영광은 오래가지 않았다. 2010년대 중반, 패스트패션의 급성장이 전통적인 패션 하우스를 위협했다. H&M과

자라 같은 브랜드들이 빠르게 시장을 장악하자, 소비자들의 관심은 클래식보다 '지금 유행하는 것'으로 옮겨갔다. 유행 주기가 짧아지고, 사람들은 그 흐름을 따라잡기 위해 더 자주, 더 저렴하게 옷을 사고 싶어 했다. 그러나 이런 변화에 제대로 대응하지 못한 랄프 로렌의 창고에는 점점 재고가 쌓이기 시작했다. 문제는 그다음이었다. 재고를 소진하기 위해 할인매장에 물건을 내놓으면서 브랜드의 정체성이 흔들리기 시작한 것이다. 한때 상류층의 상징이던 브랜드가 아울렛에서 헐값에 팔리자, 백화점조차 가격 인하 경쟁에 뛰어들 수밖에 없었다. 위기 돌파를 위한 '할인 전략'은 오히려 악순환의 고리가 되어 돌아왔다. 그 결과 랄프 로렌의 주가는 2015년을 정점으로 하락세를 보였고, 2017년에는 180달러에 달하던 주가가 90달러 아래로 떨어졌다. '아메리칸 클래식'의 상징이던 랄프 로렌은 어느새 평범한 아울렛 브랜드로 전락하고 말았다.

## 루베트 CEO의 등장과 반등 전략

랄프 로렌은 2017년부터 변화를 모색하기 시작했다. 그해, 생활용품기업 프록터앤갬블(P&G) 출신의 패트리스 루베트(Patrice Louvet)가 새 CEO로 취임하면서 변화의 바람이 불었다. 루베트는 취임 직후 지나치게 많아진 브랜드 라인을 정리하며 조직의 군살 빼기에 나섰다. 프로모션도 엄격히 통제했다. 무분별한 할인 판매를 줄이고, '싼 브랜드'로 인식되는 위험에서 벗어나고자 했다. 결코 싸게 팔지 않겠다는 의지를 행동으로 옮긴 것이다. 동시에 그는 디지털 전환에 속도를 냈다. 중간 유통 단계를 줄이고 소비자와 직접 만나는 채널을 강화하면서 가격과 브랜드 이미지를 스스로 통제할 수 있는 기반을 마련했다. 또한 본격적인 디지털 마케팅에 투자해 젊은 세대를 겨냥했다. 상류층의 고급스러움이라는 기존 정체성을 유지하되, '부모 세대의 브랜드'라는 이미지를 지워나가는 전략이었다. 그 결과 틱톡을 중심으로 새로운 바이럴 현상이 나타났다. 한 인플루언서가 400달러짜리 테디베어 스웨터를 소개했는데, 클래식한 니트에 귀여운 곰이 그려진 그 디자인이 Z세대의 취향을 정조준했다. 그리고 젊은 층의 마음을 사로잡은 또 하나의 키워드는 '랄프스 커피(Ralph's Coffee)'였다. 빈티지한 인테리어와 따뜻한 환대, 그리고 도심 곳곳을 누비는 초록색 커피 트럭은 브랜드를 새롭게 경험하게 하는 공간이 되었다. 랄프 로렌은 그렇게, 과거의 클래식함 위에 '젊음'이라는 새로운 감각을 덧입히며 다시 도약의 발판을 마련했다.

## 콰이어트 럭셔리의 유행

이 무렵 미국 패션 시장에는 '콰이어트 럭셔리(Quiet Luxury)' 열풍이 불었다. 로고를 내세운 화려한 브랜드 대신, 절제된 우아함과 품격 있는 디자인이 주목받기 시작한 것이다. 여기에 세대를 이어 부를 축적해온 상류층의 스타일, 이른바 '올드머니룩(Old Money Look)'이 유행하면서 이러한 흐름은 더욱 강해졌다. 이는 곧 랄프 로렌이 오랫동안 추구해온 브랜드 철학과 정확히 맞닿아 있었다.

　이렇듯 랄프 로렌이 다시 부상할 수 있었던 이유는, '콰이어트 럭셔리'의 트렌드가 브랜드의 정체성과 완벽하게 맞물렸기 때문이다. 화려한 과시 대신 절제된 품격을 선택한 소비자들은 자연스럽게 랄프 로렌으로 향했다. 반대로, 유행을 좇던 다른 브랜드들은 위축되며 희비가 갈렸다.

　패트리스 루베트 CEO는 최근의 성과를 두고 이렇게 말한다. "젊고 가격에 덜 민감한 쇼핑객들이 수요를 주도하고 있다." 다시 말해, 오늘의 랄프 로렌을 이끄는 두 개의 축은 명확하다. 하나는 콰이어트 럭셔리와 올드머니룩을 즐기는 부유층, 다른 하나는 테디베어 스웨터를 통해 브랜드의 클래식함 속에서 새로운 매력을 발견한 MZ세대. 전통과 젊음, 두 세대의 교차점 위에서 랄프 로렌은 다시금 미국 패션의 상징으로 자리 잡고 있다.

# 주가 키포인트

---

## 랄프 로렌(RL)

---

랄프 로렌 주가의 키포인트는 랄프 로렌이 살아남은 이유에서 찾을 수 있다. 미국 대통령이 사랑하는 아메리칸 클래식 랄프 로렌과 함께 언급되는 곳이 있다. 아메리칸 클래식의 원조이자 링컨 대통령, 케네디 대통령, 오바마 대통령까지 즐겨 입었던 브랜드 '브룩스 브라더스'다. 랄프 로렌의 창업자가 일을 했던 곳이기도 하다. 브룩스 브라더스는 1818년 설립돼 200년 이상의 역사를 지닌 곳이다. 세계 최초로 기성복 정장을 개발했고, 옥스퍼드 셔츠와 블레이저 등으로 인기를 끌었다. 랄프 로렌의 타깃과 꽤 겹치는 부분이 있다. 하지만 브룩스 브라더스는 2020년 팬데믹으로 인해 정장 수요가 감소하면서 파산신청을 했다. 변화에 실패하면서 파산의 길로 갔다. 반면 랄프 로렌은 앞서 설명한 것처럼 다양한 세대별 대응과 변화로 살아남았다.

패트리스 루베트 CEO는 2026 회계연도 1분기 실적 발표에서 "현재 글로벌 경영 환경에 대해 신중하게 접근하고 있고, 우리는 브랜드 사업 전반의 폭넓은 강점에서 큰 자신감을 얻고 있다. 이는 우리

## 랄프 로렌 지역별 동일 매장 매출 증감률

환율 변동 제외 기준

| 구분 | 2025년 6월 28일까지 3개월간 매출 증감률(%) |
|---|---|
| **북미 지역** | |
| 디지털 커머스 | 19 |
| 오프라인 매장 | 10 |
| 북미 지역 합계 | 12 |
| **유럽 지역** | |
| 디지털 커머스 | 11 |
| 오프라인 매장 | 10 |
| 유럽 지역 합계 | 10 |
| **아시아 지역** | |
| 디지털 커머스 | 35 |
| 오프라인 매장 | 16 |
| 아시아 지역 합계 | 18 |
| **랄프 로렌 전체 합계** | 13 |

## 지역별 순매출 현황

단위: 백만 달러

| 구분 | 2025년 6월 28일까지 3개월 | 2024년 6월 29일까지 3개월 | 매출 증감률 (보고 기준) | 매출 증감률 (환율 변동 제외 기준) |
|---|---|---|---|---|
| 북미 | 656.2 | 608.2 | 7.90% | 7.90% |
| 유럽 | 554.5 | 479.1 | 15.70% | 10.30% |
| 아시아 | 474 | 390.9 | 21.20% | 18.90% |
| 기타 비보고 부문 | 34.4 | 34 | 1.10% | 1.10% |
| **총계** | 1,719.10 | 1,512.20 | 13.70% | 11.40% |

출처: 랄프 로렌

의 장기적 전략 실행 과정이며 여기에 새롭고 젊은 소비자 확보, 핵심 및 성장 잠재력이 높은 카테고리 강화가 포함된다."라고 말했다. 즉, 랄프 로렌의 주가 키포인트는 젊은 세대 확보다. 그런 측면에서 랄프 로렌은 1분기에 소셜미디어 팔로워가 6,600만 명이라며 전년 대비 한 자릿수대 증가를 강조하기도 했다. 또 핵심과 성장 잠재력이 높은 카테고리는 여성 의류와 아웃도어, 핸드백을 의미한다. 실제로 이 분야의 성장은 최근 회사의 성장을 앞서고 있다. 이 부문은 1분기에 20% 이상 성장했다. 랄프 로렌의 성장을 이끄는 분야라는 의미다. 랄프 로렌의 1분기 전체 매출은 14% 증가한 17억 달러를 기록했다. 여성, 의류, 아웃도어, 핸드백, 젊은 세대 등 결국 젊은 여성이 랄프 로렌 성장의 핵심이다.

# 파타고니아,
# 옷을 사지 말라고? 우리의 주주는 지구

## 파타고니아 Patagonia

어바웃뉴욕

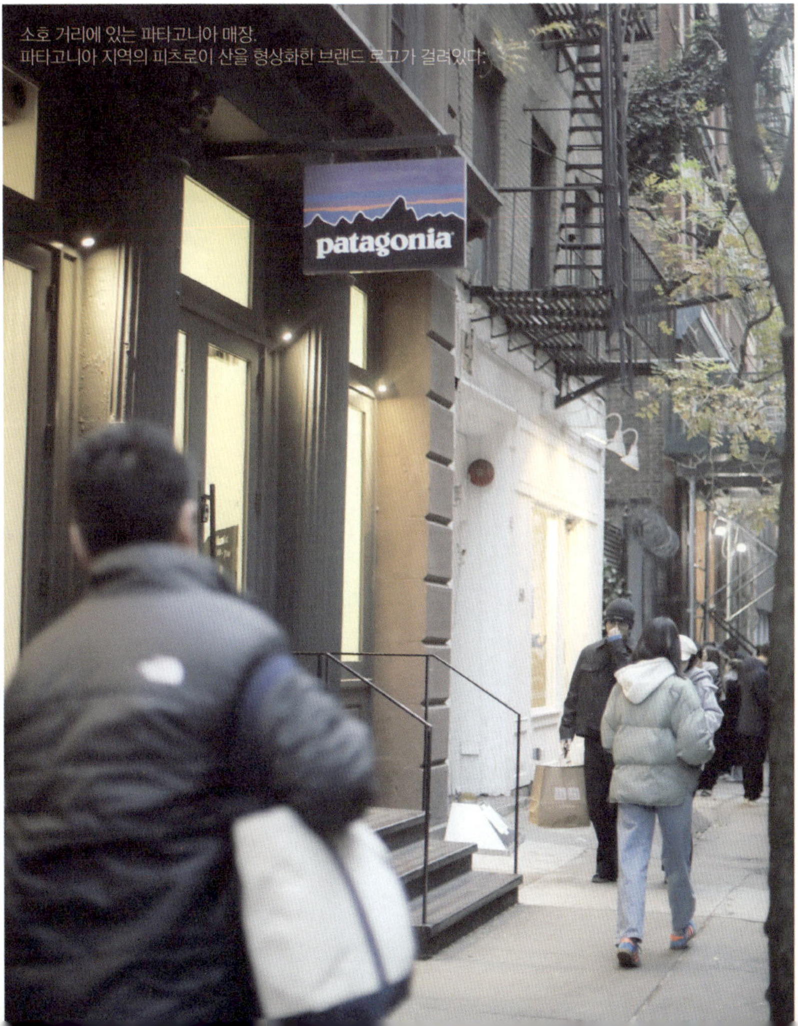


소호 거리에 있는 파타고니아 매장.
파타고니아 지역의 피츠로이 산을 형상화한 브랜드 로고가 걸려있다.

©박경륜

뉴요커는 과연 어떤 기업에 지갑을 열까. 앞서 살펴보았듯 콰이어트 럭셔리, 아메리칸 클래식, 올드머니룩, 애슬레저 등 뉴요커의 패션을 떠올리게 하는 키워드는 다양하다. 그리고 미국 소비 문화 가운데 빠지지 않는 키워드가 바로 '환경'이다. 뉴요커들은 환경을 생각하는 패션기업, 지속 가능한 성장을 추구하는 기업들에 지갑을 열고 있다. 그중 파타고니아는 이를 보여주는 대표적인 기업으로 자리잡았다. 한국에서는 단순히 비싼 가격의 아웃도어 브랜드 정도로 알려져있지만, 미국에서는 '지속가능경영(ESG)'의 상징과도 같은 기업이다.

## 월스트리트의 교복에서 환경 기업으로

뉴욕 월스트리트에서는 한때 파타고니아 조끼가 교복처럼 여겨졌다. 금융사가 밀집한 월가에서는 회색 플리스(fleece) 조끼를 입은 금융인들을 쉽게 볼 수 있었다. 2008년 금융위기 이후, 월가에는 캐주얼 데이가 도입됐다. 매주 금요일마다 정장 대신 캐주얼 복장을 입게 된 것이다. 이때 JP모건, 골드만삭스 등 주요 금융사들은 가슴 한쪽에는 회사 로고, 다른 한쪽에는 파타고니아 로고가 새겨진 회색 플리스를 직원들에게 지급했다. 직원들은 이 조끼를 입고 회사 밖을 다니며 자부심을 느꼈고, 취업준비생들 사이에서는 "이 회사는 파타고니아 조끼를 주느냐"는 말까지 돌았다. 그만큼 파타고니아 조끼는 월가 금융인을 상징하는 패션이 되었다.

겉으로 보면 뉴요커들이 비싼 파타고니아 조끼를 입으며 자부심을 느낀 것처럼 보인다. 하지만 이 사례의 핵심은 그 이후에 있다. 파타고니아는 월가에 자사 조끼를 더 이상 공급하지 않겠다고 선언했다. 자신들의 철학과 맞지 않는다는 이유에서였다. 파타고니아는 환경 보호를 기업의 존재 이유로 내세우는 브랜드이다. 그런 그들에게, 월가의 조끼는 '자연을 위한 옷'이 아니라 '권력의 상징'으로 변질된 상징물이었다. 파타고니아는 결국 매출보다 철학을 택했다.

## 이윤보다 신념을 택하다

파타고니아의 창업자 이본 쉬나드(Yvon Chouinard)는 1938년 미국 메인주에서 태어났다. 14살 때부터 암벽등반에 빠진 그는, 시중에서 판매되던 피톤(piton)이 마음에 들지 않았다. 피톤은 바위에 박아 로프를 고정하는 못으로, 등반가들에게는 매우 중요한 안전장비였다. 결국 그는 직접 피톤을 만들기 시작했다. 쉬나드가 만든 피톤은 친구들 사이에서 큰 인기를 얻었고, 이것이 그의 사업의 출발점이 되었다. 1965년, 쉬나드는 톰 프로스트와 함께 '쉬나드 장비(Chouinard Equipment)'를 설립했다. 그리고 1970년에는 미국 최대의 등반 장비 공급업체로 성장했다. 하지만 쉬나드에게는 한 가지 고민이 있었다. 자신이 만든 피톤이 바위를 훼손한다는 사실이었다. 당시 피톤은 회사 매출의 70%를 차지하고 있었지만, 그는 과감히 생산을 중단했다. 대신 바위에 손상을 주지 않는 알루미늄 초크를 개발했다. 이 결정은 이후 그가 어떤 철학으로 회사를 운영할지를 보여주는 첫 번째 사례였다. 그리고 이것이 파타고니아의 정체성을 예고한 결정이었다.

쉬나드는 이후 의류 분야로 눈을 돌린다. 스코틀랜드 여행 중 우연히 구입한 럭비 셔츠가 계기가 되었다. 내구성이 뛰어난 럭비 셔츠와 코듀로이 바지는 등반가들 사이에서 큰 인기를 끌었다. 이에 1973년, 그는 별도의 의류 브랜드 '파타고니아(Patagonia)'를 설립했다. 브랜드명은 남미 최남단의 절경 지대 '파타고니아'에서 따왔다. 이미 미국 최대의 등반 장비 브랜드 '쉬나드 장비'가 있었지만, 새로운 브랜드를 만든 이유는 두 가지였다. 첫째, 장비 전문 브랜드로서의 정체성이 흐려지는 것을 막기 위해서였고, 둘째, 등산 의류를 넘어 다양한 의류 브랜드로 확장하기 위해서였다. 당시 대부분의 등반가들은 흡수성이 좋은 면이나 울 소재의 옷, 혹은 다운 제품을 착용했다. 하지만 파타고니아는 북대서양 어부들의 합성 파일 스웨터(synthetic pile sweater)에서 영감을 받아 새로운 소재를 도입했다. 말덴사와 협력해 '신칠라(Synchilla)' 소재를 개발했고, 이 신칠라는 훗날 파타고니아의 대표 제품인 플리스(fleece)에 사용되었다. 이 소재는 땀에 젖어도 금세 마르고, 가볍고 따뜻했다. 파타고니아는 1980년대를 거치며 빠르게 성장했다.

국내에서는 파타고니아를 '좋은 소재로 만든 비싼 옷'으로 인식하는 소비자도 많다. 실제로 파타고니아의 성공 비결 중 하나가 고품질 소재라면, 다른 하나는 분명 '환경'이다. 2011년 블랙프라이데

뉴욕 소호의 파타고니아 매장 곳곳에도 환경보호 문구가 적혀있는 것을 볼 수 있다.

©박경륜

이를 맞아 뉴욕타임스에는 놀라운 광고가 실렸다. "Don't Buy This Jacket(이 재킷을 사지 마세요)." 모든 기업이 할인 경쟁을 벌이는 시기에, 파타고니아는 정반대의 메시지를 던졌다. 소비를 부추기지 말고 멈추라는 것이다. 남들이 제품의 장점을 내세울 때, 파타고니아는 한 벌의 재킷을 만들기 위해 얼마나 많은 물과 에너지, 탄소가 소비되는지를 알렸다.

## 지구를 주주로 삼다

1986년부터 파타고니아는 매년 수익의 10%를 기부하기로 약속했다. 이후에는 수익과 상관없이 매출의 1%를 기부하는 방식으로 바꿨다. 이익을 내지 못하더라도 기부를 지속하겠다는 뜻이었다. 파타고니아에게 기부는 '돈이 있을 때 하는 일'이 아니라 사업 그 자체였다.

2002년에는 '1% for the Planet'을 설립해 다른 기업들도 이 기부운동에 동참할 수 있도록 했다. 또한 원 웨어(Worn Wear) 프로그램을 통해 소비자가 입던 옷을 반납하면 수선해 중고 제품으로 다시 판매했다. 리크래프티드(Recrafted) 라인에서는 버려지는 의류를 재활용해 새로운 옷으로 만들었고, 바다에서 수거한 페트병을 소재로 활용하기도 했다. 파타고니아는 단순히 사회적 책임을 강조하는 데 그치지 않고, 이런 실천을 지속적인 스토리텔링으로 발전시켜 소비자들의 공감을 이끌어냈다. 이러한 결정은 고객의 충성도를 높였고, 결국 브랜드는 가격 결정력을 확보했다. 쉽게 말해, 파타고니아가 더 비싼 가격에 옷을 팔아도 소비자는 기꺼이 파타고니아를 선택했다. 2022년 9월, 파타고니아는 다시 한 번 세상을 놀라게 했다. 창업자 이본 쉬나드가 자신의 회사 지분 전부를 비영리 재단에 기부한 것이다. 파타고니아는 비상장 기업이며, 쉬나드 일가가 보유한 지분 가치는 약 30억 달러(약 4조 2천억 원)에 달했다. 그는 전체 주식 중 의결권이 없는 98%를 환경 관련 비영리재단인 '홀드패스트 콜렉티브(Holdfast Collective)'에, 의결권이 있는 2%를 '파타고니아 퍼포즈 트러스트(Patagonia Purpose Trust)'에 넘겼다. 결과적으로 회사는 의사결정 권한을 가진 2%의 신탁회사와, 배당금을 받아 환경 보호에 사용하는 98%의 비영리재단으로 구성되었다. 사실상 창업자가 소유권을 포기하고, 회사의 모든 이익이 지구 환경을 위해 쓰이도록 바꾼 셈이다.

이본 쉬나드는 이렇게 말했다. "파타고니아의 유일한 주주는 지구다." 그리고 그의 실험은 여전히 진행 중이다. 2023년, 미국 소비자 대상 악시오스-해리스(Axios-Harris) 조사에서 파타고니아는 '가장 평판이 좋은 브랜드' 1위에 올랐다.

파타고니아의 성공은 단지 한 기업의 성취로 끝나지 않는다. 제2, 제3의 파타고니아를 만들어내며, 다른 사회적 기업들의 성장 모델로 확산되고 있다. 그런 점에서 비상장사임에도 불구하고 사회적 책임을 실천하는 상징적 브랜드로서 파타고니아의 존재는, 오늘날 미국 시장을 이해하는 데 매우 중요한 의미를 가진다.

Part 02

경험이
소비를
바꾼다

# 텍사스 로드하우스,
# 오래된 레스토랑에 아직도 줄을 서는 이유

텍사스 로드하우스 Texas Roadhouse

어바웃뉴욕

텍사스 로드하우스는 2024년, 미국에서 가장 큰 캐주얼 다이닝 체인으로 성장했다. '올리브가든'을 제치고 1위에 오른 것이다. 고급 파인다이닝과 패스트푸드의 중간쯤에 위치한 캐주얼 레스토랑 시장에서, 이제 텍사스 로드하우스는 미국인이 가장 사랑하는 레스토랑이자 가장 높은 만족도를 기록한 브랜드로 자리 잡았다. 2025년 미국 소비자만족도조사(ACSI)에서 텍사스 로드하우스는 풀서비스 레스토랑 부문 1위를 차지했고, 2위는 다든 레스토랑(Darden Restaurants) 그룹의 롱혼 스테이크하우스(LongHorn Steakhouse)였다. 매장 앞에는 여전히 미국인들이 줄을 서 있다. 텍사스 로드하우스는 어떻게 미국인들의 입맛과 마음을 동시에 사로잡았을까?

## 한 장의 냅킨에서 시작된 스테이크 하우스

이 브랜드의 시작은 놀랍게도 단 한 장의 냅킨에서 출발했다. 창업자 켄트 테일러(Kent Taylor)는 1993년 미국 인디애나주에 첫 매장을 열며 '모든 연령층이 좋은 가격으로 즐겁게 머물 수 있는 레스토랑'을 만들고자 했다. 지금의 성공이 믿기지 않을 만큼, 그의 창업 과정은 쉽지 않았다. 80번이 넘는 투자 거절 끝에 마침내 의사 세 명으로부터 30만 달러를 투자받았다. 그 자리에서 그는 냅킨 위에 직접 매장 디자인을 스케치했고, 텍사스 로드하우스는 그렇게 탄생했다. 켄트 테일러는 론스타주(Lone Star State)의 시골길을 따라 늘어선 작은 로드하우스들에서 영감을 얻었다. 그는 지역 주민들이 모여 하루를 마무리하고, 세대와 관계없이 함께 어울릴 수 있는 공간을 만들고자 했다. 힘든 하루를 보낸 사람들이 편안한 분위기 속에서 식사를 즐길 수 있는 곳, 그것이 텍사스 로드하우스의 출발점이었다.

이곳의 대표 메뉴는 미국식 정통 스테이크다. 직접 손질한 핸드컷 스테이크(Hand-Cut Steak)와 부드럽게 떨어지는 립, 그리고 얼음처럼 차가운 맥주 한 잔이 상징적인 조합이다. 무엇보다 스테이크를 합리적인 가격으로 즐길 수 있다는 점이 매력이다. 텍사스 로드하우스는 "스테이크는 고급 레스토랑에서만 먹는 음식"이라는 통념을 깨뜨렸다. 약 20달러, 우리 돈으로 2만 원대에 푸짐한 스테이크 한 접시를 즐길 수 있다. 2024년 기준 1인당 평균 식사 지출액은 21.5달러(약 2만 8천 원)로, 미국 물가를 고려하면 가성비가 탁월하다. 그러나 텍사스 로드하우스는 저렴한 스테이크집으로만 불리기엔 부족하다. 그들의 진짜 경쟁력은 가격을 넘어선 '경험'에 있다.

## 식지 않는 음식, 식지 않는 서비스

켄트 테일러는 경쟁사들이 유행을 좇다가 본질을 놓쳤다고 지적한다. 그렇다면 텍사스 로드하우스가 생각하는 본질은 무엇일까. 이들의 사명은 바로 '저렴한 가격에 전설적인 음식과 전설적인 서비스를 제공하는 것'이다. "Legendary Food, Legendary Service." 이것이 그들이 말하는 업의 본질이다. 매장에 가면 직원들이 'I love my job(나는 내 일을 사랑한다)'이라는 문구가 새겨진 티셔츠를 입고 있다. 그만큼 직원들은 자신이 하는 일에 자부심을 가지고 즐겁게 일한다.

텍사스 로드하우스는 가격을 위해 맛의 퀄리티와 타협하지 않는다. 대표 메뉴인 핸드컷 스테이크는 공장에서 기계로 자른 고기가 아니라, 주방에서 직접 칼로 손질한 고기다. 이렇게 해야 최적의 숙성도를 유지할 수 있다. 립 역시 3일 이상 양념에 재워 부드럽게 익힌다. 뼈에서 자연스럽게 떨어지는 립은 이 브랜드의 상징이다. 수백 개의 체인을 보유한 대형 레스토랑이지만, 음식만큼은 여전히 수작업으로 완성된다. 켄트 테일러가 오랫동안 배달을 반대한 이유도 여기에 있다.

"누구도 식은 음식을 원하지 않는다"는 것이 그의 신념이었다. 그가 특히 자랑스러워한 메뉴는 따뜻한 빵이다. 테일러는 "우리가 무료로 제공하는 따뜻한 빵이 최고의 광고다"라고 말했다. 매장에서는 5분마다 갓 구운 빵이 나오며, 식전빵과 땅콩은 무제한으로 제공된다. 따뜻한 빵 냄새로 시작되는 식사, 그 경험이야말로 텍사스 로드하우스가 지켜온 본질이다.

이들은 서비스도 전설적이다. 텍사스 로드하우스의 직원들은 일명 '로디(Roadies)'라 불리며, 언제나 활기차다. 그들의 역할은 단순히 음식을 전달하는 데 그치지 않는다. 누군가 생일을 맞이하면 다 함께 축하하기 위해 모인다. 손님이 카우보이 모자를 쓰고 안장 모양의 의자에 앉으면, 직원들은 한목소리로 생일 축하 노래를 부른다. 이 같은 고객과의 소통은 자연스럽게 가족 단위 손님들을 매장으로 끌어들이는 장치로 작동한다. 그들은 자신의 일을 사랑하는 사람들처럼, 진심이 담긴 서비스를 제공한다.

## 직원에게 투자하고, 회전율로 이익을 높이다

미국의 대표 패밀리 레스토랑 가운데 하나였던 올리브 가든을 텍사스 로드하우스가 추월했을 때, 월가에서도 다양한 분석이 나왔다. 리테일 분석업체 플레이서(Placer.AI)에 따르면, 2024년 미국의 풀서비스 레스토랑 전체 방문객 수는 0.2% 감소했다. 반면 다든의 롱혼 스테이크하우스(LongHorn Steakhouse)는 4.3%, 텍사스 로드하우스는 7.2% 증가했다. 시장을 압도하는 성장세였다. 매장 앞에는 늘 긴 줄이 이어졌다. 월가에서는 이 같은 성공의 요인 중 하나로 독특한 식사 경험을 꼽았다. 앞서 언급한 생일 축하 이벤트처럼, 고객이 직접 참여하고 즐기는 경험이 매장 경쟁력을 높였다는 분석이다.

또 다른 요인은 인재에 대한 투자였다. 월가에서는 텍사스 로드하우스의 성공을 과소평가해서는 안 되는 이유로 '매장의 총괄매니저(Managing Partner)'에게 부여한 동기부여 시스템을 들었다. 이 제도야말로 레스토랑 체인의 성패를 가르는 핵심 요소라는 평가다. 텍사스 로드하우스는 직원들에게 명확한 인센티브를 제공한다. 매니징 파트너가 2만 5천 달러를 투자하면 매장 이익의 10%를 받을 수 있다. 직원들에게 단순히 주인의식을 가지라고 말하는 대신, 진짜 주인으로 만드는 제도다. 켄트 테일러는 매장을 관리하는 매니저가 해당 지역에 정착할 수 있어야 그 매장 역시 안정적으로 운영된다고 믿었다. 그 결과 이직률이 매우 낮고, 이는 곧 높은 고객 만족도로 이어졌다.

이외에도 직원들을 돕기 위한 펀드를 운영하는 등 가족적인 기업 문화를 이어가고 있다. 텍사스 로드하우스의 또 다른 성공 비결은 회전율이다. 저렴한 가격을 유지하기 위해서는 많이 팔아야 한다. 하지만 단순히 손님이 줄을 서게 만드는 것만으로는 부족하다. 싸게 팔되 많이 팔기 위해, 이들은 회전율을 철저히 관리했다. 특히 텍사스 로드하우스는 저녁 시간대 매출에 집중하기 때문에 회전율은 더욱 중요하다. 이 때문에 고객이 스테이크를 먹고 오랜 시간 머무는 것을 지양한다. 디저트 메뉴가 적은 이유도 여기에 있다. 결제는 태블릿으로 처리돼, 고객이 원할 때 바로 계산하고 나갈 수 있다. 일반적인 미국 스테이크하우스의 복잡한 계산 절차를 없앤 셈이다. 회전율이 높다 보니 점심 장사를 하지 않아도 매장별 매출은 매우 높은 수준을 유지한다. 실제로 매장당 주간 매출은 약 15만 달러로, 미국 외식업계 최고 수준이다. 또한 디지털 주방 시스템을 도입해 조리 정보를 실시간으로 공유하고, 조리 시간을 단축해 회전율을 더욱 높였다. 최근에는 테이크아웃 매출 비중도 늘어나며 전체 매출 성장에 기여하고 있다.

# 텍사스 로드하우스(TXRH)

텍사스 로드하우스는 2025년 7월 1일 기준으로 미국 49개 주, 해외 10개국에서 797개의 레스토랑을 운영한다. 텍사스 로드하우스의 분기 실적을 보면, 이들의 최근 전략이 보인다. 텍사스 로드하우스의 2025 회계연도 2분기 실적에서 매출은 151만 2,054달러를 기록했다. 전년 대비 12.7% 증가한 셈이다. 조정 주당순이익(EPS)은 1.86달러로 전년 대비 4.0% 증가했다. 동일 매장 매출은 5.8% 증가했는데, 이는 전체 업계와 비교해서 높은 편이다. 텍사스 로드하우스의 동일 매장 매출은 업무 효율성 개선을 확인할 수 있는 지표이기도 하다. 그리고 2분기를 기준으로, 매장의 주간 기준 평균 매출은 16만 7,350달러를 기록했다. 전년도 주간 평균 매출이 15만 8,991달러였으니 상승추세는 지속하고 있다. 특히 같은 기간 테이크아웃 매출이 1만 9,975달러에서 2만 2,243달러로 상승했다는 점도 유의미하다. 팬데믹 이후에는 테이크아웃 매출이 전체 매출에서 의미 있는 수준까지 올라왔다. 최근 분기에서 확인되고 있는 점은 마진이 악화되고 있다는 점이다. 레스토랑 마진율이 1.08%p 하

## 전미 고객 만족도 지수(ACSI) – 패밀리 레스토랑 부문

단위: 점수 / 전년 대비 증감률 %

| 브랜드명 | 2024년 | 2025년 | 증감률 |
|---|---|---|---|
| 텍사스 로드하우스 | 85 | 84 | -1% |
| 롱혼 스테이크하우스 | 85 | 83 | -2% |
| 기타 외식 브랜드 평균 | 84 | 82 | -2% |
| 풀서비스 레스토랑 | 84 | 82 | -2% |
| 올리브 가든 | 83 | 81 | -2% |
| 크래커 배럴 | 82 | 80 | -2% |
| 애플비 | 79 | 80 | +1% |
| 레드 랍스터 | 78 | 79 | +1% |
| 아웃백 스테이크하우스 | 80 | 79 | -1% |
| 레드 로빈 | 76 | 78 | 3% |
| 아이홉 | 78 | 78 | 0% |
| 칠리스 | 80 | 78 | -3% |
| 치즈케이크 팩토리 | 78 | 77 | -1% |
| 버팔로 와일드 윙스 | 79 | 76 | -4% |
| 데니스 | 76 | 75 | -1% |

## 13주 실적 요약

단위: 천 달러, 주당순이익은 달러 기준

| 구분 | 2025년<br>7월 1일까지<br>13주 | 2024년<br>6월 25일까지<br>13주 | 증감률 |
|---|---|---|---|
| 총매출 | 1,512,054 | 1,341,202 | +12.70% |
| 영업이익 | 146,341 | 142,816 | +2.50% |
| 순이익 | 124,085 | 120,141 | +3.30% |
| 희석 주당순이익(EPS) | 1.86 | 1.79 | +4.00% |

출처: 텍사스 로드하우스

락하며 17.1%를 기록했다. 원자재 가격 상승(5.2%)과 임금 및 기타 인건비 상승(3.8%)의 영향을 받았다. 다만, 매출이 증가하면서 일부 상쇄했다. 전반적으로 보면 비용 압박을 겪고 있고, 매출 증가로 이를 이겨내는 모습이다. 관세 등의 영향으로 당분간 수익성에 악영향이 예상된다.

텍사스 로드하우스는 팬데믹 이후 더 탄탄하게 자리를 잡은 기업이다. 이에 테이크아웃 매출 비중을 주의 깊게 살펴볼 필요가 있다. 팬데믹 이후 다른 전통의 레스토랑 고객을 많이 흡수했다. 인플레이션 시대를 맞아 풀서비스 레스토랑 고객이 감소했지만, 텍사스 로드하우스의 방문객은 증가했다.

# 치즈케이크 팩토리,
# 250개 메뉴는 치즈케이크를 위한 미끼일 뿐

치즈케이크 팩토리 The Cheesecake Factory Incorporated

어바웃뉴욕 ▶

뉴욕 퀸즈 센터 몰 근처에 있는 치즈케이크 팩토리.

한국에서 프랜차이즈 사업가로 성공한 백종원 대표는 과도하게 많은 메뉴를 줄여야 한다고 조언한다. 다양한 손님의 기호를 다 맞추기 위해 메뉴를 늘리기만 하는 것이 정답은 아니라는 취지다. 자신만의 강점을 살려야 고객들이 스스로 찾게 된다. 그런데 미국에는 정반대로 성공한 레스토랑 체인이 있다. 바로 '치즈케이크 팩토리(The Cheesecake Factory Incorporated)'로, 미국의 대표적인 레스토랑 체인 중 하나다. 영어 공부를 위해 미국의 시트콤《빅뱅이론》을 봤다면 익숙할 것이다.《빅뱅이론》의 여주인공 페니가 일을 하는 장소가 바로 치즈케이크 팩토리다. 미국인들이 사랑하는 치즈케이크 팩토리의 주가는 2023년, 30달러선에서 2025년에는 60달러까지 상승했다. 250가지가 넘는 메뉴를 판매하는 레스토랑이 꾸준히 주가가 상승할 수 있었던 원동력은 무엇일까?

## 디저트로 시작해 레스토랑으로 확장하다

치즈케이크 팩토리는 현 CEO 데이비드 오버턴(David Overton)의 어머니로부터 시작됐다. 그의 어머니 에블린 오버턴(Evelyn Overton)은 1940년대 미시간주 디트로이트에서 치즈케이크 가게를 열었다. 지역에서 사랑받는 치즈케이크로 인기를 얻었지만, 두 자녀를 키우기 위해 사업의 꿈을 잠시 접었다. 대신 집 지하로 제빵 장비를 옮겨, 마을 레스토랑마다 케이크를 납품했다. 1972년, 자녀들이 다 성장했을 무렵 그녀는 남편 오스카와 함께 로스앤젤레스로 이주해 다시 사업을 시작했다. '치즈케이크 팩토리 베이커리'를 열고 로스앤젤레스 전역의 레스토랑에 이전처럼 치즈케이크를 공급했다. 아들 데이비드는 어머니의 치즈케이크를 직접 선보일 수 있는 레스토랑을 열기로 결심했다. 애초에 그가 레스토랑을 열었던 이유도 치즈케이크라는 디저트를 세상에 알리기 위해서였다. 1978년, 그는 베벌리힐스에 첫 번째 레스토랑을 열었다. 데이비드는 5년 동안 직접 레스토랑에서 일하며 운영을 배웠고, 그 결과 레스토랑은 큰 성공을 거두었다. 이 과정에서 메뉴가 빠르게 늘어났다. 치즈케이크뿐만 아니라 피자와 고기 요리까지 판매하게 되면서 치즈케이크 팩토리는 누군가에게는 카페로, 또 누군가에게는 레스토랑으로 자리 잡았다.

## 다양성을 경쟁력으로 만든 레스토랑

치즈케이크 팩토리의 가장 큰 특징은 메뉴의 수다. 무려 250가지가 넘는 메뉴를 판매한다. 메뉴판의 모든 음식을 다 훑어보다 보면, 오히려 주문을 못 할 정도다. 이 전략은 창업 초기부터 이어져 왔다. 데이비드 오버턴은 '고객이 원하는 것은 무엇이든 메뉴에 담아야 한다'는 생각으로 경쟁에서 차별화를 시도했다. 그래서 치즈케이크 팩토리에서는 버거부터 멕시코 음식, 파스타까지 세계 각국의 요리를 모두 제공한다. 어떤 취향의 고객이라도 원하는 메뉴를 주문할 수 있다. 그만큼 다양성 측면에서 압도적이다. 단체 손님이 방문하더라도 각자 원하는 음식을 고를 수 있다는 점도 강점이다.

국내에서도 비슷한 전략으로 한때 김밥 체인점들이 인기를 끌었다. 돈가스부터 김치찌개까지 없는 메뉴가 없던 시절이었다. 김밥 체인의 핵심은 다양한 메뉴와 적당한 가격이었지만, 확장성에는 한계가 있었다. 사람들은 동네 김밥 체인 대신 '맛집'을 찾아 줄을 섰다. 하지만 치즈케이크 팩토리는 달랐다. '적당한 맛'으로도 성공했다. 250가지 메뉴를 모두 완벽하게 만드는 것은 현실적으로 불가능하지만, 이들은 정량화된 레시피를 통해 일관된 맛을 구현했다. 홈페이지에는 주요 메뉴의 조리법이 공개되어 있는데, 예를 들어 아보카도 샐러드의 소스양까지 구체적으로 명시돼 있다. 이런 정밀한 레시피 관리가 치즈케이크 팩토리의 일관된 맛을 만든다. 메뉴의 수가 많다 보니, 미국 인플루언서들에게도 늘 콘텐츠 소재가 된다. 이들은 매장을 찾아 다양한 음식을 맛보고, 그 경험을 영상으로 공유한다. 결국 '선택의 폭' 자체가 치즈케이크 팩토리의 가장 강력한 브랜드 자산이 된 셈이다.

## 맛을 넘어 경험을 판다

250가지 메뉴는 주방 인력에 대한 철저한 교육이 뒷받침되기 때문에 가능하다. 직원이 오래 일하는 것도 중요하지만, 치즈케이크 팩토리는 직원 복지가 좋은 것으로도 유명하다. 특히 의료혜택이 잘 갖춰져 있어, 〈포춘(Fortune)〉지가 선정한 '일하기 좋은 100대 기업'에 12년 연속 이름을 올렸다. 메뉴 수만 보면 비효율적인 레스토랑처럼 보

대체 '뉴욕치즈케이크'는 뭐가 다른걸까? 뉴욕치즈케이크는 크림치즈로 만들기 때문에 부드럽고, 크리미한 점이 특징이다.

이지만, 실제로는 메뉴 외의 영역에서 효율성을 높이고 있다. 다양한 메뉴를 제공하고, 서로 다른 취향을 가진 사람들이 모일 수 있는 공간이 되기 위해 매장 규모는 평균 200석 이상으로 넓게 설계된다. 대부분 유동인구가 많은 대형 쇼핑몰 등에 자리 잡고 있다. 반면, 임대료가 비싼 지역에서는 철저히 출점하지 않는다. 예를 들어 뉴욕 맨해튼에는 치즈케이크 팩토리 매장이 없는데, 높은 임대료를 감당하면 저렴한 가격을 유지할 수 없기 때문이다. 레스토랑으로서의 평가는 호불호가 갈린다. 음식 대부분이 기름지고 칼로리가 높아, 미국 내에서도 "맛은 있지만 지나치게 무겁다"는 비판을 받기도 한다. 때문에 '최악의 레스토랑'이라는 평가가 붙은 적도 있다. 이에 대해 데이비드 오버턴 CEO는 자신들을 "체험형 다이닝(Experiential Dining)의 선두주자"라고 정의한다. 그는 고객들이 단순히 식사하는 것을 넘어 '경험하는 식사'를 하길 바란다고 말한다. 실제로 음식을 주문해보면 1인분의 양이 매우 많다. 여러 명이 함께 나눠 먹으며 시간을 보내도록 의도한 구성이다. 매장 인테리어도 이 철학을 반영한다. 고대 이집트풍의 기둥이 상징적이며, 화려한 장식과 여러 문화가 혼합된 인테리어가 이국적인 분위기를 완성한다.

## 진짜 주인공은 치즈케이크

그러나 치즈케이크 팩토리 성공의 핵심은 결국 '치즈케이크'다. 250가지가 넘는 메뉴는 사실 고객을 치즈케이크로 유인하기 위한 장치에 가깝다. 이들의 전략은 단순하다.

"당신이 무엇을 좋아하든, 그 메뉴는 이미 준비되어 있다. 그러니 와서 식사하고 치즈케이크를 맛보라."

식사는 고객을 끌어들이는 미끼 상품이고, 치즈케이크가 실제 수익을 내는 상품이다. 디저트는 본래 마진율이 높은 품목이다. 치즈케이크 팩토리는 캘리포니아주 칼라바사스 힐스(Calabasas Hills)와 노스캐롤라이나주 로키 마운트(Rocky Mount)에 각각 한 곳씩, 총 두 개의 케이크 생산 시설을 직접 운영한다. 이곳에서 만든 치즈케이크를 전 매장으로 공급하기 때문에 높은 수익성을 유지할 수 있는 구조다. 매장 입구마다 디스플레이 케이스를 설치해 30가지 이상의 치즈케이크를 전면에 내세운 것도 같은 이유다. 고객들은 매장에 들어서는 순간부터 자연스럽게 디저트를 떠올리게 된다. 코스트코에 1.5달러 핫도그 세트가 있다면, 치즈케이크 팩토리에는 250가지의 메뉴가 있다. 모든 기업에는 '고객을 끌어들이는 상품'과 '실제로 돈을 버는 상품'이 있다. 치즈케이크 팩토리는 마진이 높은 치즈케이크를 팔기 위해 250가지의 미끼 상품을 함께 파는 셈이다.

# 치즈케이크 팩토리(CAKE)

치즈케이크 팩토리는 1992년 티커 CAKE로 상장했다. 시가총액은 약 32억 달러 수준으로, 연간 매출은 약 36억 달러이다. 미국과 캐나다에 총 363개의 매장을 운영하고 있다. 이 가운데 치즈케이크 팩토리가 216개, 이탈리안 다이닝 브랜드인 노스 이탈리아(North Italia)가 46개, 건강식 콘셉트인 플라워 차일드(Flower Child) 매장이 42개 등이다. 치즈케이크 팩토리 이외에도 M&A를 통해 신규 브랜드 확장을 진행하고 있다. 디저트 매출 비중은 2024 회계연도를 기준으로 매출의 17%를 차지한다. 마진율이 높은 상품군임을 감안하면 디저트의 이익 기여도는 17% 이상이라는 의미다. 5년 전인 2019 회계연도 당시에도 매출의 16%가 디저트에서 발생한 점을 감안하면 치즈케이크 팩토리 레스토랑의 핵심은 디저트다. 즉, 케이크 판매에 있다. 한 조각에 약 10달러, 한 판에 약 70달러 수준이다. 케이크 가격이 10만 원이 넘는다. 미국 물가를 감안해도 결코 싼 가격이 아니다. 그만큼 마진이 많이 남는다.

치즈케이크 팩토리의 마진이 높은 수준임을 보여주는 대표적인 지표가 바로 '단위당 평균 매출(AUV)'이다. 치즈케이크 팩토리 매장의 매장당 매출은 경쟁사 대비 압도적인 수준으로 한 매장에서만 연 1천만 달러 이상의 매출을 올린다. 2024 회계연도를 기준으로 보면 치즈케이크 팩토리의 매장들은 평균 1,230만 달러의 매출을 기록했다. 앞서 언급했던 플라워 차일드의 매장당 평균 매출이 440만 달러 수준인 점을 고려하면 3배 가까이 차이가 난다. 치즈케이크 팩토리는 큰 매장에서 다수의 수요를 충족시킨다. 단위당 매출이 큰 비결에는 치즈케이크도 한몫하고 있다. 장기적인 치즈케이크 팩토리의 주가를 전망할 때는 디저트 매출, AUV를 살필 필요가 있다.

# 바이탈 팜스,
# 비싼 계란을 팔아 대박나다

바이탈 팜스 Vital Farms

어바웃뉴욕 ▶

바이탈 팜스의 방목 사육(Pasture-raised) 계란. 유니크한 상품 디자인으로 바이탈 팜스만의 색을 더했다.

국내 계란 산업은 철저히 농가 중심이다. 각 농장이 계란을 생산하고, 유통업체와 식품기업이 이를 시장에 내보낸다. 따라서 계란만을 전문적으로 생산하고 판매하는 상장사는 존재하지 않는다. 반면 미국 시장은 다르다. 거의 모든 산업에서 상장사를 찾아볼 수 있고, 유망한 산업이라면 조금만 찾아봐도 관련 기업을 확인할 수 있다. 미국의 대형 마트에서 흔히 볼 수 있는 에그랜즈 베스트(Egg-Land's Best), 랜드 오레이크스(Land O'Lakes), 포 그레인(4-Grain), 팜 하우스(Farmhouse) 같은 계란 브랜드들도 모두 미국 최대의 계란 공급업체이자 상장사인 '칼메인 푸드(Cal-Maine Foods)'의 제품이다. 요즘 미국 소비 시장의 중요한 트렌드 중 하나는 '건강'과 '윤리'이다. 그렇다면, 이 두 가지 가치를 모두 내세우는 계란 상장사는 없을까?

이 질문에 답하는 기업이 바로 바이탈 팜스(Vital Farms)다. 바이탈 팜스는 좁은 철창이 아닌 목초지에서 닭을 기르는 윤리적 계란 기업이다. 이들은 '동물 복지'를 브랜드의 핵심 가치로 내세우며, 건강하고 지속 가능한 방식으로 계란을 공급한다. 순이익이 빠르게 증가했고, 주가 역시 상승세를 이어가고 있다. 인플레이션 시기에는 저렴한 식료품이 인기를 끌 것 같지만, 아이러니하게도 비싼 계란이 오히려 더 주목받고 있다. 코스트코에 판매하는 일반 계란의 가격은 24개에 약 6달러 수준이다. 12개를 기준으로 3달러 안팎에 판매된다. 반면 바이탈 팜스의 계란은 12개 기준 약 10달러에 판매된다. 일반 계란에 비해 3~4배 정도 비싼 가격이다. 물론 지역마다 판매 가격이 다를 수 있는데, 계란 가격은 사육 방식에 따라 달라진다. 건강하게 키워진 닭으로부터 신선한 계란을 얻을 수 있기 때문이다. 이를 이용해 윤리적 소비라는 명분으로 더 비싼 계란을 파는 곳이 바이탈 팜스다.

## 좋은 대접이 좋은 계란을 만든다

한국에서는 주로 갈색 계란을 먹지만, 미국에서는 흰색 계란이 더 흔하다. 일반적으로 흰 계란과 갈색 계란을 비교하면 흰색 계란의 가격이 더 저렴하다. 그래서 소비자들은 갈색 계란이 더 영양가 있다고 생각하지만, 실제로 영양 측면에서는 거의 차이가 없다. 색의 차이는 닭의 품종 때문이다. 흰 닭은 흰 계란을, 갈색 닭은 갈색 계란을 낳는다. 다만 갈색 품종의 닭은 사육비가 더 많이 들기 때문에 가격이 비싸다. 결국 계란의 영양 성분은 닭의 품종보다는 닭이 먹는 사료와 환경에 좌우된다. 바이탈 팜스는 바로 이 '환경'에 주목했다. 이 회사는 목초지에서 방목해 키운 닭이 낳은 계란을 판매하는, 미국 최대의 방목계란 생산업체이다.

창업자 맷 오헤이어(Matt O'Hayer)는 2007년 텍사스주 오스틴 근처 27에이커(약 3만 평) 규모의 농장에서 로드아일랜드 레드(Rhode Island Red) 종 암탉 20마리로 바이탈 팜스를 시작했다. 창업한 지 18년이 지난 지금, 그는 70세에 이르렀다. 50세 가까운 나이에 새로운 도전을 시작한 셈이다. 오헤이어는 10대 시절부터 50개에 가까운 사업을 경험한 인물이다. 카펫 청소 회사, 물물교환 서비스, 여행사, 휴가

방목된 닭이 낳은 계란을 판매하는 뉴저지의 한 농장.

©김용갑

용 보트 대여 등 수많은 시도를 했지만 대부분 실패로 끝났다. 그러던 중 홀푸드 마켓 공동창업자 존 매키(John Mackey)를 만나면서 인생이 달라졌다. 그는 매키가 말한 "사회적 책임을 갖는 자본주의(Conscious Capitalism)"에 깊이 공감했고, 그 철학이 바이탈 팜스의 출발점이 되었다. 오헤이어는 닭에게 비좁은 철창 대신 윤리적인 대접을 했다. 좋은 대접을 받은 닭이 더 좋은 알을 낳는다고 믿었기 때문이다. 목초지에서 자유롭게 자란 닭은 더 건강하고 영양가 있는 계란을 낳는다. 실제로 바이탈 팜스의 계란은 일반 계란보다 비타민 E, 베타카로틴, 오메가3 지방산 함량이 높다.

### 농장보다 농부에 집중하라

바이탈 팜스의 성장 뒤에는 든든한 후원자가 있었다. 사업 초반인 2009년, 홀푸드마켓이 트랙터 등 장비 구입을 위해 10만 달러를 저금리로 대출해준 것이다. 이후 바이탈 팜스는 홀푸드 마켓에 납품을 시작하면서 본격적으로 성장했다. 유기농 이미지를 가진 홀푸드 마켓과 윤리적 소비를 내세운 바이탈 팜스의 만남은 서로에게 '윈윈'이었다. 이후 바이탈 팜스는 타겟(Target), 월마트(Walmart) 등 대형 소매업체로 유통망을 확장하며 현재는 미국 전역 2만 4천 개 이상의 매장에 입점해 있다.

바이탈 팜스는 자체 농장을 무한정 확장하기보다, 자신들과 같은 철학을 가진 소규모 가족 농가들과 협력하는 방식을 택했다. 닭은 농부들이 키우고, 바이탈 팜스는 그 농부들을 발굴해 그들의 계란을 판매한다. 미국 전역 300곳 이상의 협력 농장이 바이탈 팜스의 기준을 지키며 운영 중이다. 이들의 역할은 '가치관이 맞는 농부들과의 연대'였다.

이 철학은 마케팅에서도 드러난다. 대표적인 사례가 유튜브 조회수 700만 회를 넘긴 캠페인 '불슛 프리(Bullsh*t-Free)'다. 직역하면 '헛소리 없는'이라는 뜻으로, 보통 '케이지 프리(Cage-Free)' 같은 표현으로만 계란을 홍보하는 기존 업계와 달리 바이탈 팜스는 정직하고 솔직한 방식으로 윤리적 계란의 가치를 전달했다. "우리 계란에는 거짓이 없다"는 메시지를 유머러스하게 표현한 이 캠페인은 브랜드의 철학을 가장 잘 보여주는 사례로 꼽힌다.

## 윤리가 만든 프리미엄

실제로 바이탈 팜스의 농장 조건은 매우 까다롭다. 농장의 암탉들은 한 마리당 최소 108평방피트, 약 3평 이상의 공간을 보장받는다. 넓은 목초지에서 자유롭게 돌아다니며 신선한 공기와 햇빛을 누릴 수 있다. 좁은 케이지 속에서 평생을 보내는 닭들과는 비교할 수 없는 환경이다. 농장과 목초지에는 화학 비료나 살충제도 사용하지 않는다. 대신 구역을 나누어 '회전식 목초지(Rotational Grazing)'를 운영해, 풀을 다시 자라게 하고 땅이 회복할 수 있는 시간을 준다.

바이탈 팜스는 닭뿐만 아니라 소도 키우는데, 버터를 생산하는 젖소들은 1년 중 평균 200일을 야외에서 보낸다. 이들이 '파스쳐 벨트(Pasture Belt)'라 부르는 지역에서만 농장이 운영되는 것도 이런 이유다. 미국에서도 닭이 1년 내내 풀을 뜯을 수 있는 따뜻한 지역에만 농장을 세운다. 결국 바이탈 팜스의 사업은 비좁은 공간에서 스트레스를 받는 닭이 아닌, 윤리적인 방식으로 방목(pasture-raised)된 닭이 낳은 계란을 판매하는 것이다. 여기서 방목은 흔히 계란 포장에 적힌 '케이지 프리(Cage-Free)'나 '프리 레인지(Free-Range)'와는 다르다. 많은 소비자들이 이 개념을 혼동한다. '케이지 프리'나 '프리 레인지'는 닭이 야외 목초지에서 자유롭게 생활한다는 뜻이 아니다. 단지 철창이 없는 계사 안에서 키운다는 의미다. 법적 기준도 명확하지 않아, 대부분의 계란 포장에 사용될 수 있다. 반면 '방목'은 닭이 실제로 목초지 위를 걸어 다니며, 햇빛과 바람을 느끼는 환경에서 자라는 것을 뜻한다. 바이탈 팜스의 핵심은 '윤리적 계란을 비싸게 판다'는 데 있다.

이 말은 곧, 소비자에게 윤리적 소비를 얼마나 설득력 있게 보여줄 수 있느냐에 달려 있다. 이 때문에 바이탈 팜스는 작은 포장 케이스 안에 하나의 '스토리텔링 장치'를 숨겨뒀다. 계란 케이스마다 계란이 생산된 농장 이름과 함께 QR 코드가 인쇄되어 있다. QR을 찍으면 해당 농장의 실제 모습을 360도 영상으로 확인할 수 있다. 소비자는 자신이 산 계란을 낳은 암탉의 삶을 직접 볼 수 있다. '행복한 암탉'의 이미지를 통해, 바이탈 팜스는 윤리적 소비를 감성적으로 설득한다.

## 주가 키포인트

## 바이탈 팜스(VITL)

바이탈 팜스는 현재 500개 이상의 농장과 협력하고 있으며, 미국 전역에는 2만 3천여 개의 매장에서 판매되고 있다. 바이탈 팜스는 2007년 등장한 이후 무서운 속도로 성장한 기업이다. 창업 10여 년만인 2018년에는 연간 매출 1억 달러를 넘어섰다. 이들은 연간 30%가 넘는 성장세를 기록해왔다. 바이탈 팜스는 현재 2027년까 지 매출 10억 달러를 달성하겠다는 목표를 제시하고 있다. 최근 분기 실적 발표에서도 강조할 정도로 헛된 꿈은 아니다. 2025 회계연도 2분기 실적을 보면, 분기 매출은 1억 8,480만 달러를 기록했다. 전년 대비 25.4% 성장했다. 여전히 높은 성장세를 보이고 있다. 분기에 매출 2억 5천만 달러만 기록하면 목표달성이 가능하다. 2018년 연매출 1억 달러 달성 이후 10년 만에 또 10배 성장을 달성하는 셈이다.

바이탈 팜스의 러셀 디에즈 캔세코(Russell Diez-Canseco) CEO는 "강력한 브랜드 충성도를 바탕으로 연간 매출 목표를 상향조정 했다"며 2027년 10억 달러 매출 목표 달성에 자신감을 보이고 있다. 바이탈 팜스의 강점은 여전히 소비자들의 선호도가 높다는 부분이다.

바이탈 팜스는 오직 이들만이 할 수 있는 비즈니스를 하는 것이 아니다. 핵심은 고객의 충성도, 선호도가 이어지는지 여부다. 그런 측면에서 볼 때 바이탈 팜스의 시장점유율 추이는 주가의 핵심이라 볼 수 있다. 바이탈 팜스 계란의 시장점유율을 보면, 2020년에는 1% 수준이었으나 최근에는 3.2%까지 상승했다. 지속적으로 시장점유율이 올라오고 있다. 유의미한 것은 크게 2가지 부분이다. 하나는 바이탈 팜스뿐만 아니라 목초지 계란 PB 상품 자체가 시장에서 선호도를 키우고 있다는 점이다. 해당 계란의 시장점유율도 최근 1%대까지 올라왔다. 미국인들의 계란 선호도 자체가 건강한 계란을 원하고 있다는 의미로 해석할 수 있다. 동시에 바이탈 팜스 계란에 대한 선호도가 여전히 높아지고 있다는 점도 확인된다. 즉, 이 시장은 시장점유율을 뺏는 시장이라기보다 함께 성장하고 있는 시장이라고 볼 수 있다.

소비자들이 윤리적 계란에 돈을 계속 쓰게 될지, 그 대상은 바이탈 팜스 일지를 보면 주가를 예상해볼 수 있다.

# 리퀴드 데스,
# 미국 MZ는 해골 캔생수를 마신다

리퀴드데스 Liquid Death

어바웃뉴욕

미국 맥주시장이 격변기를 맞고 있다. 지난 20여 년간 미국 맥주시장의 절대 강자였던 부동의 1위 '버드라이트'가 무너졌다. 버드라이트의 트랜스젠더 협찬 논란이 시작이었다. 트랜스젠더 인플루언서 딜런 멀바니(Dylan Mulvaney)가 본인 얼굴이 그려진 특별한 버드라이트 협찬 캔맥주를 공개하자 일부 소비자들은 반발하며 불매 의사를 밝혔다. 버드라이트의 추락과 함께 멕시코 맥주 브랜드 '모델로'가 1위 자리를 대신했다. 동성애 논란, 히스패닉 인구 증가 등 다양한 변화 속에서 미국 맥주시장의 순위가 바뀌고 있다.

### 취하지 않는 세대, 새로운 맥주를 만들다

맥주 시장을 뒤흔드는 또 다른 키워드는 바로 '논알코올(Non-Alcohol)'이다. 2023년, 미국의 유기농 마켓인 홀푸드 마켓(Whole Foods Market)에서 가장 많이 팔린 맥주는 놀랍게도 논알코올 맥주 '애슬레틱(Athletic)'이었다. 논알코올 맥주의 판매량이 일반 맥주를 앞선 것이다. 홀푸드 마켓의 특성을 감안하더라도 이례적인 현상이었다. 최근 미국의 젊은 세대 사이에서는 술 대신 논알코올 맥주를 즐기는 문화가 확산되고 있다. 사실 논알코올 맥주의 등장은 미국이 금주법을 택했던 시대에 처음 등장한 것으로 알려져 있다.

1919년, 미국은 알코올 중독과 범죄 문제를 이유로 금주법을 시행했다. 이 법은 알코올 함량 0.5% 이상인 음료의 제조·판매·운반·수출입을 전면 금지했다. 그러자 양조장들은 규제를 피하기 위해 알코올 함량 0.5% 미만의 '니어 비어(Near Beer)'를 만들기 시작했다. 이것이 바로 논알코올 맥주의 시초다. 니어 비어는 금주법 시기에는 인기를 끌었지만, 법이 폐지되자 곧 시장에서 사라졌다. 일반 맥주와 맛의 차이가 너무 컸기 때문이다.

최근 논알코올 맥주가 다시 주목받는 이유는 단순히 '건강 트렌드' 때문만은 아니다. 무엇보다도 맛이 크게 개선되었기 때문이다. 과거와 달리, 요즘의 논알코올 맥주는 일반 맥주와 거의 구별하기 어려울 정도다. 통상 논알코올 맥주는 일반 맥주를 만든 뒤, 알코올이 물보다 낮은 온도에서 기체로 변하는 특성을 이용해 알코올만 증발시킨다. 하지만 이 과정에서 맥주 특유의 향과 풍미까지 함께 사라지는 것이 문제였다. 최근에는 양조 기술의 발전으로, 이 맛의 손실을 최소화하는 데 성공하면서 논알코올 맥주가 진짜 '맥주의 대안'으로 자리 잡기 시작했다.

애슬레틱은 독특한 방식으로 맥주와 유사한 맛을 구현해내며, 홀 푸드 마켓에서 가장 많이 팔린 맥주로 자리 잡았다. 일반적인 논알코올 맥주가 술을 못 마시는 사람들을 위한 대안으로 마케팅되는 것과 달리, 애슬레틱은 맥주를 마시는 사람들의 새로운 선택지가 되려는 전략을 펼친다. 예를 들어, 맥주 한 잔을 마신 뒤 추가로 가볍게 즐길 음료를 고민할 때, 애슬레틱이 그 대안이 되는 식이다.

## 죽음을 마케팅하는 생수

논알코올 음료의 시대에 한발 더 나아간 브랜드가 있다. 바로 해골이 그려진 생수를 파는 기업 '리퀴드 데스(Liquid Death)'다. 이 회사는 해골 문양이 가득한 캔에 생수를 담아 판매한다. 언뜻 보면 맥주나 에너지 드링크처럼 보이지만, 실제로는 생수와 스파클링 워터를 파는 기업이다. 미국의 GenZ 세대 사이에서 큰 인기를 얻으며, 아마존에서 가장 많이 팔리는 생수 브랜드로 떠올랐다. 대부분의 생수 브랜드가 '깨끗한 물'이라는 점을 강조하는 반면, 리퀴드 데스는 생수로 상상하기 어려운 강렬한 이미지와 브랜드 스토리로 차별화를 꾀했다. 이 회사는 2017년, 광고업계에 몸담았던 평범한 직장인 마이크 세사리오(Mike Cessario)에 의해 설립됐다. 세사리오는 "진짜 강한 브랜드는 광고비 없이도 고객이 자발적으로 사진을 찍어 SNS에 올릴 수 있게 만들어야 한다"고 믿었다. 리퀴드 데스는 그렇게 탄생한 '쿨한 생수'다.

브랜드의 영감은 페스티벌 현장에서 나왔는데, 어느 밴드 멤버가 에너지 드링크 캔에 물을 담아 마시는 모습을 보고 아이디어를 얻었다고 전해진다. 페스티벌에서 어울리는 음료를 마시고 싶지만, 에너지 드링크를 계속 마실 수는 없다는 현실을 포착한 것이다. 그렇게 탄생한 것이 쿨함과 건강, 바이럴 마케팅 요소를 모두 갖춘 '리퀴드 데스'다. 최근 3년간 세 자릿수의 성장률을 기록하며, GenZ의 SNS 감성과 정서를 정확히 겨냥한 성공적인 브랜드로 자리 잡고 있다.

GenZ 세대의 쿨함을 정조준한 리퀴드 데스는 다소 과감하고 무례한 마케팅 전략을 택한다. 예를 들어 "당신의 갈증을 살해한다(Murdering your thirst)"거나 "플라스틱에게 죽음을(Death to plastic)" 같은 강렬한 문구를 내세운다. 좀비 캐릭터를 활용한 광고도 선보이며, 광고 속에서는 '생수'라는 단어조차 등장하지 않는다. 오히려 '생수'라는 말은 브랜드의 쿨함을 해치는 요소로 간주된다. 이 브랜드는 오직 이미지의 쿨함을 구축하는 데 집중하며, 그 전략이 정확히 먹혀들고 있다. 2017년 상표 등록을 마친 후, 2년 뒤인 2019년에 본격적으로 시장에 출시됐다. 첫해 매출은 280만 달러로, 이후 가파른 성장세를 이어가며 2022년에는 매출 1억 달러를 돌파했고, 2023년에는 2억 6,300만 달러에 도달했다. 아마존에서는 가장 많이 팔리는 생수 1위, 탄산수 부문에서는 2위를 차지하며 명실상부한 히트 브랜드로 자리 잡았다.

## 술 대신 이미지를 마신다

리퀴드 데스의 인기 비결은 단순히 비싸고 좋은 생수가 아니다. 이 브랜드는 주로 클럽이나 파티장에서 마신다. 플라스틱 생수가 아닌 해골 캔에 든 생수를 들고 있으면, 멀리서 보기엔 마치 맥주를 마시는 것처럼 보인다. 콘서트장에서 이미 술에 취했을 때, 혹은 분위기만 느끼고 싶을 때 사람들은 리퀴드 데스를 주문한다. 한마디로 리퀴드 데스는 "모두가 술을 마시는 공간에서, 술을 마시지 않아도 어색하지 않게 해주는 맥주캔 모양의 생수"다. 술을 마시지 않을 때마다 누군가에게 이유를 설명해야 하는 수고를 덜어준다. 논알코올 맥주 애슬레틱과 리퀴드 데스는 최근 음료 시장의 흐름을 상징하는 브랜드가 확실하다. 겉으로 보면 단순히 알코올 소비가 줄고 그 자리를 논알코올과 생수가 대신하는 건강 트렌드로 보일 수 있다. 하지만 자세히 들여다보면 그 배경은 다르다. 애슬레틱은 맛이 개선됐기 때문에, 리퀴드 데스는 쿨한 공간에 어울리는 이미지를 팔기 때문에 성장했다.

# 칠리스,
# "그대로 오세요"를 외치는 레스토랑

칠리스 Chili's

어바웃뉴욕 ▶

칠리스 건물 외장. 투박한 로고는 브랜드 창립 이후 50년이라는 세월을 느끼게 한다.

미국의 외식산업은 레스토랑의 형태만큼이나 다양하다. 유명 세프 중심의 '파인 다이닝(Fine Dining)', 조금 더 가벼운 '캐주얼 다이닝(Casual Dining)', 패스트푸드보다 품질은 높지만 격식은 덜한 '패스트 캐주얼(Fast Casual)', 그리고 맥도날드(McDonald's)로 대표되는 '패스트푸드'까지 폭이 넓다. 그렇다면 인플레이션을 겪은 미국인들은 어떤 레스토랑을 더 선호할까? 이 물음에 답을 보여주는 곳이 바로 대표적인 캐주얼 다이닝 레스토랑, '칠리스(Chili's)'다. 칠리스를 운영하는 브링커 인터내셔널(Brinker International)의 주가 역시 고공행진을 이어가고 있다. 브링커 인터내셔널은 한국에서는 다소 낯설지만, 전 세계적으로 1,600개 이상의 캐주얼 다이닝 레스토랑을 운영하는 기업이다.

## 캐주얼 다이닝의 시작

칠리스(Chili's Grill & Bar)는 1975년 텍사스에서 처음 문을 열었다. 창업주 래리 라빈(Larry Lavine)은 텍사스에서 열린 한 칠리 요리 경연대회에 참가했다가 사람들이 매운 칠리를 먹으며 차가운 맥주를 즐기는 모습을 보고 아이디어를 얻었다. 그는 텍사스주 댈러스의 오래된 우체국 건물을 개조해 첫 매장을 열었고, 멕시코산 붉은 고추 '칠리(Chili)'를 상징적으로 담아 브랜드 이름을 '칠리스(Chili's)'라 지었다. 래리 라빈은 훗날 "우리는 최초의 캐주얼 다이닝 레스토랑 중 하나였다"고 회상했다. 칠리스는 지금도 미국 1세대 캐주얼 다이닝 레스토랑으로 꼽힌다.

1970년대 당시 미국 외식시장은 양극화돼 있었다. 고급 레스토랑인 스테이크하우스와 패스트푸드 체인이 주류였고, 그 중간 지점을 채워주는 공간이 없었다. 칠리스는 합리적인 가격에 버거와 음료를 즐길 수 있는 편안한 식당을 표방하며 등장했다. 지금도 뉴욕의 울프강 스테이크하우스 같은 곳은 비즈니스 캐주얼 복장을 요구하지만, 당시 칠리스는 "Come as you are(그대로 오세요)"라는 문구로 손님들에게 편안한 분위기를 제안하며 인기를 얻었다.

칠리스를 전국적으로 유명하게 만든 메뉴 중 하나는 바로 '프로즌 마가리타(Frozen Margarita)'였다. 마가리타는 테킬라를 베이스로 한 칵테일로, 글라스 가장자리에 소금을 두르는 것이 특징이다. 특히 텍사스주 댈러스는 프로즌 마가리타가 처음 탄생한 지역이었고, 퇴근 후 버거와 함께 즐길 수 있는 음료로 이 메뉴를 제공하면서 칠리스는 폭발적인 인기를 얻었다. 1980년대 초, 칠리스는 미국 남서부 지역을 중심으로 빠르게 성장했다. 그러던 1983년, 브랜드의 역사를 바꾸는 인물이 등장한다. 바로 레스토랑 산업의 대부라 불리는 노먼 브링커(Norman Brinker)다.

그는 당시 세계 2위 규모의 외식 기업이었던 필스버리 레스토랑 그룹(Pillsbury Restaurant Group)의 회장이었으며, 칠리스를 인수한 뒤 회사명을 브링커 인터내셔널로 바꿨다. 브랜드명 칠리스는 그대로 유지됐다. 브링커의 리더십 아래 칠리스는 1990년 'EAT'이라는 티커로 상장에 성공했고, 1995년에는 이탈리안 레스토랑 마지아노

(Maggiano's)를 인수하며 포트폴리오를 확장했다. 현재 브링커 인터내셔널은 칠리스와 마지아노를 중심으로 전 세계 약 1,600개 매장을 운영하는 글로벌 외식 기업으로 성장했다.

## 가성비로 살아남다, 칠리스의 인플레이션 전략

칠리스는 브링커 인터내셔널로 편입되면서 메뉴 구성에도 변화를 줬다. 버거 중심이던 메뉴를 립(Ribs)과 텍스멕스(Tex-Mex) 요리로 확장한 것이다. 그 결과 칠리스는 '가성비 좋은 캐주얼 다이닝 레스토랑'이라는 포지션을 확고히 했다. 대표 메뉴로는 베이비 백 립(Baby Back Ribs)과 프로즌 마가리타가 있다. 최근 칠리스의 인기를 이끄는 핵심 메뉴는 '3 for Me' 세트다. 에피타이저, 메인 요리, 음료를 10.99달러부터 제공하는 구성으로, 미국의 물가 수준을 감안하면 매우 저렴하다. 패스트푸드점에서도 이 가격으로 세트를 먹기 쉽지 않은데, 칠리스는 캐주얼 레스토랑임에도 비슷한 수준의 가격을 제시했다. 이 전략은 인플레이션 시대를 살아가는 소비자들에게 강하게 어필됐다.

칠리스는 소셜미디어를 통해 맥도날드 같은 패스트푸드 브랜드를 직접 언급하며 자신들의 '가성비'를 부각하는 공격적 마케팅을 펼쳤다. 그 결과 동일 매장 매출이 크게 상승했고, 가격에 민감한 소비자들이 패스트푸드를 떠나 칠리스로 몰려들었다. 10~15달러 수준에서 한 끼를 해결하려는 소비자들에게 칠리스는 패스트푸드보다 나

2025년 4월, 뉴욕 유니언 스퀘어(Union Square) 근처에 칠리스의 파이낸싱 팝업 스토어가 설치됐다. 비싸지는 패스트푸드 가격에 맞서기 위해 일부러 맥도날드 옆에 위치했다.

은 선택지로 자리 잡은 셈이다. 인플레이션 시대를 맞은 외식업체들의 전략은 크게 세 가지다. 치폴레(Chipotle)처럼 가격을 높여도 소비자가 따라오는 충성도 전략, 혹은 프리미엄화 전략, 그리고 칠리스처럼 푸짐하고 저렴한 메뉴로 대중을 잡는 전략이다.

칠리스의 성공에는 무엇보다 '효율성'이 있었다. 푸짐하고 저렴한 메뉴를 유지하려면, 불필요한 비용을 줄이는 것이 필수였다. 2022년 6월 CEO로 취임한 케빈 호크먼(Kevin Hochman)은 이 효율화 전략을 본격적으로 추진한 인물이다. 그는 이전에 피자헛(Pizza Hut)과 KFC에서 침체된 브랜드를 부활시킨 경험이 있는 '브랜드 회생 전문가'로 통한다. 그의 리더십 아래 칠리스는 메뉴, 인력, 마케팅 전반에서 효율 중심의 운영 체계를 구축하며 다시 한번 성장세를 이어가고 있다.

## 직원 만족이 곧 경쟁력이다

호크먼 CEO는 주방에서부터 효율성을 강화하기 시작했다. 그것은 메뉴의 숫자부터 줄이는 것이었다. 그는 먼저 메뉴를 94개에서 74개로 줄였고, 조리 과정 역시 단순화했다. 버거를 만들 때는 버튼 한 번으로 양면을 동시에 익힐 수 있는 그릴을 도입해 조리 시간을 단축했다. 또 일부 런치 버거에 들어가던 작은 쇠고기 패티를 없애고, 모두 일반 패티로 통일해 조리 효율과 원가를 동시에 개선했다. 치킨 샌드위치 레시피에서도 불필요한 단계를 과감히 삭제했다. 직원들이 닭고기를 일일이 두드리는 과정을 없앤 것이다. 이처럼 사소하지만 실제 도움이 되는 비용 절감을 지속적으로 실행했다.

호크먼은 직원들의 불편을 직접 듣고 개선하는 방식을 택했다. 그가 CEO로 취임했을 당시, 칠리스의 61개 매장에는 서빙 로봇이 있었다. 하지만 그는 로봇 운영을 전면 중단했다. 로봇이 예상보다 느려 오히려 직원들의 동선을 방해했기 때문이다. 그에게 효율성은 비용을 줄이기 위한 수단이 아니라, 직원들의 만족도를 높이는 방식이었다. 불필요한 절차를 줄이면 직원들은 일하기 편해지고, 결국 이직률이 낮아진다. 실제로 수치로도 변화가 나타났다. 매니저의 분기별 이직률은 2022년 8.6%에서 5.9%로 떨어졌다. 낮아진 이직률은 직원들의 숙련도와 집중도를 높였고, 그 결과 고객의 불만 제기 비율도 5%에서 4.1%로 감소했다. 직원들이 더 친절해지고, 서비스 품질이 안정되면서 기업의 가격 결정력 역시 높아지는 선순환이 만들어졌다. 노동 유연성이 높은 미국에서 이직률을 낮추는 일은 특히 메뉴가 다양한 레스토랑에게 매우 중요한 과제다.

사실 브링커 인터내셔널의 직원 중심 경영 문화는 오래전부터 이어져 왔다. 1997년에는 어려움에 처한 직원들을 돕기 위해 '브링커 패밀리 펀드(Brinker Family Fund)'를 설립했다. 이 기금은 동료가 질병을 앓거나 가족을 잃었을 때, 또는 자연재해로 피해를 입었을 때 도움을 주기 위한 목적이었다. 또한 소아암 환자를 돕는 '크리에이트 어 페퍼(Create-A-Pepper)' 캠페인을 운영하고, 이탈리안 레스토랑 체인 마지아노스(Maggiano's)를 통해 '메이크어위시(Make-A-Wish)' 재단과의 협력으로 중

중 질환 아동의 소원을 들어주는 활동도 이어왔다. 브링커 내부에는 여성 리더십 강화를 위한 프로그램도 있다. 여성 리더의 성장을 가로막는 장애물을 논의하고 개선 방안을 찾는 자리다. 현재 브링커 인터내셔널은 전 세계 약 1,600개 매장에서 10만 명이 넘는 직원이 함께 일하고 있다. 이처럼 방대한 규모의 조직에서 인력 관리와 직원 만족은 기업의 경쟁력을 결정하는 핵심 요소로 자리 잡았다.

# 브링커 인터내셔널(EAT)

브링커 인터내셔널은 최근 수년간 좋은 실적과 주가 흐름을 보였다. 2024년 50달러로 시작한 주가는 벌써 150달러를 넘어섰다. 케빈 호크먼 CEO는 2025 회계연도 4분기 실적 발표에서 "칠리스가 돌아왔다"고 평가했다. 역시나 브랜드 부활을 성공시켰다. 1세대 캐주얼 다이닝이 인기를 끌고 있다. 2025 회계연도 4분기 실적을 기준으로 보면, 매출은 14억 6천만 달러를 기록했다. 지난해 같은 기간과 비교하면 21% 증가했으며, 2년 전과 비교해서는 39%, 3년 전과 비교해서는 45% 성장했다. 최근 3년간 상당한 성장세를 이어가고 있다. 조정 주당순이익(EPS)는 2.49달러로 지난해 같은 기간 1.61달러 대비 개선됐다. 조정 EBITDA(상각 전 영업이익)도 2억 1,240만 달러로 2024년 4분기 1억 4180만 달러 대비 증가했다. 특히 4분기 영업이익률은 9.8%로 지난해 6.1% 대비 개선됐다.

특히 칠리스의 동일 매장 매출이 매우 크게 증가했다. 칠리스의 4분기 동일 매장 매출은 전년 대비 23.7% 증가했다. 마지아노의 동일 매장 매출은 0.4% 감소했다. 마지아노의 경우 매출이 주로 방문객 감소로 발생했는데, 가격 효과로 일부 상쇄했다. 그럼에도 불구하고 브링커 인터내셔널의 주가가 상승하고 있는 것은 칠리스의 비중이 압도적이기 때문이다. 4분기 매출을 기준으로 보면 전체 약 14억 달러의 매출 가운데 13억 달러 이상이 칠리스에서 발생한다. 나머지 1억 달러가 마지아노에서 발생한다. 레스토랑 영업이익을 봐도 마지아노 보다는 칠리스에서 개선되고 있다. 브링커 인터내셔널 주가의 핵심은 칠리스다.

# 치폴레,
## 패스트 캐주얼의 대표 브랜드로 떠오르다

치폴레 Chipotle Mexican Grill

어바웃뉴욕 ▶

뉴욕 첼시의 웨스트 26번가에 위치한 치폴레 매장.

스타벅스가 위기를 맞고 있다. 팬데믹 시기, 스타벅스는 매장 내 의자를 치우며 '머무는 공간'으로서의 경쟁력을 잃었다. 그런데 2024년 6월 13일, 하락세를 이어가던 스타벅스의 주가가 하루 만에 24.5%나 급등했다. 스타벅스 역사상 하루 기준 최대폭 상승이었다. 흥미롭게도 같은 날, 치폴레(Chipotle Mexican Grill)의 주가는 7.5% 하락했다. 이유는 단 하나였다. 스타벅스가 치폴레의 CEO 브라이언 니콜(Brian Niccol)을 영입한다는 소식이 전해졌기 때문이다. 니콜은 치폴레를 6년간 이끌며 '위기 극복의 아이콘'이 된 인물이다. 그가 취임했을 때 치폴레는 식중독 사태로 휘청거리며 존폐의 기로에 서 있었다. 그러나 그의 리더십 아래, 치폴레의 영업이익은 약 7배로 증가했고 주가는 무려 800%나 치솟았다. '식중독 브랜드'였던 치폴레를 '가장 건강한 패스트푸드'로 탈바꿈시킨 인물, 바로 그가 스타벅스로 향한 것이다. 그렇다면, 니콜은 어떤 치폴레를 만들어냈기에 주가를 800%나 끌어올릴 수 있었을까?

## 위기는 식중독에서, 치폴레의 명암

치폴레의 창업자 스티브 엘스(Steve Ells)는 샌프란시스코에서 셰프로 일하며 언젠가 자신의 레스토랑을 열기 위한 자금을 모으고 있었다. 1993년, 그는 콜로라도 덴버에 작은 부리토 매장을 열었다. 레스토랑보다 위험 부담이 적은, 일종의 실험이었다. 이 매장에서 레스토랑 창업 자금을 마련하려는 계획이었다. 엘스는 샌프란시스코의 한 타코 전문점에서 영감을 받았다. 고객이 직접 재료를 고르는 맞춤 주문 방식의 멕시칸 푸드에 좋은 재료를 활용한 패스트푸드 개념을 결합했다.

그는 28세의 나이에 아버지에게 약 8만 달러를 빌려 첫 매장을 열었다. 첫날 매출은 고작 240달러에 불과했다. 오늘날의 치폴레를 생각하면 믿기 어려운 시작이었다. 첫 매장은 1993년 7월, 덴버대학교 근처에서 문을 열었다. 9월이 되어 대학생들이 학교로 돌아오자 손님이 급증했고, 사업은 빠르게 궤도에 올랐다. 엘스는 1년 반 만에 덴버에 두 번째 매장을 열었고, 1996년에는 세 번째 매장을 오픈했다. 그리고 1998년, 치폴레의 운명을 바꾸는 사건이 일어난다. 맥도날드가 치폴레에 지분을 투자한 것이다. 맥도날드의 자금과 시스템을 바탕으로 치폴레는 폭발적으로 성장했다. 매장 수는 1998년 16개에서 2005년에는 500개 이상으로 늘었다. 불과 7년 만에 브랜드의 위상이 완전히 달라졌다. 2006년, 맥도날드는 투자금을 회수하며 치폴레와 결별했다.

현재 치폴레는 전 세계적으로 약 3,800개 매장을 운영하고 있다. 하지만 치폴레의 주가가 늘 상승 곡선만 그린 것은 아니었다. 2006년 1월, 치폴레는 공모가 22달러로 상장했고, 첫 거래일에 공모가의 두 배인 44달러로 거래를 마쳤다. 이듬해인 2007년에는 주가가 150달러에 육박했지만, 2008년 금융위기 때는 30달러대로 추락했다. 외식업 전반의 소비가 급감했기 때문이다. 이후 치폴레는 다시 회복세를 타며 2015년 8월 758달러로 사상 최고가를 찍었다. 그러나 같은 해 10월, 식중독 사태가 발생했다. 치폴레 매장에서 발생한 식중독이 확인되자 주가는 폭락했다. 참고로 2024년 치폴레가 50대 1 액면분할을 단행했기 때문에, 당시 가격은 분할 전 기준이다. 치폴레는 항생제 없는 고기와 유기농 농산물을 내세워 '건강한 패스트푸드' 이미지를 구축해왔지만, 이번 사태로 소비자 신뢰가 무너졌고 브랜드 경쟁력은 심각한 타격을 입었다.

## 패스트 캐주얼의 시대를 열다

2018년, 치폴레는 대대적인 변화를 단행했다. 타코벨(Taco Bell) CEO 출신으로 젊은 소비자층을 겨냥한 마케팅과 디지털 전략에 강점을 지닌 브라이언 니콜(Brian Niccol)을 새 CEO로 영입한 것이다. 니콜은 타코벨에서의 성공 공식을 치폴레에 적용하고자 했다. 그의 첫조치는 파격적이었다. 콜로라도 덴버에 있던 치폴레 본사를 캘리포니아 뉴포트비치(Newport Beach)로 이전한 것이다.

그는 "우수한 인재는 우수한 환경에 모인다"는 철학 아래, 인재확보에 유리한 지역을 택했다. 공교롭게도 뉴포트비치는 타코벨 본사가 있는 곳과 가까웠다. 니콜은 이 점을 활용해 타코벨에서 함께일했던 핵심 인력들을 차례로 영입했다. 그중 대표적인 인물이 디지털 마케팅 전문가 트레시 리버만(Tressie Lieberman)이다. 그녀는 타코벨에서 마케팅 부사장으로 일하다가 치폴레로 옮겨왔고, 이후 2024년

치폴레는 고객이 원하는 방식으로 음식을 맞춤 제공한다.

©박경륜

11월에는 스타벅스로 자리를 옮겨 니콜과 다시 함께하게 된다. 그러나 타코벨 출신 인재들이 모였다고 해서 치폴레가 타코벨처럼 변한 것은 아니었다. 타코벨이 신제품 중심의 패스트푸드였다면, 치폴레는 맞춤형 메뉴 중심의 패스트 캐주얼이었다. 니콜은 제품 다변화보다 젊은 세대와의 접점에 집중했다. 특히 배달 주문 비중이 높아지는 소비 패턴을 읽고, 2019년부터 디지털 배달 채널 강화 전략을 본격적으로 추진했다. 그는 로열티 프로그램을 도입해 고객의 재방문율을 높였고, 앱을 통한 주문과 결제를 적극 유도했다. 그리고 이 전략은 빠르게 효과를 냈다. 니콜 취임 1년 만에 디지털 매출은 두 배로 성장했고, 2019년에는 전체 매출의 약 20%를, 2024년에는 무려 35%를 차지하게 됐다. 또한 차량 픽업이 가능한 '치폴레 레인(Chipotlane)'을 확대해 신규 매장의 80% 이상에 드라이브스루 시스템을 구축했다. 치폴레는 이제 '패스트 캐주얼(Fast Casual)'이라는 새로운 장르를 대표하는 브랜드가 되었다. 좋은 재료를 사용하면서도 패스트푸드처럼 빠르게, 그리고 고객이 원하는 방식으로 음식을 맞춤 제공한다. 매장에서는 서브웨이 샌드위치처럼 고객이 직접 재료를 선택해 즉석에서 조합하고, 그렇게 만들어진 음식은 한국의 비빔밥처럼 다양한 맛이 어우러진다.

치폴레의 진짜 경쟁력은 고객 충성도에 있다. 니콜은 다양한 메뉴를 내놓기보다 충성도 높은 고객층을 확보해 가격결정력을 키우는 데 집중했다. 맥도날드의 가격이 오르면 사람들은 KFC로 옮기지만, 치폴레는 대체 브랜드가 없다. 그 덕에 인플레이션 시대에도 치폴레는 오히려 가격 인상의 수혜를 누리며 더 큰 성장을 이어갔다.

## 포스트 치폴레 시대의 주인공들

미국에는 치폴레와 유사한 방식으로 성장한 기업들이 여럿 있다. 대표적인 곳이 카바(Cava)와 스윗그린(Sweetgreen)이다. 카바는 '제2의 치폴레'라 불리는 지중해식 레스토랑 체인으로, 맛집 리뷰 사이트 '엘프(Yelp)'가 꼽은 미국에서 가장 빠르게 성장한 브랜드 중 하나다.

2010년 세 명의 친구 아이크(Ike Grigoropoulos)와 디미트리(Dimitri Moshovitis), 테드(Ted Xenohristos)가 창업했고, 월스트리트 출신의 컨설턴트 브렛 슈만(Brett Schulman)이 합류하면서 급성장했다. 고객이 재료를 직접 선택하는 맞춤형 메뉴 구조는 치폴레와 비슷하지만, 가격은 더 저렴하고 매장 규모도 작다. 후무스, 피타, 매콤한 양고기 미트볼, 팔라펠 등 지중해식 재료를 활용해 빠르고 건강한 한 끼를 제공한다. 다만 급성장한 만큼 아직 고객 충성도가 낮고, 가격 인상 시 이탈 위험이 크다는 점이 과제로 꼽힌다.

스윗그린은 '건강한 패스트푸드'를 내세운 브랜드다. 조지타운대학교 재학 중이던 조나단 네만(Jonathan Neman), 니콜라스 자멧(Nicolas Jammet), 나다니엘 루(Nathaniel Ru) 세 명이 2007년 워싱턴 D.C.에서 30만 달러로 창업했다. 당시 학생들은 "신선하지만 비싼 음식"과 "빠르지만 건강하지 못한 음식" 사이에서 선택해야 했고, 스윗그린은 그

간극을 파고들었다. 현재 250개 이상의 매장을 운영하며, 샐러드를 중심으로 한 건강식을 판매한다. 지역 농장에서 직접 재료를 공급받고, '스윗라이프(Sweetlife)'라는 콘서트를 여는 등 커뮤니티 중심의 마케팅을 펼쳤지만, 이 같은 활동은 높은 비용 구조로 이어져 수익성 악화를 초래했다.

카바와 스윗그린은 빠른 성장으로 주목받았지만, 2025년에 들어서 성장의 한계와 수익성 압박이라는 공통된 벽에 부딪혔다. 카바는 2024년 6월 신제품 '스테이크 프로틴'의 흥행으로 매출이 급등했으나, 1년 만에 성장률이 15%에서 2.1%로 급락했다. 신제품 효과가 사라지고 소비심리가 위축되면서 신규 매장 확장도 더 이상 매출을 끌어올리지 못했다. 스윗그린 역시 샐러드 한 그릇이 16달러에 달하는 고가 정책으로 한정된 고소득층 고객층에 의존하고 있다. 2025년 2분기 동일 매장 매출이 전년 대비 7.6% 감소하고 방문객 수도 10% 줄었다. 결국 두 기업 모두 빠른 성장 뒤에 남은 과제는 같다. 바로 비용 구조를 개선하며 충성 고객을 확보하는 일이다.

## 각기 다른 패스트 캐주얼 브랜드들

모두 '패스트 캐주얼'이라는 공통된 틀 안에서 출발했지만, 성장전략과 지향점은 뚜렷하게 다르다. 치폴레가 안정적 수익성과 글로벌 확장을 바탕으로 '멕시칸 패스트 캐주얼'의 표준을 세운 기업이라면, 카바는 공격적인 인수합병과 기술 투자를 통해 지중해식 패스트

치폴레, 카바, 스윗그린 비교

| 구분 | 치폴레 | 카바 | 스윗그린 |
|---|---|---|---|
| 설립 | 1993년, 덴버 | 2006년, 메릴랜드 | 2007년, 워싱턴 D.C. |
| 콘셉트 | 멕시칸 패스트캐주얼 | 지중해식 패스트캐주얼 | 건강 샐러드 |
| 매장수 | 약 3,800개 | 약 350개 | 약 250개 |
| 전략 | 직영, 디지털, 충성도 | 인수합병, 기술 투자 | 도시 집중, 자동화 |
| 강점 | 안정적 수익성, 글로벌 | 빠른 확장, 지중해식 | 강력한 일부 팬덤 |
| 과제 | 해외 시장 개척 | 성장성 둔화 | 수익성 확보 |

캐주얼의 새로운 성장 축으로 떠올랐다. 반면 스윗그린은 도시 중심의 자동화 매장과 배달 시스템으로 '헬시 이팅(Healthy Eating)' 트렌드를 대표한다. 치폴레가 체계적인 운영과 해외 진출로 '패스트 캐주얼의 교과서'가 됐다면, 카바와 스윗그린은 각각 속도와 기술, 그리고 건강한 가치소비를 앞세워 미래 세대의 외식 문화를 재정의하고 있다.

# 스탠리,
# 100년 기업이 마케팅의 교과서가 되기까지

스탠리 Stanley

어바웃뉴욕 ▶

미국에서 텀블러 전쟁이 펼쳐진 시기가 있었다. 진열대에 놓인 텀블러를 사기 위해 달리고, 텀블러를 차지하기 위해 싸우기도 한다. 한정판 텀블러가 출시되면 매장 앞에서 노숙까지 한다. SNS에는 텀블러 인증샷이 이어졌다. 바로 텀블러 '스탠리(Stanley)'에 대한 이야기다. 스탠리 현상은 미국 소비 기업들에게 여러 의미와 과제를 남겼다. 텀블러 하나로 매출은 10배가 늘어날 수 있고, 어떤 제품이 시장에서 인기를 끌 수 있는지를 보여줬고, 이를 통해 디지털 마케팅과 바이럴 마케팅의 중요성을 시사했다.

### 100년 브랜드의 '리포지셔닝' 전략

2024년 초, 스탠리는 발렌타인데이를 맞아 스타벅스와 협업한 한정판 텀블러를 출시했다. 판매처는 미국의 대형 유통업체 '타겟(Target)'이었다. 출시

전날 밤부터 매장 앞에는 텐트를 치고 줄을 서는 진풍경이 펼쳐졌고, 판매가 시작되자마자 '오픈런'이 벌어졌다. 한정판 스탠리 텀블러를 사기 위해 다투는 사람들까지 등장했다. 주인공은 스탠리의 대표 제품, '퀜처(Quencher)'였다. 특히 한정판으로 출시된 핑크색 모델이 폭발적인 인기를 끌었다. 정가 49.95달러(약 6만 5천 원)짜리 텀블러가 온라인에서는 200달러, 많게는 450달러까지 웃돈이 붙어 거래됐다. 퀜처는 용량 40온즈, 약 1.18리터로 성인 남성이 들어도 꽤 큰 대용량 텀블러다. 하지만 미국에서 스탠리는 이제 10대 여성들의 필수품으로 자리 잡았다. 틱톡을 중심으로 인플루언서들이 스탠리 텀블러를 사용하는 영상이 확산되면서 이 제품은 평범한 음료 용기를 넘어, 하나의 패션 아이템으로 인식되기 시작했다. 부모가 스탠리 텀블러를 선물하자 감격해 눈물을 흘리는 아이들의 영상이 등장했고, 미국 언론에서는 "스탠리를 선물하는 가족은 화목한 가정"이라는 농담까지 나왔다.

스탠리는 사실 100년이 넘는 역사를 가진 브랜드다. 1913년, 윌리엄 스탠리 주니어(William Stanley Jr.)가 세계 최초로 유리 대신 강철을 사용한 보온병을 발명하며 시작됐다. 뛰어난 보온·보냉 성능 덕분에 제2차 세계대전 당시에는 미군의 군수품으로 납품되었고, 이후에는 야외 현장에서 일하는 건설 노동자들의 필수품이 되었다. 뉴욕의 9·11 메모리얼 뮤지엄에는 세계무역센터 건설 당시 노동자들이 사용하던 스탠리 보온병 두 개가 전시되어 있다. 하루 종일 고층 현장에서 일하던 노동자들이 뜨거운 음료나 식사를 담아 올릴 때 사용했던 바로 그 제품이다. 이후 스탠리는 미국에서 캠핑과 야외활동의 상징으로 자리 잡았다. 그래서 브랜드를 대표하는 색상도 군복을 닮은 짙은 녹색, 즉 '해머톤 그린(Hammertone Green)'이었다. 한때는 남성적인 이미지가 강했던 브랜드가 지금은 젊은 세대와 10대 여성에게까지 사랑받는 상징으로 변모한 것이다.

## Z세대의 감성을 입은 강철 브랜드

스탠리는 100년 넘게 기능성과 남성적인 이미지가 강한 브랜드였다. 그런데 1리터 크기의 텀블러 '퀜처'가 이 이미지를 바꿔놓았다. 스탠리를 새롭게 만든 퀜처는 2016년에 처음 등장했다. 최근 들어 유명해졌지만 사실 꽤 오래전부터 있던 모델이다. 약 50달러에 판매되던 1리터 텀블러에는 단열뿐만 아니라 이동 중에도 들고 다니기 편한 손잡이가 달려 있고, 자동차 컵홀더에 들어갈 수 있도록 하단이 좁게 설계돼 있다. 스탠리가 지향하던 아웃도어 감성에 맞춘 기능성 제품이었다. 하지만 출시 당시에는 인기를 끌지 못했다. 매년 스탠리의 베스트셀러는 여전히 녹색 보온병이었다. 결국 2019년 스탠리는 퀜처의 마케팅을 중단했고, 지금은 웃돈을 주고 사야 하는 텀블러가 한때 판매 중단 위기를 겪었던 제품이었다.

스탠리의 변화는 2020년, 테렌스 레일리(Terence Reilly) 대표가 취임하면서 시작됐다. 그는 샌들 브랜드 '크록스(Crocs)'에서 마케팅 책임자로 일하며 브랜드를 부활시킨 인물이다. 레일리 대표는 취임 후 직원들을 만나 소비자 이야기를 직접 듣는 데서부터 변화를 도모했다. 참고로 그는 '스탠리 화재 사건'으로도 잘 알려져 있다. 2023년 11월, 한 기아 쏘렌토 차량에 화재가 발생했는데, 차는 전소됐지만 스탠리 텀블러만 멀쩡하게 남아 있었다. 심지어 텀블러를 흔들자, 텀블러 속의 얼음이 그대로 유지돼 있었다. 이 사건은 SNS에서 화제가 됐고, 스탠리는 곧바로 차 주인에게 새 차와 새 텀블러를 선물했다. 이 사건은 엄청난 홍보 효과를 얻은 일화로, 레일리 대표의 빠른 판단과 마케팅 감각을 보여주는 사례였다.

이 과정에서 그는 '바이 가이드(By Guide)'라는 블로그를 알게 된다. 바이 가이드의 창업자 애슐리 르슈어(Ashlee LeSueur)는 2017년 퀜처를 구입한 후 제품에 반해 인플루언서들에게 직접 퀜처를 보내며 리뷰를 요청하던 열성 팬이었다. 그녀는 스탠리가 퀜처 생산을 중단하려 하자, "이 제품을 계속 만들어야 한다"고 제안했다. 스탠리는 "그럼 5,000개를 팔아보라"고 응수했고, 결과는 전량 매진이었다. 이 일을 계기로 레일리 대표는 그녀와 그 팀을 파트너로 받아들였다. 이후 스탠리는 크림색과 파스텔톤 등 새로운 색상을 내세우며 브랜드 이미지를 바꾸기 시작했다. 남성 노동자와 아웃도어 중심의 녹색 보온병 브랜드에서 여성과 인플루언서, 그리고 젊은 세대를 위한 감각적인 텀블러 브랜드로 변모한 것이다. 역사 깊은 보온병이 이제는 SNS에서 '인증 아이템'으로 통하게 됐다. 파스텔톤 스탠리 텀블러는 SNS를

스탠리가 바비(Barbie) 65주년을 맞아, 퀜처 컬레버레이션 상품을 판매하는 팝업 스토어를 브로드웨이에서 진행했다.

중심으로 폭발적인 인기를 얻었고, 갖가지 색상을 모으는 소비자들까지 등장했다. 스타벅스와 협업한 핑크 텀블러처럼 색상과 협업, 한정판 전략은 스탠리를 다시 '사고 싶은 브랜드'로 만들었다.

## 그들이 스탠리를 들고 인증하는 이유

스탠리의 매출은 최근 몇 년 사이 폭발적으로 성장했다. 2019년 7,300만 달러였던 매출은 2020년 9,400만 달러로 늘었고, 2021년에는 두 배 가까이 증가한 1억 9,400만 달러를 기록했다. 이후 2022년에는 또 한 번 두 배 성장해 4억 200만 달러, 2023년에는 무려 7억 5,000만 달러까지 치솟았다. 불과 4년 만에 매출이 10배 이상 성장한 셈이다. 100년 역사를 가진 기업이 이처럼 단기간에 폭발적 성장을 이루는 사례는 매우 드물다.

스탠리의 성공은 '마케팅 교과서'로 불릴 만큼 주목받고 있다. 소비자들은 단순히 스탠리 관련 영상을 시청하는 데 그치지 않는다. 직접 제품을 구입하고, 자신만의 리뷰 영상을 제작해 소셜미디어에 올리며 자발적인 홍보자가 된다. 화재 차량 속에서 유일하게 멀쩡했던 텀블러 사건 때도 CEO는 조용히 차를 사주는 대신, "스탠리가 차를 새로 선물하겠다"는 영상 메시지를 제작해 공개했다. 이 영상은 빠르게 퍼지며 브랜드에 이야기를 더했다. 오늘날 미국에서 스탠리 텀블러는 일종의 '소셜 화폐(Social Currency)'로 불린다. 실제 화폐처럼 SNS에서 개인의 취향과 사회적 지위를 보여주는 상징이 된 것이다. 이제 스탠리 텀블러는 기분에 따라 색을 바꿔 드는 패션 아이템이자 사회적 상징으로 소비되고 있다. 놀랍게도 이 모든 성과는 비상장사인 스탠리가 이뤄낸 결과다.

Part 03

유통이
곧 트렌드다

# 코스트코,
# 생필품 마트에서 왜 골드바를 팔까

코스트코 Costco

어바웃뉴욕 ▶

코스트코(Costco)의 핫도그는 상징적이다. 코스트코를 생각하면 가장 먼저 떠오르는 대표 상품이다. 이들은 핫도그와 콜라 세트를 1.5달러에 판매한다. 미국의 물가를 생각하면 상상할 수 없는 가격이다. 그러나 이들은 1985년 이후의 가격을 그대로 유지하고 있다. 코스트코에서 쇼핑을 마치고 핫도그를 한 입 먹을 때면, 합리적인 쇼핑을 했다는 안도감마저 든다. 코스트코의 핫도그 세트는 단순한 미끼상품이 아니다. 가장 낮은 가격을 유지하겠다는 기업의 메시지 그 자체다.

## 가장 낮은 가격을 지키는 힘

GE의 전설적인 CEO 잭 웰치(Jack Welch)는 "전략이란, 경쟁 방법에 대해 명확한 선택을 하는 것이다"라고 말했다. 코스트코는 바로 그 명확한 선택을 실천한 기업이다. 코스트코의 목표는 단 두 가지다. 첫째, 가능한 최고의 품질을 제공하는 것. 둘째, 그 제품을 가능한 가장 낮은 가격으로 판매하는 것이다. 코스트코는 '가장 낮은 가격'에 진심인 회사다. 비용을 철저히 절감하고, 그렇게 절약한 금액을 회원들에게 낮은 가격이라는 혜택으로 돌려준다. 대신 수익은 회원제 연회비에서 얻는 구조다. 이같은 사업모델을 상징적으로 보여주는 상품이 바로 '골드바'다. 하지만 본격적인 골드바 이야기에 앞서, 코스트코의 비즈니스 모델을 조금 더 정확히 이해할 필요가 있다.

코스트코는 대표적인 창고형 소매업체이며 그중에서도 가장 성공한 기업이다. 1983년에 짐 세네갈(Jim Sinegal)과 제프 브로트먼(Jeff Brotman)이 시애틀에서 창업했다. 대용량 상품을 낮은 가격에 판매하고, 유료 회원제로 운영하는 구조를 통해 성장했다. 코스트코가 '가장 낮은 가격'을 고집하는 일화는 셀 수 없이 많다. 그중 대표적인 사례가 2009년 코카콜라 판매 중단 사건이다.

당시 코스트코는 코카콜라와의 납품가격 협상에서 공급가 인하가 이뤄지지 않자, 과감히 매장에서 코카콜라 판매를 중단했다. 코스트코는 "코카콜라가 경쟁력 있는 가격을 제시하지 않았다"고 설명했다. 가격 인하를 거부한 대기업이라도 예외는 없었다. 결국 코카콜라가 한 달 만에 백기를 들었고, 판매는 재개됐다. 코스트코가 낮은 공급가격에 이토록 단호한 이유는 멤버십 가입 유도에 있다. 코스트코는 어떤 소매업체보다 저렴한 가격이라는 경쟁력을 앞세워 회원을 모집한다. 단순하지만 그만큼 효과적인 방식이다. 멤버십은 저렴한 가격을 유지하기 위한 목적이자 수단이다. 회원이 늘수록 판매 규모가 커지고, 이는 다시 공급업체와의 가격 협상에서 코스트코가 우위를 점할 수 있게 만든다.

코스트코는 이 구조 덕분에 단기 수익에 얽매이지 않는다. 코카콜라의 공급을 한 달간 중단하더라도, 회원들은 여전히 코스트코를 떠나지 않는다. 회원제 기반이 곧 가격 협상력의 원천이기 때문이다. 결국 코스트코의 '가격 고집'은 단순한 원칙이 아니라, 회원 충성도를 높이고 사업 모델을 굳건히 유지하기 위한 전략적 선택이다.

## 연회비가 만든 지속 성장의 공식

코스트코에서 상품을 구매하려면 멤버십에 가입하고 연회비를 납부해야 한다. 멤버십은 두 가지로 나뉜다. 연회비 65달러의 일반 회원제와, 130달러를 내고 구매금액의 2%를 캐시백으로 돌려받는 프리미엄 회원제다. 코스트코의 수익 대부분은 이 연회비에서 발생한다. 지난해 기준으로 코스트코의 연회비 수익은 약 46억 달러(6조 2천억 원)에 달했다.

즉, 코스트코의 핵심 사업 모델은 코카콜라 같은 상품을 팔아 얻는 마진이 아니라, 회원들이 내는 연회비다. 그렇기 때문에 코스트코의 판매 전략은 명확하다. 더 많은 회원을 확보하고, 그들이 계속해서 멤버십을 갱신하도록 만드는 것. 이를 위해 코스트코는 저가 전략을 철저히 고수한다. 좋은 품질의 상품을 가능한 한 낮은 가격에 제공하기 위해 운영비를 극단적으로 줄였다. 매장 바닥과 벽, 천장은 장식 없이 단순하며, 상품은 그대로 팔레트에 올려 진열된다. 또한 제품별로 이익률 상한선을 설정해 두었다. 전국적으로 유통되는 제품은 14%, 자체 브랜드 제품은 15%까지만 마진을 허용한다. 일반 소매업체들의 평균 마진율이 20~25%인 점을 감안하면 매우 낮은 수준이다. 코스트코는 공급가가 인하되면 즉시 판매가를 낮춘다. 실제로 과거 유명 청바지 브랜드의 납품가가 인하되자, 소비자 가격도 함께 내린 사례가 있다. 이러한 가격 정책을 뒷받침하기 위해 자체 브랜드 '커클랜드(Kirkland)'를 만들었다. 이름은 1호점이 위치한 워싱턴 주 커클랜드 지역에서 따온 것이다. 커클랜드는 코스트코의 품질 기준을 유지하면서도 가격을 낮출 수 있는 핵심 수단이 되었다.

코스트코는 창업 이후 꾸준한 성장을 이어왔다. 1983년 창업 후 불과 6년 만에 매출 30억 달러를 돌파하며, 세계에서 가장 빠르게 성장한 소매업체 중 하나로 기록되었다. 현재 코스트코는 세계 3위 소매업체이자, 〈포춘〉지가 선정한 500대 기업 중 12번째로 큰 기업이다. 전 세계에서 7,200만 가구 이상이 멤버십을 보유하고 있으며, 회원 갱신율은 90%를 넘는다. 코스트코의 주가가 꾸준히 상승한 배경도 여기에 있다. 팬데믹과 인플레이션을 거치면서 저렴하면서도 신뢰할 수 있는 유통망을 찾는 소비자가 늘었고, 그만큼 신규 회원이 급증했다. 가격을 지키는 철학이 결국 코스트코의 가장 큰 성장 동력이 된 셈이다.

## 싸게 팔아 비싼 회원을 모으다

코스트코는 기회의 시기에 새로운 전략을 내놓았다. 바로 골드바로 상징되는 프리미엄 회원 확대 전략이다. 지난해 미국 유통업계를 뜨겁게 달군 히트 상품 중 하나가 코스트코의 골드바였다. 지난 분기 코스트코는 골드바를 1억 달러 이상 판매했다. 이것은 온라인 전용 상품으로, 사이트에 업로드되자마자 단 몇 시간 만에 매진됐다. 인기가 워낙 높아 고객 1인당 구매 한도를 두 개로 제한할 정도였다. 그렇다면 인기의 원인은 코스트코가 골드바를 싸게 팔았기 때문일까?

그렇지 않다. 코스트코의 골드바 가격은 다른 판매처와 거의 차이가 없었다. 금 시세는 매일 변하기 때문에, 오히려 어떤 날은 시장보다 더 비싼 가격에 팔릴 때도 있었다. 미국 고객들이 실질적으로 지불하는 금 가격은 다르다. 앞서 언급했듯, 코스트코의 멤버십은 연회비 65달러의 일반 회원과 130달러의 프리미엄 회원, 두 가지이다. 프리미엄 회원은 구매금액의 2%를 캐시백 받는다. 예를 들어, 코스트코에서 1온스당 2,000달러짜리 골드바를 구매하면 40달러를 돌려받을 수 있다. 여기에 코스트코 전용 신용카드를 사용하면 추가 혜택도 누릴 수 있다. 시세보다 약간 비싼 날이라도, 결국 실질적 이득이 생기는 구조다.

코스트코는 여기에 무료배송 서비스까지 더했다. 일반적으로 온라인 골드바 거래는 안전 배송을 위해 약 3%의 추가 비용이 붙지만, 코스트코는 이를 면제했다. 단, 이같은 혜택을 누리기 위해서는 프리미엄 회원으로 가입해야 한다. 골드바는 결국 상위 회원 가입을 유도하기 위한 전략 상품이었다.

코스트코를 대표하는 핫도그 세트는 1985년 이후 40년간 가격이 그대로다. 물가상승률을 감안하면 팔면 팔수록 손해지만, '돈을 버는 상품'이 아니라 '돈을 벌게 하는 상품'으로 평가받는다. 저렴한 전기구이 통닭과 매장마다 긴 줄이 늘어선 저가 주유소 역시 같은 맥락이다. 가장 저렴하다는 인식으로 회원을 모아온 코스트코는 이제, 그 고객들을 더 높은 단계의 멤버십으로 이끄는 전략으로 나아가고 있다.

## 주가 키포인트

---

## 코스트코(COST)

---

코스트코 주가의 핵심은 단연 멤버십이다. 코스트코 실적이 부진하면 월가는 멤버십 가격 인상 가능성부터 묻는다. 앞서 언급한 것처럼 코스트코 멤버십 갱신율은 90%가 넘는다. 가격 인상은 실적 개선을 의미하기 때문이다. 따라서 코스트코의 멤버십 가격 인상 시점을 예상하면 주가를 예측할 수 있다.

코스트코 연회비 변동 비교

단위: 달러

| 연도 | 연회비 |
|------|--------|
| 1983 | 25 |
| 1992 | 30 |
| 1995 | 35 |
| 1998 | 40 |
| 2000 | 45 |
| 2006 | 50 |
| 2011 | 55 |
| 2017 | 60 |
| 2024 | 65 |

코스트코는 1983년 멤버십 연회비로 25달러를 받았다. 물가상승률을 고려하면 당시에는 꽤 비싼 가격이었다. 약 10년간은 연회비를 올리지 않았다. 이후 1992년에 처음으로 연회비를 30달러로 인상했다. 1990년대에는 두 차례의 인상을 통해 1998년에는 40달러가 됐다. 코스트코는 평균 5-6년에 한 번씩 연회비를 인상해 왔다. 최근 시기에는 2017년 6월에 연회비를 인상했다. 일반 멤버십을 기준으로 55달러이던 연회비를 60달러로 인상했고, 5년이 지난 2022년에도 인상하지 않았다. 그럼에도 불구하고 주가는 우상향했다. 이 시기에는 멤버십 인상이 아닌 회원 등급에 주력했던 시기다. 바로 골드바와 같은 상품들이 이 시기에 상위 멤버십으로 이동을 유도하는 역할을 했다. 그리고 코스트코는 2024년 9월에 멤버십 가격을 인상했다. 코스트코의 다음 멤버십 인상 시기를 예상한다는 것은 코스트코 주가 상승률과도 연결된다.

# 트레이더조,
# 한국 김밥이 미국에서 대박난 이유

트레이더조 Trader Joe's

어바웃뉴욕 ▶

맨해튼 2073 브로드웨이 1층에 입점한 트레이더조 매장.

2023년 가을 무렵, 미국에서는 김밥 열풍이 불었다. 한인 모녀의 틱톡(Tiktok) 영상으로 입소문을 타면서 김밥이 인기를 끌게 된 것이다. 김밥 열풍의 중심에는 미국의 유명 식료품 체인인 '트레이더조'에서 판매한 냉동김밥이 자리잡고 있다. 트레이더조가 출시한 냉동김밥은 한인 모녀의 영상을 기점으로 빠르게 품절됐고, 추가 입고까지 만 한 달은 기다려야 하는 상황이 발생했다.

냉동김밥의 인기는 한국인 입장에서는 의외인 면이 있다. 최근 한국에서 유행하는 재료로 속이 꽉 찬 김밥을 기대했다면 오산이다. 트레이더조 김밥은 주황색 포장지에 'KIMBAP'이라고 쓰인 냉동식품이다. 포장을 뜯으면 아홉 조각으로 썰린 김밥이 플라스틱 용기에 담겨 있다. 내용물에는 고기 대신 유부와 우엉, 시금치, 당근이 들어 있다. 적당한 밥에 적당한 속재료를 담은 보통의 김밥이다. 김밥은 3.99달러라는 비교적 저렴한 가격에 팔린다. 전자레인지에 데워 먹는 냉동 김밥으로, 특별할 것 없는 보통 김밥이다.

## 김밥 열풍의 진짜 주인공, 트레이더조

미국에서는 급격히 불기 시작한 김밥 열풍에 대한 분석이 이어졌다. 대부분은 K-팝의 인기가 한식으로 확산된 결과라는 해석이었다. 특히 트레이더조(Trader Joe's)의 김밥 제품명이 한국식 발음 그대로 'KIMBAP'이라는 점이 해당 분석에 힘이 실린 이유이다. NBC 등 주요 방송사들도 잇따라 냉동 김밥 열풍을 보도했고, 틱톡에서는 김밥 리뷰 영상이 연일 올라왔다. 트레이더조에 김밥을 납품한 경북 구미의 한 중소 식품업체가 주목받기도 했다. 이 기업의 냉동 기술력이 김밥 열풍의 숨은 배경이라는 분석도 나왔다. 또한 냉동 김밥이 가진 '미국형 특수성'이 주목받았다. 트레이더조의 김밥은 고기 대신 유부와 우엉으로 식감을 구현했는데, 다양한 인종이 공존하는 미국 사회에는 채식주의자들이 많기 때문에 이들의 기호에도 안성맞춤이었다. 팬데믹 이후 급등한 식료품 물가 속에서 3.99달러로 한 끼 식사가 가능한 점도 매력적이었다.

몇 달이 지나자 일반 한인마트에서 냉동 김밥을 판매하기 시작했다. 가격도 동일하게 3.99달러로, 주로 트레이더조에 납품했던 한국 중소기업의 상표로 판매되었다. 그러나 소비자 반응은 전혀 달랐다. 한국인이 주로 찾는 한인마트에서 냉동 김밥은 인기 품목이 아니었지만, 트레이더조에서는 여전히 품절 사태가 이어지고 있었다. 결국 냉동 김밥 열풍의 진짜 이유는 트레이더조라는 판매자에게 있었다. 트레이더조는 미국 전역에 500개 이상의 점포를 보유한 식료품 체인으로, 이름에서 느껴지듯 창업자 조 쿨롬(Joe Coulombe)이 시작한 브랜드다. 1958년 캘리포니아의 작은 편의점에서 출발해, 1979년 '트레이더조'라는 이름으로 새롭게 자리 잡았다. 현재는 알브레히트(Albrecht) 가문이 회사를 소유하고 있다.

## 직접 와서 느끼세요

트레이더조에는 요즘 대부분의 마트들이 운영하는 배달 서비스가 없다. 상품을 온라인으로 주문해 받아볼 수 없고, 픽업이나 인스타카트(Instacart) 같은 제3자 배송 서비스도 제공하지 않는다. 트레이더조는 고객이 직접 매장을 방문해 경험하길 원한다. 이곳은 단순히 식료품을 파는 곳이 아니라, 매장 안에서 '스토리'를 판매하는 곳이다. "오늘 저녁엔 뭘 먹지?"라는 질문에 새로운 영감을 주는 장소가 바로 트레이더조다. 그래서 매장 규모부터 다르다. 대형 유통점과 달리 동네 마트 수준의 크기를 유지하는데, 고객과 직원 간의 자연스러운 대화를 위해 작은 매장을 고집한다. 매장 안을 둘러보면 상품마다 손글씨로 쓴 팻말이 걸려있다. 반듯하게 인쇄된 설명문 대신, 직접 쓴 글씨로 고객을 맞이하는 감성이 있다.

트레이더조의 또 다른 강점은 직원들의 친절함에 있다. 직원들은 제품 하나하나를 흥미롭게 소개하며, 자신이 즐겨 쓰는 제품이나 최근 인기 상품을 직접 이야기해 준다. 이처럼 자연스러운 대화가 가능한 이유는 트레이더조가 '적은 수의 상품을 깊게 아는' 전략을 택했기 때문이다. 일반적인 미국 대형마트가 약 2만 개의 품목을 취급하는 반면, 트레이더조는 단 4천 개 품목만 선택한다. 한정된 상품 구성을 통해 직원들이 제품에 대한 이해도를 높이고, 고객과 진짜 대화를 나눌 수 있는 구조를 만든 것이다.

## 장보기의 재미를 디자인하다

트레이더조의 철학은 쇼핑을 여행처럼 느끼게 하는 것이다. 이들은 "쇼핑이란 단순한 소비가 아니라 발견과 즐거움으로 가득한 여정"이라고 말한다. 고객이 그런 발견과 즐거움을 느낄 수 있도록 트레이더조는 매번 특별한 제품을 발굴해 선보인다. 직원들은 전 세계를 여행하며 매대에 올릴 독특한 상품을 찾는다. 한국의 냉동 김밥 역시 그렇게 선택된 '특별한 발견' 중 하나였다. 트레이더조는 공급업체로부터 직접 대량구매하고 조기 계약을 통해 가격 경쟁력까지 확보했다.

트레이더조는 항상 새로운 제품을 찾고, 빠르게 교체한다. 매장 규모가 작기 때문에 소비자 반응을 즉각적으로 반영할 수 있다. '스토리를 판다'는 철학 덕분에 소비자들의 충성도가 높은 만큼 별도의 팬사이트가 존재하고, 소셜미디어에서도 트레이더조 관련 콘텐츠가 활발하다. 신제품 리뷰와 인기 상품 소개 영상이 끊임없이 올라오면 이를 통해 트레이더조의 제품은 발견의 대상이 되고, 소비자들은 그 발견을 콘텐츠로 공유한다. 지금도 어떤 상품은 '제2의 냉동 김밥'으로 불리며 새로운 리뷰가 이어지고 있다. 트레이더조는 고객들에게 여행하듯 발견의 즐거움을 제공했고, 누군가 냉동 김밥을 '발견'했다. 그 발견이 팬들 사이에서 큰 인기를 끌며 확산된 것은 어쩌면 자연스러운 일이었다. K-푸드의 인기가 문화적 흐름이었다면, 냉동 김밥의 인기는 트레이더조의 철학이 만든 결과였다.

# 홈디포,
# 아마존이 팔지 못하는 시장을 노린다

## 홈디포 The Home Depot

어바웃뉴욕

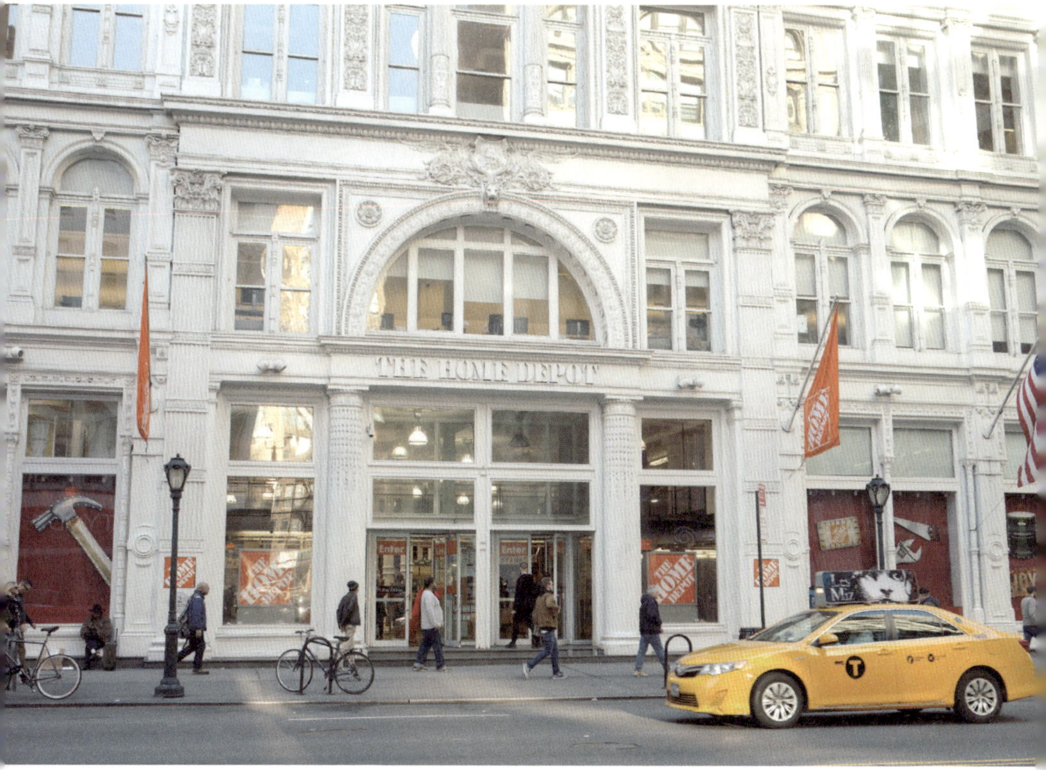


뉴욕 맨해튼 웨스트 23번가에 위치한 홈디포 매장. 1980년대에 세워진 빌딩을 그대로 사용했다.

아마존은 미국 유통시장을 사실상 압도하고 있다. 그러니 이제는 아마존에서 팔지 않는 상품을 찾기란 쉽지 않다. 그 폭발적인 성장세는 마치 오프라인 세상을 완전히 대체할 듯했다.

하지만 그런 아마존조차 손대지 못한 시장이 있다. 바로 건축자재 시장이다. 이 틈을 노린 기업이 '홈디포(The Home Depot)'다. 홈디포는 미국 1위 건축자재 판매점으로, 집을 직접 수리하거나 셀프 인테리어를 하는 데 필요한 거의 모든 제품을 판매한다. 쉽게 말해 '대형 철물점'의 형태를 띤 창고형 소매업체다. 아마존이 온라인 유통을 장악했다면, 홈디포는 오히려 오프라인 공간을 무기로 시장을 지켰다. 미국에서 '집수리'를 떠올리면 가장 먼저 떠오르는 브랜드가 바로 홈디포다. 건축용 목재, 타일, 전동 공구, 인테리어 소품 등 판매 품목만 3만 5천 개가 넘는다. 이같은 차별화 전략 덕분에 홈디포는 아마존 시대에도 꾸준히 성장하며, 주가 역시 장기적으로 우상향 곡선을 그렸다. 팬데믹 시기에는 집수리와 리모델링 수요가 급증하면서 폭발적인 성장을 경험했다.

## 해고에서 시작된 DIY 혁명

홈디포는 1978년 미국 조지아주 애틀랜타에서 대형 창고형 DIY 홈 인테리어 매장으로 탄생했다. 창업자는 버니 마커스(Bernie Marcus)와 아서 블랭크(Arthur Blank)였다. 두 사람은 1978년 4월 14일, 당시 근무하던 주택개조업체 핸디 댄(Handy Dan)에서 갑작스럽게 해고 통보를 받았다. 그날, 로스앤젤레스의 한 커피숍에서 마커스와 블랭크는 '홈디포'의 꿈을 그리기 시작한다. 둘은 스스로 집을 고치고 꾸미는 것에 깊은 흥미를 가지고 있었는데, 누구나 집을 직접 수리하고 인테리어할 수 있도록, 고도로 훈련된 직원이 고객을 돕는 DIY 전문 매장을 상상했다. 당시만 해도 주택 개조에 필요한 자재는 동네 철물점에서 비싼 가격으로 소량만 구매할 수 있었고, 선택의 폭도 매우 좁았다. 이러한 불편함을 개선하기 위해 넓은 공간과 다양한 품목, 합리적인 가격을 갖춘 새로운 형태의 매장을 만들기로 결심했다. 그것이 바로 홈디포의 시작이었다.

홈디포의 철학에서 핵심은 '큰 매장'이나 '싼 가격'이 아니었다. 고객에게 직접 시공을 돕는 전문성을 제공하는 직원들이었다. 집수리 과정을 안내할 수 있는 '교육받은 판매원'이 필요했다. 이 같은 비전을 실현하기 위해, 마커스와 블랭크는 투자자 켄 랭곤(Ken Langone)과 머천다이징 전문가 팻 파라(Pat Farrah)의 도움을 받아 1979년 첫 두 개의 홈디포 매장을 열었다.

홈디포는 코스트코보다 4년 앞선 1979년, 이미 창고형 매장을 도입한 선구자였다. 당시 매장 규모는 6만 평방피트(약 1,700평)에 달했고, 다른 철물점보다 훨씬 많은 품목을 판매했다. 하지만 홈디포의 진짜 강점은 공간의 크기가 아니라 '인력의 전문성'이었다. 직원들은 고객에게 전동 공구 사용법부터 타일 배치 방법까지 세세히 가르쳤고, 매장에서는 워크숍과 일대일 상담이 정기적으로 진행됐다. 창업자들은 고객 피드백을 무엇보다 중시했다. 물건을 사지 않고 매장을 떠나는 고객이 있으면 직접 다가가 이유를 물었다. 전문가의 조언보다 짜증난 고객의 불만에서 더 많은 답을 얻을 수 있다는 철학이었다. 이런 철학은 곧 홈디포의 빠른 성장으로 이어졌다.

1979년 첫 매장을 연 지 불과 2년 만인 1981년, 홈디포는 상장에 성공했다. 애틀랜타의 작은 두 매장에서 시작한 홈디포는 지금 북미 전역에 2,300개 이상의 매장을 운영하는 세계 최대의 주택 개조 소매업체로 성장했다. 현재 직원 수는 45만 명이 넘으며, 홈디포는 미국 정부가 징수하는 전체 법인세의 약 1%를 납부하는 거대 기업으로 자리 잡았다.

## 돕는 브랜드에서, 함께 만드는 브랜드로

홈디포는 그동안 전략을 바꾸며 성장해 왔다. 창업부터 빠르게 성장할 초반의 슬로건은 "당신은 할 수 있다. 우리는 도울 수 있다.(You can do it. We can help.)"였다. 이는 초기 홈디포의 TV 광고에 나오던 슬로건이기도 했다. 스스로 건축자재를 사서 수리할 수 있도록 우리 직원들이 도와주겠다라고 하는 정확하게 홈디포의 컨셉에 부합하는 슬로건이었다. 그러다 2009년 경기가 침체되자 "더 절약하자(more saving)"라고 하는 슬로건이 등장한다. 홈디포를 이용하면 아낄 수 있다는 취지다. 그리고 현재는 "행동하는 사람들이 더 많은 것을 얻는 방법(How Doers Get More Done)"이라는 새로운 슬로건을 사용하고 있

홈디포 매장 내부. 집과 관련한 모든 제품을 판매한다.

다. 요즘 소비자들의 추세가 집수리에 돈을 아끼는 것보다 결과물에서 오는 만족감을 중요시하기 때문이다. 사람들은 이제 직접 집을 수리한다. 뿐만 아니라 리모델링한 결과물을 소셜미디어에 올린다. 그 작업을 함께 할 파트너가 바로 홈디포다.

홈디포는 한때 2000년에 창업자인 아서 블랭크가 은퇴하고, GE 출신의 로버트 나델리(Robert Nardelli)가 오면서 위기를 겪었다. 이 시기에는 경쟁사인 로우스(Lowe's)와의 경쟁도 심화되던 시기였는데, 나델리는 모든 것을 수량화하고 목표 숫자를 제시했다. 성장보다는 이익률 개선, 비용 절감, 운영 효율화에 집중했다. 상품에 대한 설명이 중요한 홈디포의 특성을 무시한 결정이었다. 결국 부작용이 이어졌고, "직접 만들어 보세요(Do it yourself)"는 "직접 찾으세요(Find it yourself)"로 변질되었다는 조롱을 받기도 한다. 결국 2007년 프랭크 블레이크(Frank Blake) CEO로 교체되면서 재정비에 나선다. 그는 창업 초기 슬로건을 재차 강조했고, 직원과 고객간 상호작용이 중요함을 분명히 했다.

## 홈디포, 전문가의 영역으로 들어가다

홈디포에서 잘 살펴볼 부분 가운데 하나는 인수합병이다. 끊임없이 인수합병을 진행해왔는데, '홈 데코레이터스 컬렉션(Home decorators Collection)'이나 리테일 업체 '휴즈 서플라이(Hughes Supply)'를 인수해서 기존의 사업 경쟁력을 강화했다. 2024년에는 전문 지붕 작업 및 건설 프로젝트를 제공하는 SRS(SRS Distribution)를 182억 5천만 달러에 인수했다. 이는 홈디포 사상 최대 인수합병이었다. 인수합병 과정을 보면 DIY 중심에서 전문가로 무게 중심을 옮기고 있음을 알 수 있다.

홈디포의 고객층은 크게 두 부류로 나뉜다. 하나는 집을 직접 수리하려는 개인 고객, 다른 하나는 배관공, 전기 기술자 같은 전문가 고객이다. 흥미로운 점은 전문가 고객이 전체 고객의 10%도 채 되지 않지만, 이들이 전체 매출의 약 50%를 차지한다는 사실이다. 다시 말해 전문가 고객이 홈디포의 실적을 좌우한다는 뜻이다. 참고로 경쟁사 로우스의 경우, 전문가 매출 비중은 약 25% 수준이다. 전문가 고객의 수는 적지만 거래 규모가 크다. 또, 한번 거래할 때마다 구매 단위가 크고 반복 구매 빈도도 높다. 이 구조는 홈디포 입장에서 더 적은 인력으로 높은 매출을 올릴 수 있는 시스템이기도 하다. 이 때문에 홈디포는 최근 전문가 고객 확보에 집중하고 있다.

팬데믹 시기에는 개인 고객들이 집에 머무르며 집을 손보는 데 시간을 쏟았고, 이 덕분에 홈디포의 매출은 급성장했다. 하지만 팬데믹이 끝나자마자 개인 고객의 수요는 다소 잦아들었다. 반면 전문가 고객은 끊임없이 현장을 누비며 꾸준한 수리와 시공을 이어간다. 홈디포의 미래 성장은 바로 이 전문가 고객층의 지속성에서 나온다.

## 홈디포(HD)

| 구분 | 2025년 2분기 실적 |
| --- | --- |
| 매출 | 453억 달러 |
| 매출 성장률 | +4.90% |
| 동일 매장 매출 증가율 | +1.00% |
| 희석 주당순이익 | $4.58 |
| 조정 희석 주당순이익 | $4.68 |

※ 조정 희석 주당순이익(Adjusted EPS)은 일반회계기준(GAAP) 이외의 지표이며,
기업이 일회성 요인 등을 제외하고 계산한 수익성을 의미함.

홈디포는 경기 영향을 받는다. 집수리를 하기 위해 필요한 비용은 햄버거 하나를 사 먹는 것과는 다르다. 큰 리모델링 프로젝트는 불황에는 잘 이루어지지 않는다. 다만 소규모 수리, 유지보수는 여전히 지속된다. 주택을 구입하지 않더라도 현재 주택을 수리한다.

홈디포의 2025 회계연도 2분기 실적을 보면 매출은 453억 달러를 기록했다. 이는 지난해 같은 기간과 비교해 4.9% 증가한 수치다. 동일 매장 매출은 1.0% 증가에 그쳤다. 2분기 순이익은 46억 달러,

조정 주당순이익은 4.58달러로 지난해 같은 기간 46억 달러, 4.60달러와 비교해서 큰 변화가 없었다.

동일 매장 매출이 1.0% 증가에 그친 점을 보면, 향후 주가의 큰 성장세를 기대하긴 어렵다. 다만, 지난 2년과 비교하면 변화의 움직임은 포착된다. 홈디포는 2024 회계연도 4분기에 동일 매장 매출이 0.8% 소폭 상승한 바 있다. 월가의 전망치는 1.5% 감소였는데 이를 상회했다. 사실 홈디포는 당시에 2년 연속 동일 매장 매출이 감소하고 있었다. 그런데 분위기 반전에 신호탄을 쏘아 올린 셈이다. 이 분위기가 향후 어떻게 이어질지를 살펴야 한다.

이를 위해서는 앞서 언급한 것처럼 전문가 매출의 추이를 살펴야 하고 주택시장, 더 나아가서는 미국의 경제를 고려할 필요가 있다. 사람들이 언제 주택개조를 위해 지갑을 여는지 봐야 한다. 일반적으로는 금리가 하락할 때 주택거래가 활성화되는데, 이는 홈디포 고객들의 수요 증가 요인이다.

# 로우스,
# 남성보다 여성 고객을 노린 철물점

로우스 Lowe's

뉴욕시 뉴 하포드에 위치한 로우스 매장이다. 단순하고 심플한 로고 디자인이 눈에 띈다.

미국에서 집을 수리할 때 필요한 모든 것을 판매하는 소매업체는 홈디포와 로우스(Lowe's)다. 업계 1위 홈디포와 업계 2위 로우스는 비슷하지만 다르다. 두 기업 모두 창고형 매장에서 주택과 관련한 모든 것들을 판매한다. 집수리와 꾸미기에 진심인 미국에서 창고형 철물점은 남자들의 놀이터다. 하지만 로우스는 조금 다르다. 대형 철물점이지만 여성들의 놀이터라는 표현이 적합하다. 한번 생각해보자. 가정에서 주택 수리나 리모델링을 할 때, 결정권은 누구에게 있을까. 우리집 계단에 어떤 색의 페인트를 칠할지, 우리집 인테리어를 어떻게 할지는 여성이 결정한다. 따라서 여성이 의사결정권자일 가능성이 높다. 로우스는 이 점을 명확하게 인지하고 있다.

## 여성을 이해한 리테일의 진화

주택개량 소매업체 업계의 1위는 홈디포지만, 역사만큼은 2위인 로우스가 더 오래됐다. 홈디포가 1978년에 탄생했다면, 로우스의 시작은 1921년으로 거슬러 올라간다. 루시우스 스미스 로우(Lucius Smith Lowe)는 미국 노스캐롤라이나주 노스 윌크스버러에서 '노스 윌크스버러 하드웨어(North Wilkesboro Hardware)'라는 작은 철물점을 열었다. 당시 매장은 못과 망치뿐 아니라 건조식품, 담배, 식료품까지 함께 파는 일종의 잡화점이었다. 1940년 창업주 로우가 세상을 떠난 뒤 그의 아들이 가게를 물려받았고, 이후 사위인 칼 부칸(Carl Buchan)이 경영에 합류하면서 오늘날의 로우스가 본격적으로 자리 잡는다. 제2

차 세계대전이 끝난 1945년, 부칸은 건설산업의 폭발적 성장을 예견했다. 전쟁이 끝나면 수많은 군인들이 가족과 함께 살 집이 필요했기 때문이었다. 그는 철물점의 방향을 주택개량용 자재 판매로 돌렸고, 이 선택은 정확히 맞아떨어졌다. 로우스는 건축자재와 공구를 전문으로 취급하는 소매업체로 성장했고, 1949년 두 번째 매장을 열며 전국 체인화의 기반을 다졌다. 하지만 경기 사이클에 따라 건설 수요가 급격히 오르내리자, 로우스는 경기변동에 덜 민감한 새로운 성장동력, 즉 'DIY(Do It Yourself)' 시장에 눈을 돌렸다.

1978년, 하버드 비즈니스 스쿨 출신의 로버트 스트릭랜드(Robert Strickland)가 경영을 맡으며 로우스는 대대적인 변화를 맞는다. 기존 매장은 도매형 철물점에 가까워 진열과 공간 구성이 단조로웠지만, 그는 매장을 슈퍼마켓형 구조로 재설계했다. 계절상품을 전면에 배치해 고객의 시선을 끌고, 하드웨어 코너로 가려면 인테리어 상품을 지나가도록 동선을 바꿨다. 카테고리별 안내판도 그림을 넣어 직관적으로 바꿨다. 로우스가 본격적으로 '쇼핑 경험'을 중시하는 소비자 중심 리테일로 진화한 시점이었다. 같은 해, 업계의 판도를 뒤흔들 경쟁자 홈디포가 등장한다. 홈디포는 단숨에 시장을 뒤집었다. 그 비결은 규모의 경제였다. 당시 홈디포 매장은 약 3,000평(10만 5천 평방피트)에 달했지만, 로우스의 평균 매장 크기는 600평(2만 평방피트)에 불과했다. 로우스는 이를 계기로 '대형 창고형 매장' 전환 실험에 나섰고 1988년 첫 대형 매장을 시범 오픈한 뒤, 1991년부터 본격적으로 전환을 시작했다. 매장 수를 늘리기보다 규모 확대와 효율성 강화에 집중했으며, 1995년에는 로우스닷컴(Lowes.com)을 개설해 일찍이 디지털 시장에도 진출했다. 이 전략은 곧바로 성과로 이어졌다. 2002년 로우스는 〈포춘〉지 선정 100대 기업에 이름을 올렸고, 현재도 〈포춘〉 500대 기업 중 30위권을 유지하고 있다.

　로우스의 또 다른 강점은 여성 고객층이다. 미국 시장조사기관 뉴머레이터(Numerator)에 따르면, 로우스 고객의 75%가 여성이다. '건축'과 '철물'이라는 단어가 주는 남성적 이미지와 달리, 실제 가정에서 소비 결정권은 여성에게 있다. 욕실 타일, 조명, 주방 인테리어 같은 주택 개선의 주요 선택은 여성의 몫이다. 여성들의 DIY 참여율 또한 꾸준히 증가하고 있다. 한 조사에 따르면, 미국 여성의 93%가 DIY 경험이 있으며, 가장 많이 개선하는 공간은 침실, 욕실, 주방, 거실 순이었다. 또한 여성 10명 중 4명은 여전히 매장에서 직원들에게 "남성과 다르게 대우받는다"고 느낀다고 답했다. 로우스는 이 지점을 놓치지 않았다. 여성 친화적 매장 환경을 구축하고, 도움을 요청해도 바보처럼 느껴지지 않는 공간을 만드는 데 집중했다. 이 섬세한 변화가 로우스를 홈디포와 차별화하는 핵심 경쟁력이 되었다.

## 디테일이 만드는 경쟁력

　로우스와 홈디포의 매장은 처음 들어서는 순간부터 차이가 느껴진다. 홈디포가 남성 고객을 중심으로 '빠르고 효율적인 쇼핑'을 추구

한다면, 로우스는 여성이 편안하게 머물며 여유롭게 쇼핑할 수 있는 공간을 만든다. 이를 위해 매장 구조부터 세심하게 설계됐다. 유모차나 카트를 밀고 이동하기 쉽도록 통로는 더 넓게, 진열대는 키가 작은 고객도 손이 닿을 만큼 낮게 배치됐다. 매장 안내 표지판에는 글자 대신 그림이 함께 그려져 있어, 직원에게 묻지 않고도 원하는 상품을 쉽게 찾을 수 있다. 누군가에게 도움을 요청하며 바보처럼 느끼는 순간을 최소화하기 위한 세심한 배려다.

로우스의 광고 역시 이런 철학을 반영한다. 공구를 들고 직접 집을 고치는 여성들이 주인공으로 등장하고, 이용자가 제품을 사용하는 모습이 자연스럽게 담긴다. 여성 고객 비중이 높은 만큼, 로우스는 홈디포보다 가전제품 매출 비중이 높다. 같은 시장 속에서도 두 기업이 전혀 다른 방식으로 반응하는 이유다. 소득 구성 면에서 보면, 로우스의 주요 고객층은 미국 중산층이다. 가계소득 4만~12만 5천 달러 구간의 소비자가 전체의 48%, 그 이상 소득층이 31%를 차지한다.

즉, 고객의 약 80%가 중산층 이상이다. 홈디포가 전문가 고객을 중심으로 효율적인 판매 전략을 펼친다면, 로우스는 DIY를 즐기는 일반 소비자, 특히 여성 고객을 단단히 붙잡고 있다. 따라서 DIY 시장이 성장할수록 로우스가 더 큰 수혜를 입는다. 이는 로우스가 창업 초기부터 지켜온 DIY 중심 철학과도 맞닿아 있다. 세부 운영에서도 로우스는 디테일에 강하다. 제품을 구입하면 제휴 시공업체가 설치

서비스를 제공하고, 고객 충성도를 높이기 위한 로열티 프로그램도 체계적으로 운영하고 있다. '여성을 이해하는 리테일 기업'이라는 평가는 이런 섬세한 운영에서 비롯된다. 이제 로우스는 다음 단계를 준비 중이다. 프로 시장을 강화하면서 온라인 판매를 가속화하고, 제품 판매 이상으로 집 전체를 관리하는 홈 서비스 브랜드로의 변신을 꾀하고 있다. 팬데믹 이후 온라인 매출은 매년 20% 이상 성장하며 견고한 기반을 다졌다. 로우스의 과제는 여전히 크지만, 그들이 쌓아온 세심한 감각과 소비자 이해는 홈디포와의 격차를 좁히는 가장 강력한 무기가 될 것이다.

# 주가 키포인트

로우스(LOW)

## 로우스 2025 회계연도 2분기 실적

단위: 백만 달러 기준 (주당 및 비율 데이터 제외)

| 구분 | 3개월 종료<br>(2025년 8월 1일) | 3개월 종료<br>(2024년 8월 2일) | 6개월 종료<br>(2025년 8월 1일) | 6개월 종료<br>(2024년 8월 2일) |
|---|---|---|---|---|
| 매출액 | 23,959 (100.0%) | 23,586 (100.0%) | 44,888 (100.0%) | 44,950 (100.0%) |
| 매출원가 | 15,858 (66.19%) | 15,691 (66.55%) | 29,800 (66.39%) | 29,965 (66.66%) |
| 매출총이익 | 8,101 (33.81%) | 7,895 (33.47%) | 15,088 (33.61%) | 14,985 (33.34%) |
| 판매·관리비 | 4,175 (17.42%) | 4,025 (17.07%) | 8,222 (18.31%) | 8,034 (17.88%) |
| 감가상각비 | 457 (1.91%) | 423 (1.79%) | 902 (2.01%) | 851 (1.89%) |
| 영업이익 | 3,469 (14.48%) | 3,447 (14.61%) | 5,964 (13.29%) | 6,109 (13.57%) |
| 이자비용 순액 | 313 (1.31%) | 317 (1.34%) | 650 (1.45%) | 669 (1.49%) |
| 세전이익 | 3,156 (13.17%) | 3,130 (13.27%) | 5,314 (11.84%) | 5,431 (12.08%) |
| 법인세비용 | 758 (3.16%) | 747 (3.17%) | 1,276 (2.84%) | 1,294 (2.88%) |
| 당기순이익 | 2,398 (10.01%) | 2,383 (10.10%) | 4,038 (9.00%) | 4,137 (9.20%) |

출처: 로우스

로우스는 회계연도 2025년 2분기에 매출 239억 6천만 달러를 기록했다. 지난해 같은 기간 236억 달러와 비교해서 1.6% 증가했다. 영업이익률은 14.48%로 지난해와 비슷한 수준을 기록했다. 순이익도 23억 9,800만 달러로 지난해와 비슷했으며, 동일 매장 매출은 1.1% 증가했다. 조정 주당순이익(EPS)은 4.27달러를 기록했는데, 지난해 4.17과 비교해 개선됐다. 다만 이는 자사주 매입에 따른 주식수 감소 효과로 해석할 수 있다. 자사주 매입 규모를 보면 급격하게 감소했다. 이번 분기에는 자사주 매입을 중단한 상황이다. 로우스는 전문가 지출을 확대하는 계획을 실천 중이다.

# 트랙터 서플라이,
## 아마존과 홈디포 사이에서 승리하다

트랙터 서플라이 Tractor Supply Company

어바웃뉴욕 ▶

뉴욕주 매드포드(Medford)의
트랙터 서플라이 매장.

미국 농촌의 모든 것을 파는 기업이 있다. 바로 '트랙터 서플라이 (Tractor Supply Company)', 이름 그대로다. 미국 농장이나 목장에서 필요한 거의 모든 물건을 이곳에서 구할 수 있다. 트랙터는 물론이고, 농수산물이나 가축 사료, 농기계 부품, 심지어 병아리까지 판다. 이 분야에서 미국 최대 규모의 소매업체로, 전국에 2,000개가 넘는 매장을 운영한다. 대부분은 도심에서 멀리 떨어진 지역에 자리하고 있어, 도시에 사는 사람들은 존재만 알고 실제로는 접하기 어려운 브랜드다.

## 틈새를 지배하는 법

트랙터 서플라이는 미국 경제지 〈포춘〉이 발표하는 '500대 기업' 순위에서 290위 안팎을 차지할 만큼 규모가 크다. 이름에서 알 수 있듯, 트랙터가 대표 상품이자 상징이다. 하지만 이 기업의 진짜 경쟁력은 농업 커뮤니티 전체를 하나의 생태계로 엮어냈다는 점에 있다. 이 탄탄한 기반 덕분에 주가 역시 장기적으로 꾸준히 상승해왔다.

트랙터 서플라이는 1938년, 26세의 젊은 창업자 찰스 슈미트 (Charles Schmidt)에 의해 설립됐다. 대공황이 끝나기도 전, 그는 가격에 민감한 농부들을 위한 부품 판매의 틈새를 포착했다. 비용을 최소화하기 위해 처음에는 우편 주문 카탈로그로 사업을 시작했고, 이듬해 노스다코타주 미노트(Minot)에 첫 매장을 열었다. 이후 연평균 23%의 고성장을 이어가며 12년 만에 매출이 100배로 늘었다. 1959년에는 연 매출 1,000만 달러를 돌파했고, 1964년에는 100번째 매장을 열었다. 미국 농촌의 확장과 함께 트랙터 서플라이의 성장도 이어졌다. 그러나 2차 세계대전 이후 상황이 달라졌다. 농업이 기계화되고 농장이 대형화되면서 농촌 인구가 줄어들기 시작했다. 고객이 도시로 떠나자 트랙터 서플라이도 방향을 잃었다. 도시 근처로 매장을 옮기고, 상품군을 넓혔다. 트랙터 대신 여성용 양말, 자동차 타이어, 스포츠용품까지 팔았다. 이 시기 회사는 '트랙터(Tractor)'라는 이름을 부담스러워하며 'TSC'라는 약칭을 새로 내세웠다. 이때 'TSC'는 Tractor Supply Company가 아니라 'Town, Suburb, and Country(도시, 교외, 농촌)'의 약자였다. 그러나 시장 확장은 곧 정체성을 잃는 결과로 이어졌다. 매출은 급감했고, 1980년에는 1,300만 달러의 적자를 기록했다. 이러한 위기 속에 등장한 인물이 바로 톰 헤네시(Tom Hennessy) CEO였다. 그는 회사를 살리거나 매각하라는 미션을 받고 부임했지만, 대신 창업자 찰스 슈미트의 초심으로 돌아가기로 했다. 다시 농부와 목장주 등 전통적인 고객층에 집중하고, 그들의 실질적인 필요를 해결하는 매장으로 방향을 틀었다. 그 결정이 회생의 전환점이 됐다.

## 아마존이 오지 못한 곳에서 성장하다

트랙터 서플라이는 성장 궤도에 복귀했다. 1994년 나스닥에 'TSCO' 티커로 상장했고, 2011년에는 1,000번째 매장을 열었다. 그리고 불과 10년 만에 2,000개 매장을 돌파했다. 최근 들어 성장 속도는 오히려 더 빨라졌다. 트랙터 서플라이의 성공은 철저히 '틈새시장 전략' 덕분이다. 이 회사는 마진이 낮고 배송이 어렵지만, 농촌에서는 꾸준히 수요가 있는 소모품 중심의 비즈니스 모델을 택했다. 들판 한가운데서 트랙터가 고장 났을 때 농부가 바로 달려가 부품을 살 수 있는 매장, 그것이 트랙터 서플라이다. 마진이 높아 이커머스 기업이 탐낼 만한 상품군은 철저히 배제했다. 크고 무겁고 배송이 어려운 제품 위주로 구성해 아마존이 침투하기 힘든 시장을 구축했다. 매장 위치 또한 농촌 근처에 있어 접근성이 높고, 홈디포나 로우스와 고객층이 겹치지 않아 직접 경쟁할 필요도 없다. 이 회사의 또 다른 성장 축은 동물 관련 시장이다. 농가용 사료뿐 아니라 병아리를 판매하며, 품종별 특징이나 산란 시기 같은 상세한 정보를 제공한다. 반려동물을 키우는 고객을 위해서는 사료나 관련 용품은 물론, 강아지 입양 준비물, 고양이 목욕 및 그루밍 서비스까지 지원한다.

2016년에는 반려동물 전문 소매업체 펫센스(Petsense)를 인수해 펫 용품뿐만 아니라 손톱 정리, 이빨 닦기, 미용 서비스, 간단한 진료까지 제공한다. 이 서비스들은 고객이 매장을 직접 방문하도록 유도하는 장치 역할을 하고 있다. 아마존이 결코 대체할 수 없는 '현장 기반 경험'이다. 팬데믹 시기, 전원생활을 꿈꾸는 젊은 세대가 늘면서 트랙터 서플라이는 또 한 번의 성장 기회를 맞았다. 농업 전문가가 아니더라도 정원이나 별장을 가꾸려는 초보 농부들이 새로운 고객층으로 유입된 것이다. 결국 트랙터 서플라이는 농민과 도시인, 그리고 반려동물까지 아우르는 현대적 농촌 라이프스타일 플랫폼으로 진화했다.

# 주가 키포인트

---

# 트랙터 서플라이(TSCO)

---

트랙터 서플라이 매출 및 동일 매장 매출 증가율 (2020~2024년)

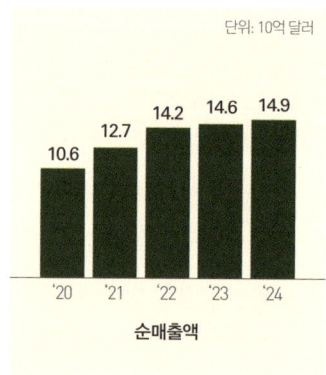

단위: 10억 달러

10.6 12.7 14.2 14.6 14.9

'20 '21 '22 '23 '24

**순매출액**

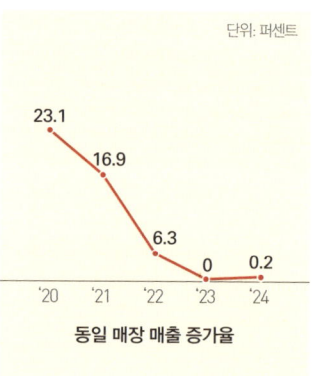

단위: 퍼센트

23.1 16.9 6.3 0 0.2

'20 '21 '22 '23 '24

**동일 매장 매출 증가율**

출처: 트랙터 서플라이

트랙터 서플라이는 현내 49개 주에 2,200개가 넘는 매장을 보유하고 있다. 23개 주에는 200개가 넘는 펫센스 매장이 있다. 2024년 연간을 기준으로 봤을 때 카테고리별 매출 비중은 꽤 균등하게 분포되어 있다. 축산, 말 및 농업의 비중이 26%로 가장 큰 비중을 차지한다. 말, 사료, 농업 관련 제품이 트랙터 서플라이의 핵심 판매 제품이라는 뜻이다. 다음으로 반려동물 관련 매출이 25%를 차지한다. 미국에서 급성장하는 반려동물 시장 트렌드가 트랙터 서플라이의 성장 축으로 자리잡고 있다. 다음으로 계절상품과 이벤트 상품들이 23%를 차지하고 있다. 예를 들면 캠핑이나, 겨울 난방제품, 여름 정원용품을 의미한다. 이 카테고리는 변동성이 큰 항목이다. 변동성이 큰 부분의 매출이 약 23%를 차지한다. 다음으로 트럭과 도구가 매출의 16%를 차지하며 이외에는 기타 의류와 장식이 10%를 차지한다. 트랙터 서플라이는 라이프스타일 소매업체로 바뀌고 있다. 전통적인 농업과 반려동물 시장이 균형있게 확장하고 있다.

최근 5년간 성장 추이를 살펴보면 매출은 팬데믹을 기점으로 크게 성장했다. 106억 달러 수준이던 매출은 2021년 127억 달러로 급증했고, 2022년에도 상승세를 지속하며 142억 달러로 증가했다. 팬데믹 기간 농업과 반려동물, DIY 수요증가로 매출이 급증했다. 하지만 2023년부터 매출 성장세는 둔화됐다. 2023년에는 146억 달러, 2024년에는 149억 달러를 기록했다.

동일 매장 매출 성장세로 보면 이 같은 움직임이 더 두드러진다. 2020년에는 23.1%, 2021년에는 16.9% 성장했으나 그 이후 2022년에 6.3%, 2023년에 0.3%, 2024년에 0.2%로 급격하게 둔화됐다. 사실상 정체 국면을 맞고 있다. 확실히 미국에는 주주친화적인 기업이 많다. 트랙터 서플라이도 2020년 주주환원이 2021년 들면서 2배로 증가했다.

트랙터 서플라이의 성장세는 둔화됐다. 틈새 시장을 장악해 차별화된 비즈니스 모델을 확립했지만 그럼에도 불구하고 정체된 성장세를 어떻게 해결할지가 관건이다. 향후 반려동물 비즈니스의 성장세가 돌파구가 될지 주목할 필요가 있다.

# BJ's 홀세일,
# 코스트코의 작은 경쟁자가 성공하다

BJ's 홀세일 BJ's Wholesale Club Holdings

어바웃뉴욕 ▶

뉴욕주 중부 시러큐스(Syracuse)에 위치한 BJ's 홀세일 매장 전경.

미국은 팬데믹을 거치며 본격적인 인플레이션 시대를 맞았다. 물가 상승률은 둔화했지만, 한번 오른 가격은 좀처럼 내려오지 않았다. 특히 외식 물가가 급등하면서 미국인들에게 외식은 사치가 되었다. 대신 사람들은 집에서 식사를 해결하기 시작했고, 이에 따라 식료품점의 역할과 중요성은 더욱 커졌다. 창고형 할인매장 코스트코(Costco)와 대표적인 식료품 유통업체 월마트(Walmart)의 주가가 연일 사상 최고치를 경신한 이유가 여기에 있다. 그리고 여기에, 우리에게는 다소 낯설지만 2025년 사상 최고가를 기록한 또 다른 식료품점이 있다. 바로 'BJ's 홀세일(BJ's Wholesale Club Holdings)'이다. 미국 동부 소비자들에게 BJ's는 코스트코, 샘스클럽과 함께 '제3의 선택지'로 자리 잡은 창고형 할인마트다. 하지만 단순히 후발주자에만 그친 것이 아니다. BJ's는 코스트코와는 다른 방식으로 틈새시장을 공략하며 오랫동안 꾸준한 인기를 유지해온 브랜드다.

## 코스트코의 그늘에서 자신만의 길을 만들다

미국의 소비기업을 이야기할 때 창업 스토리는 언제나 중요한 단서다. 기업의 탄생 과정을 살펴보면, 그 브랜드가 어떤 문제의식에서 출발했는지, 그리고 어떤 철학으로 성장했는지를 읽을 수 있기 때문이다. 예를 들어, 스타벅스는 '제3의 공간'이라는 개념을 내세우며 성장했다. 이런 창업기의 전략을 빼놓고는 스타벅스의 성공과 위기를 설명하기 어렵다. 하지만 BJ's 홀세일의 경우, 오늘날의 경쟁력은 창업 스토리보다는 이후의 시장 전략과 구조적 진화에서 비롯되었다.

BJ's 홀세일은 1984년 미국 매사추세츠주에서 시작됐다. 코스트코보다 1년 늦은 출발이었다. 1980년대 초반은 미국 유통업계에 '회원제 창고형 매장' 모델이 본격 도입되던 시기였다. BJ's는 당시 할인백화점 체인이던 제이어(Zayre)의 자회사로 출범했다. 초대 사장 멀빈웨이치(Mervyn Weich)의 딸, 베버리 진 웨이치(Beverly Jean Weich)의 이니셜을 따 'BJ's'라는 이름이 붙었다. 흥미롭게도 제이어는 훗날 또 다른 유통 거인을 낳았다. 바로 TJX 그룹이다. 오늘날 TJ맥스(TJ Maxx), 마샬(Marshalls), 홈굿즈(HomeGoods) 등을 거느린 TJX가 BJ's와 같은 모회사에서 탄생한 셈이다. BJ's 홀세일은 1997년 독립하면서 새로운 도약의길에 들어섰다. 이듬해 뉴욕증권거래소에 티커 'BJ'로 상장했고, 그과정에서 보다 자율적인 전략을 펼칠 수 있게 됐다. 2011년에는 사모펀드 레너드 그린 앤드 파트너스(Leonard Green & Partners)와 CVC 캐피털 파트너스(CVC Capital Partners)에 인수되며 비상장사로 전환됐다. 그러나 7년 뒤인 2018년 다시 재상장하며, 현재의 BJ's 홀세일로 자리잡았다.

## 작지만 강한, 가족을 위한 창고형 마트

BJ's 홀세일은 회원제 창고형 매장이다. 구조적으로는 코스트코와 유사하다. 코스트코가 연회비 65달러와 130달러의 두 가지 멤버십으로 운영되듯, BJ's도 60달러와 120달러 두 단계의 회원제를 운영한다. 미국 동부의 코네티컷, 뉴욕, 뉴저지, 펜실베이니아 등에 약 250개의 매장을 두고 있으며, 회원 수는 약 700만 명이다. 이는 코스트코의 1억 3,700만 명과 비교하면 규모상 20분의 1에 불과하지만, BJ's는 그만큼 선택과 집중으로 승부한다. BJ's의 슬로건은 "우리는 우리에게 의존하는 가족들을 돌본다(We take care of the families who depend on us)"이다. 이 문구는 모두를 위한 마트가 아니라 '우리 제품을 진짜 필요로 하는 사람을 위한 브랜드'라는 전략을 드러낸다. BJ's는 회원들에게 경쟁 슈퍼마켓 대비 평균 25%가량 저렴한 가격을 제공한다고 강조한다. 겉보기에는 코스트코와 크게 다르지 않다. 노출된 콘크리트 바닥, 최소한의 인테리어, 팔레트 위의 상품 진열까지 비용 절감을 위한 전형적인 창고형 매장의 모습이다.

하지만 자세히 보면 철학이 다르다. 이들의 가장 큰 차이는 '판매 단위의 크기'다. 코스트코가 대량 판매로 효율을 극대화한다면, BJ's는 가정 단위 소비자를 위한 소량 구성에 집중한다. 화장지, 커피 원두, 올리브 오일 같은 생필품도 대용량 대신 적당한 크기로 판매해 1~2인 가구나 소형 가족 단위의 수요를 흡수했다. 이는 가구당 인구 변화라는 시대 흐름에 정확히 맞춘 전략이다. 또 하나의 차이는 제조사 쿠폰 허용 정책이다. 코스트코는 제조사 쿠폰을 금지하지만, BJ's에서는 이를 자유롭게 사용할 수 있어 추가 할인 혜택을 누릴 수 있다. 이는 BJ's가 대량 구매 고객이 아닌, '더 자주 방문하는 고객'을 주요 타깃으로 삼았기 때문이다. 소량 구매 고객이 자주 찾을 수 있도록 쿠폰과 프로모션을 적극적으로 운영한다. 멤버십 요금도 코스트코보다 저렴하며, 가입 프로모션을 자주 진행해 진입장벽이 낮다는 점도 특징이다.

## 재상장 이후 편의성을 무기로 돌아오다

BJ's 홀세일이 본격적으로 성장 궤도에 오른 것은 2018년 재상장(IPO) 이후다. 당시 CEO였던 크리스토퍼 볼드윈(Christopher J. Baldwin)은 인터뷰에서 "그동안 비공개 기업으로서 유연함을 활용했고, 이제는 새로운 성장 목표를 설정했다"고 밝혔다. 그의 발언은 확장보다 내실을 중시하던 BJ's가 본격적인 성장 단계로 전환하겠다는 신호탄이었다. 실제로 매장 수 추이를 보면 그 신중함이 드러난다. 2015년 213개였던 매장은 2016년 214개, 2017년 215개, 2018년 216개, 2019년 217개로 5년 동안 단 4개만 늘었다. 극도로 보수적인 확장 전략이었다. 이는 IPO 이전까지 존재했던 부채 부담을 감안한 결정이기도 했다. 하지만 2020년 이후, BJ's는 확장 속도를 높이며 새로운 성장 국면에 들어섰다. 이 시기부터 멤버십 수익도 눈에 띄게 증가했다. 2017년 2억 5,900만 달러 수준이던 멤버십 수익은 2023년에 4억 달러를 돌파했다. 멤버십 갱신률 역시 2022년부터 90%를 넘어서며, 충성 고객층이 안정적으로 형성되고 있음을 보여줬다.

코스트코처럼 5년 주기로 연회비를 인상하면서도 이탈률이 낮은 이유는, BJ's가 '제2의 코스트코'가 되려 하지 않았기 때문이다. BJ's는 신선식품과 편의성이라는 차별화 전략에 집중했다. 즉, 코스트코 회원을 빼앗는 것이 아니라 신선식품 중심 슈퍼마켓의 고객을 흡수하는 데 초점을 맞췄다. 이는 팬데믹과 인플레이션으로 외식비가 폭등한 시대적 흐름과도 맞닿는다. '합리적 가격의 신선식품'을 원하는 소비자에게 BJ's는 코스트코보다 실용적인 대안으로 자리 잡았다. 이 전략은 디지털 전환에서도 확연히 드러난다. 코스트코가 여전히 오프라인 중심 전략을 고수하며 온라인 가격을 더 높게 책정하는 반면, BJ's는 적극적으로 디지털 채널을 활용한다. 모바일 앱을 통해 구매하면 당일 배달 서비스를 이용할 수 있다. 배송 파트너인 '도어대시(DoorDash)'와 협력해 식료품을 주문 후 2시간 내 문앞까지 배송한다는 것이 핵심이다. 이는 전통적인 창고형 할인마트의 한계를 넘어선 편의성 중심의 하이브리드 모델이다. BJ's는 창고형 할인마트와 슈퍼마켓의 경계선에서 틈새시장을 정교하게 공략한 브랜드로 진화했다. 대량보다 실용성을, 오프라인보다 편의성을 택한 전략이 결국 BJ's의 재도약을 이끌고 있다.

## 주가 키포인트

# BJ's 홀세일(BJ)

**BJ's 홀세일 2025 회계연도 2분기 실적**

단위: 천 달러, 주당금액 제외

| 구분 | 13주 종료 (2025.8.2) | 13주 종료 (2024.8.3) | 증가율 | 26주 종료 (2025.8.2) | 26주 종료 (2024.8.3) | 증가율 |
|---|---|---|---|---|---|---|
| 순매출 | 5,256,907 | 5,092,279 | 3.20% | 10,290,001 | 9,899,408 | 3.90% |
| 회원 수수료 수익 | 123,333 | 113,116 | 9.00% | 243,722 | 224,506 | 8.60% |
| 총수익 | 5,380,240 | 5,205,395 | 3.40% | 10,533,723 | 10,123,914 | 4.00% |
| 영업이익 | 216,530 | 203,675 | 6.30% | 420,175 | 364,430 | 15.30% |
| 순이익 | 150,705 | 144,988 | 3.90% | 300,473 | 256,007 | 17.40% |
| 주당순이익(EPS) | 1.14 | 1.09 | 5.60% | 2.27 | 1.91 | 18.80% |
| 조정 순이익 | 151,456 | 146,332 | 3.50% | 302,331 | 257,105 | 16.40% |
| 조정 주당순이익 | 1.14 | 1.03 | 4.60% | 2.28 | 1.94 | 17.50% |
| 조정 EBITDA | 303,861 | 283,569 | 8.00% | 589,627 | 517,735 | 13.90% |

※ (a) 비GAAP(Non-GAAP) 기준의 조정 지표.
※ EPS는 희석 주당순이익을 기준으로 산출됨.

출처: BJ's 홀세일

BJ's의 2025 회계연도 2분기 실적을 보면 가장 상징적인 수치는 회원 수 800만 명 달성이다. 역대 최대 수준을 기록했다. 매출은 약 52억 5천만 달러를 기록하며 전년 대비 3.2% 증가했다. 핵심인 회원 멤버십 매출은 1억 2,330만 달러로, 전년 대비 9.0% 증가했다. 이는 매출 증가 보다 회원 수 증가가 더 빠르게 이루어지고 있음을 시사한다.

2분기 실적에서는 휘발유 판매를 고려하면 동일 매장 매출은 전년 대비 0.3% 감소했지만, 이를 제외하면 동일 매장 매출은 2.3% 증가했다. 고객 방문이 늘어났음을 시사하는 부분이다. 2025년부터 멤버십 연회비를 인상했음에도 불구하고 회원 수가 증가했다는 것은 고객 충성도가 높다는 의미이다. 디지털 채널의 매출이 34% 성장한 것도 유의미하다. 2년간 누적 성장률을 비교하면 56%에 달한다. 디지털 측면에서는 성장세가 확인된다. 즉, 휘발유 가격 하락으로 인해 매출 성장세가 둔화된 것처럼 보이지만 본질적인 측면에서 성장세는 좋은 흐름이다.

# 스프라우츠 파머스 마켓,
# 보완형 유기농 마켓으로 리포지셔닝 하다

스프라우츠 파머스 마켓 Sprouts Farmers Market

어바웃뉴욕 ▶

뉴저지에 위치한 스프라우츠 파머스 마켓(Sprouts Farmers Market) 내부이다. 2026년에는 뉴욕시 롱 아일랜드 센테리치(Centereach)에 새로 오픈할 예정이라고 한다.

©김용갑

*Part 03* 유통이 곧 트렌드다   **197**

미국 월마트의 주가가 사상 최고치를 경신했다. 인플레이션 시대로 접어든 지금, 소비자들이 가격에 민감하게 반응하는 것은 너무나 자연스러운 일이다. 한 푼이라도 더 아끼기 위해 더 저렴한 곳을 찾아 움직인다. 하지만 이런 흐름 속에서도, 비싼 제품을 팔며 성장한 기업이 있다. 바로 유기농 식품 전문 마켓, '스프라우츠 파머스 마켓(Sprouts Farmers Market)'이다. 스프라우츠는 유기농 마트로 잘 알려진 홀푸드(Whole Foods)와 비슷하지만, 조금 더 합리적인 가격으로 건강한 식탁을 제안한다. 건강을 챙기고 싶지만 예산에는 한계가 있는, 그 절묘한 균형점을 찾는 소비자들이 지금 스프라우츠로 몰리고 있다.

## 과일 가판대에서 유기농 마켓으로

스프라우츠 파머스 마켓은 2002년 미국 애리조나주 챈들러에서 시작됐다. 창업자는 스탠 보니(Stan Boney), 그의 아들 숀 보니(Shon Boney), 그리고 케빈 이슬러(Kevin Easler)의 세 명이다. 20여 년 만에 시가총액 100억 달러 규모로 성장한 기업이지만, 그 뿌리는 단출한 과일 가판이었다. 스탠 보니의 아버지 헨리 보니(Henry Boney)는 1943년 과일 가판대를 운영하며 지역 농산물을 판매했다. 이를 기반으로 '헨리의 파머스 마켓(Henry's Farmers Market)'을 세웠고, 가족은 1999년까지 회사를 키워 유기농 전문 체인 '와일드 오츠(Wild Oats)'에 4,600만 달러에 매각했다. 3년 뒤, 헨리의 아들 스탠과 손자 숀, 그리고 케빈 이슬러는 새로운 유기농 마켓 '스프라우츠 파머스 마켓'을 설립하게 된다.

사실상 스프라우츠의 이야기는 1940년대 과일 가판대에서 시작된 셈이다. 흥미롭게도 한때 매각됐던 헨리의 파머스 마켓은 훗날 다시 스프라우츠에 인수되며, 보니 가문의 유기농 비즈니스를 한 바퀴 완성했다. 스프라우츠의 설립은 건강식품과 유기농 제품 수요가 급증하던 시대 흐름과 정확히 맞물렸다. 이들은 지역 농장에서 직접 생산한 신선한 농산물과 합리적인 가격의 유기농 식품을 내세우며 차별화에 성공한다. 창업 10년 만인 2012년 순매출 20억 달러를 달성했고, 2013년에는 상장에 성공했다. 이후 한동안 주가가 정체됐지만, 2019년 잭 싱클레어(Jack Sinclair) CEO가 합류하며 전환점을 맞았다. 그는 스프라우츠의 정체성을 '전문 유기농 식품 소매업체'로 재정의하며, 브랜드의 방향성을 명확히 세웠다. 2024년부터 주가가 본격적인 상승세를 그리기 시작한 것도 이 시기 이후다. 스프라우츠는 기존 대형 소매업체들과 정면승부를 피했다. 대신 다른 곳에는 없는 건강함을 무기로 차별화된 제품군을 강화했다. 이들의 포지셔닝은 명확하다. 코스트코가 '합리적 가격'을, 트레이더조가 '즐거운 쇼핑 경험'을 제공한다면, 스프라우츠는 '건강한 선택을 위한 두 번째 마트'를 지향한다. 즉, 소비자들이 다른 마트에서 1차 쇼핑을 마친 뒤, 건강을 위해 한 번 더 들르는 보완형 유기농 마켓으로 자신을 자리매김했다.

## 유기농의 본질로 돌아가다

스프라우츠 파머스 마켓의 분위기는 홀푸드 마켓을 떠올리게 한다. 매장에는 신선한 과일과 채소, 견과류와 건강식품이 질서정연하게 놓여 있다. 농산물은 지역 농장에서 직접 공급받아 신선도가 높고, 가격은 의외로 합리적이다. 건강하지만 비싸지 않다는 것이 스프라우츠의 핵심 가치다.

매장 한가운데 자리한 '벌크 코너(Bulk Section)'는 스프라우츠를 상징하는 공간이다. 각종 곡물과 씨앗을 원하는 만큼 덜어 담을 수 있어, 건강식품을 일상적으로 소비하는 고객들에게 인기가 높다. 유기농 마트답게 우유의 종류도 다양하다. 아몬드 밀크, 두유, 오트 밀크(귀리 우유) 등 식물성 대체 음료가 가득하다. 엄밀히 말하면 우유가 아니라 음료이지만, 동물성 대신 식물성이라는 선택이 스프라우츠가 지향하는 가치와 닿아 있다. 심지어 한국의 정관장 홍삼 제품도 진열되어 있어, 유기농을 넘어 '건강'이라는 키워드의 글로벌화를 체감할 수 있다.

2019년 CEO로 취임한 잭 싱클레어(Jack Sinclair)는 식료품 업계 35년 경력의 베테랑이다. 월마트 임원과 '99센트 온리 스토어(99 Cents Only Stores)' CEO를 지낸 그는, 대형마트의 효율성과 저가 전략을 누구보다 잘 이해하고 있었다. 하지만 스프라우츠에서는 정반대의 방향을 택했다. 그는 "모든 소비자에게 모든 것을 제공하지 않는다"는 원칙을 세웠다. 대신 건강과 지속가능성에 가치를 두는 특정 고객층을 명확히 정의하고, '선택받은 유기농 마켓'으로 포지셔닝했다.

이 전략과 함께 스프라우츠는 매장 크기를 약 20% 축소했다. 새로 짓는 매장은 평균 600평 남짓으로, 작지만 효율적이다. 대신 신선도 관리에 집중하기 위해 공급망을 재편하고, 유통센터와 매장의 거리를 대폭 줄였다. 자체 브랜드 상품도 강화했다. 잭 싱클레어는 "전략적 변화가 타깃 고객에게 명확히 공감받고 있다"며, "다른 곳에서는 찾을 수 없는 차별화된 건강함과 신선함, 고품질을 제공하는 것이 우리의 목표"라고 강조했다.

## 건강을 먹는 세대의 등장

스프라우츠 파머스 마켓의 전체 판매 상품 중 약 70%는 유기농과 관련된 제품이다. 농산물의 40%가 올가닉, 식료품의 55%는 글루텐프리, 빵의 15%는 비건, 30%는 논(Non)-GMO 제품으로 구성돼 있다. 고객층은 건강한 소비를 지향하는 고소득 전문직 중산층이 주를 이룬다. 평균 연령은 46세, 69%가 대졸자이며, 평균 가구소득은 약 12만 달러에 달한다. 이 덕분에 경기침체에도 비교적 탄탄한 소비 기반을 유지하고 있다. 최근에는 온라인 거래 매출도 꾸준히 증가하며 새로운 성장 동력으로 자리 잡고 있다. 스프라우츠가 주목받는 이유는 미국 식탁이 빠르게 '유기농화'되고 있기 때문이다.

미국 유기농무역협회(OTA)에 따르면, 2023년 미국 유기농 인증 제품 매출은 전년 대비 3.4% 상승한 697억 달러로, 사상 최고치를 기록했다. 인플레이션으로 식료품 물가가 오른 상황에서도 소비자들이 더 건강한 식품을 선택했다는 뜻이다. 흥미로운 점은 비(非)유기농 제품 가격이 더 빠르게 오르면서 양자 간의 가격 격차가 줄고 있다는 점이다.

'유기농은 비싸다'는 인식이 희미해지면서, 시장은 성숙기에 들어서도 여전히 성장 여지를 품고 있다. 분야별로 보면, 유기농 시장의 29%는 농산물, 22%는 식료품이 차지한다. 특히 아침식사용 곡물(시리얼, 그래놀라)과 유기농 빵, 유아용 식품의 성장세가 두드러진다. 2023년 기준 유기농 빵 매출은 전년 대비 3%, 시리얼과 그래놀라는 8%, 유아용 식품과 분유는 11% 증가하며 각각 10억~18억 달러 규모로 확대됐다. 즉, 건강한 아침과 아이의 밥상이 유기농 시장의 중심축으로 부상한 셈이다. 이런 흐름 속에서 스프라우츠의 주가도 상승세를 이어가고 있다. 특히 곡물과 씨앗 중심의 유기농 라인업은 이 시장의 성장성과 정확히 맞물린다. 밀레니얼 세대와 Z세대는 유기농에 대한 인식이 가장 높은 세대로, 향후 미국 소비의 주축이 될 세대다. 결국 스프라우츠의 미래는 "세대 교체가 이끄는 건강 소비 트렌드의 상징"으로 확장되고 있는 셈이다.

# 주가 키포인트

## 스프라우츠 파머스 마켓(SFM)

### 스프라우츠 파머스 마켓 2025 회계연도 3분기 실적

단위: 천 달러, 주당금액 제외

| 구분 | 13주 종료 (2025.9.28) | 13주 종료 (2024.9.29) | 39주 종료 (2025.9.28) | 39주 종료 (2024.9.29) |
|---|---|---|---|---|
| 순매출 | 2,200,430 | 1,945,735 | 6,657,458 | 5,723,062 |
| 매출원가 | 1,349,379 | 1,204,812 | 4,057,454 | 3,541,461 |
| 매출총이익 | 851,051 | 740,923 | 2,600,014 | 2,181,601 |
| 판매·관리비 | 653,329 | 580,352 | 1,921,682 | 1,676,470 |
| 감가상각비 | 38,362 | 34,408 | 110,567 | 98,129 |
| 점포 폐쇄 및 기타비용 | 1,462 | 3,732 | 4,679 | 8,968 |
| 영업이익 | 157,398 | 122,451 | 563,086 | 398,034 |
| 순이자 수익 | (690) | (1,061) | (2,045) | (382) |
| 순이익 | 120,116 | 91,610 | 433,845 | 300,999 |
| 기본 주당순이익 | 1.23 | 0.91 | 4.43 | 2.94 |
| 희석 주당순이익 | 1.22 | 0.91 | 4.30 | 2.97 |

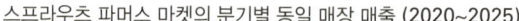

스프라우츠 파머스 마켓의 분기별 동일 매장 매출 (2020~2025)

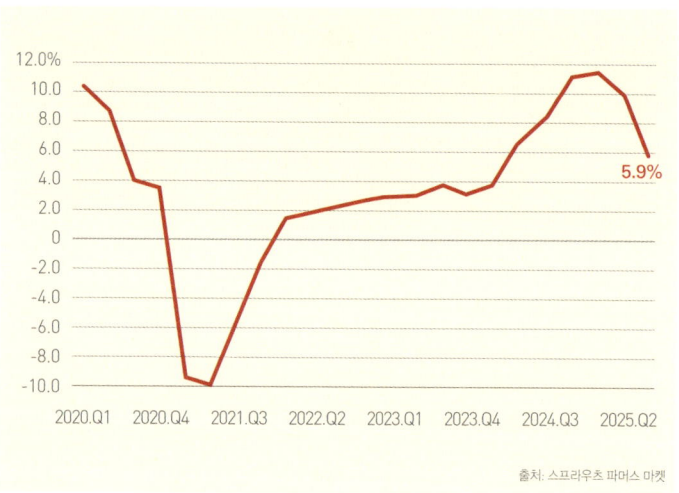

5.9%

2020.Q1  2020.Q4  2021.Q3  2022.Q2  2023.Q1  2023.Q4  2024.Q3  2025.Q2

출처: 스프라우츠 파머스 마켓

스프라우츠 파머스 마켓의 2025 회계연도 3분기 매출은 22억 달러를 기록했다. 지난해 같은 기간 대비 13% 증가했다. 동일 매장 매출은 5.9%를 기록했다. 지난 2분기에 동일 매장 매출이 전년 대비 10.2% 성장한 점을 고려하면 둔화세가 확인된다. 3분기 조정 주당순이익은 1.22달러로 지난해 같은 기간 0.91달러와 비교하면 개선됐다. 2025년 9월 28일 기준으로 24개 주에 9개 신규 매장을 열어 총 464개의 매장을 보유하고 있다. 이날 실적 발표와 함께 스프라우츠 파머스 마켓은 주가가 크게 하락했다.

잭 싱클레어 CEO는 3분기 실적에 대해서 소비심리가 둔화됐고, 분기 후반에 특히 영향을 받았다고 분석했다. 달리 말하자면, 이번 분기에 나타난 소비둔화가 다음 분기에도 이어질 가능성이 크다는 의미다.

스프라우츠 파머스 마켓의 동일 매장 매출은 2021년부터 상승하기 시작해서 전년 대비 10%가 넘는 상승세를 보여준 바 있다. 현재는 성장 속도가 절반으로 줄었다. 전체 매출은 증가했지만, 동일 매장 매출은 감소하고 있다. 2026년에는 2025년보다 더 많은 매장을 오픈할 계획이다. 이에 따라 약 10%의 매출 성장 목표를 가지고 있다. 10%의 성장은 동일 매장 매출 성장보다는 매장 수 증가에 기인한 결과일 가능성이 있다.

Part 04

세대가
시장을
움직인다

# 호카,
# 미국에서 미친 듯이 팔리는 못생긴 운동화

호카 Hoka

어바웃뉴욕 ▶

뉴욕 맨해튼에 위치한 플랫아이언 빌딩(Flatiron Building)의 호카(Hoka) 스토어에 입장하기 위해 사람들이 줄을 서 있다.

세계 최대의 스포츠웨어 기업 나이키(Nike)가 흔들리고 있다. 2024년 6월 27일, 나이키는 2024 회계연도 4분기 실적을 발표했다. 매출은 126억 1,000만 달러, 주당순이익은 0.99달러로 집계됐다. 문제는 매출이 전년 동기 대비 2% 감소했다는 점이다. 더 큰 충격은 전망이었다. 나이키는 다음 분기 매출이 최대 10% 감소할 것이라고 예고했다. 발표 직후, 주가는 하루 만에 20% 급락하며 나이키 역사상 최악의 하루를 기록했다. 한 시대를 풍미했던 브랜드가 기로에 섰다. "나이키의 시대가 저물고 있다."

나이키가 주춤하는 사이, 새로운 주자들이 등장했다. 그 중심에 호카(Hoka)가 있다. 불과 10년 전만 해도 연 매출 30억 원 수준의 작은 브랜드였던 호카는 매출 1조 원을 돌파한 글로벌 러닝화 브랜드로 성장했다. 미국에서 달리기나 산책을 즐기는 사람들을 보면, 이제 나이키보다 호카의 두툼한 러닝화를 신은 이들이 더 자주 눈에 띈다. 뉴욕 센트럴파크를 달리는 뉴요커들의 발끝에도, 이제는 스우시(Swoosh) 대신 커다란 'HOKA' 로고가 빛나고 있다.

## 못생겨서 더 팔린 신발, 호카의 역발상

호카는 데커스 아웃도어(Deckers Outdoor Corp)가 보유한 브랜드 중 하나다. 데커스는 우리가 잘 아는 어그(UGG) 브랜드의 모회사이기도 하다. 2025년 1월, 데커스의 주가는 사상 최고치를 경신했는데, 그 중심에는 단연 호카의 폭발적인 성장세가 자리 잡고 있다. 호카의 시작은 2009년으로 거슬러 올라간다. 창립자 니콜라스 메르무드(Nicolas Mermoud)와 장 리크 디아르(Jean-Luc Diard)는 아웃도어 브랜드 '살로몬(Salomon)' 출신이었다. 이들은 산에서 내리막길을 더 빠르고 부드럽게 달릴 수 있는 신발을 만들고자 했다. 그 결과 탄생한 브랜드가 바로 '호카 오네오네(HOKA ONE ONE)', 뉴질랜드 마오리족 언어로 '땅 위를 날다'라는 뜻이다. 거친 산길에서도 마치 떠오르듯 달릴 수 있도록, 기존 러닝화와는 전혀 다른 발상으로 접근했다.

호카의 핵심은 압도적인 쿠셔닝이다. 깔창과 바닥 사이의 미드솔(Midsole)을 두껍게 설계해 충격을 흡수하고, 언덕과 내리막에서도 안정감을 유지하도록 했다. 이런 오버사이즈 솔(oversized sole)은 당시로선 혁신적이었다. 또한 신발 밑창이 곡선 형태로 디자인되어, 달릴 때 마치 바퀴가 굴러가듯 자연스러운 이동감을 준다.

처음에는 오직 기능성으로 주목받았다. 프랑스에서 출시된 지 얼마 되지 않아, 미국의 한 마라톤 선수가 박람회에서 호카를 신어보고 770켤레를 한꺼번에 주문하면서 미국 러너 커뮤니티에서 입소문이 퍼졌다. 탁월한 쿠셔닝과 가벼움 덕분에 엘리트 마라톤 선수들의 러닝화로 자리 잡았다. 하지만 시간이 지나면서 호카는 전혀 다른 이유로 더 유명해졌다. 이유는 못생겨서였다. 당시 러닝화 시장은 미니멀리즘이 유행이었고, 심플한 디자인, 단색 컬러, 작은 로고가 미덕이었다. 그런데 호카는 그 정반대였다. 큼지막한 로고, 형광색에 가까운 밝은 톤, 그리고 두꺼운 밑창까지. 처음엔 낯설었지만 그 '투머치

함'이 오히려 매력으로 변했다. 호카는 기능성에서 출발해, 이제는 못생김마저 스타일로 만든 브랜드가 되었다.

## 속도를 버리고 시장을 잡았다

본격적인 호카의 성공은 데커스의 품에 안긴 뒤부터 시작됐다. 어그의 모기업으로 잘 알려진 데커스는 2013년 호카를 인수했다. 당시 데커스의 브랜드 총괄이던 짐 반 다인(Jim Van Dine)은 호카의 잠재력을 일찌감치 간파한 인물이었다. 그는 "5년 안에 호카를 연매출 1억 달러 브랜드로 성장시킬 확률은 95%"라며 확신에 찬 발언을 남겼다. 당시 호카의 매출은 300만 달러도 채 되지 않았다. 비교하자면 같은 해 나이키의 매출은 2,333억 달러로, 호카는 나이키의 1만 분의 1 규모에 불과한 '초미니 브랜드'였다.

반 다인은 호카의 가능성을 두 가지에서 봤다. 하나는 기술력, 다른 하나는 시각적 파격이었다. 그는 "폭발적으로 성장하는 브랜드는 언제나 눈에 띄는 디자인적 특징이 있다"며 한때 리복(Reebok)의 에어로빅화가 그랬던 것처럼, 호카의 못생긴 디자인이야말로 강력한 무기라고 판단했다. 데커스의 인수 후 호카는 포트폴리오를 넓혔다.

처음엔 엘리트 마라토너 중심 브랜드였지만, 이제는 일반 소비자 시장으로 눈을 돌렸다. '로드 러닝화'와 같은 일상용 모델을 출시하며 대중에게 다가갔고, 2012년 런던올림픽 1,500m 은메달리스트 레오 만자노(Leo Manzano)를 후원해 브랜드 신뢰도를 높였다. 즉, '모두를 위한 러닝화'로 확장하면서도 러닝이라는 정체성은 유지했다. 흥미로운 점은 성장 방식을 역행했다는 것이다. 호카는 단기간의 매출 확대 대신, 희소성을 유지하는 전략을 택했다. 미국 최대 신발 유통업체인 풋락커(Foot Locker)의 입점 제안을 거절했고, 한때 진출했던 딕스 스포팅 굿즈(Dick's Sporting Goods)에서도 수요가 맞지 않자 빠르게 철수했다. 대형 유통망을 통한 확산보다, '한정된 공급'을 통해 브랜드의 가치를 지키는 길을 택한 것이다. 재고를 쌓아 할인판매를 해야 하는 신세가 되는 순간, 호카의 매력은 사라진다고 본 판단이었다. 결과는 놀라웠다. 호카는 '천천히 성장하기로 한 브랜드'였지만, 바로 그 전략 덕분에 압도적으로 빠르게 성장했다. 데커스 인수 당시 300만 달러 수준이던 매출은 10년 만에 14억 달러(2023 회계연도 기준)로 450배 급증했다. 데커스의 주가 역시 같은 기간 고공행진을 이어가며, 호카는 단일 브랜드로 모회사를 견인하는 핵심 엔진이 되었다.

# 데커스(DECK)

## 데커스 2026 회계연도 2분기 실적

단위: 천 달러, 주당금액 제외

| 구분 | 9월 30일로 종료된 3개월 | |
|---|---|---|
| | 2025 | 2024 |
| 순매출 | 1,430,840 | 1,311,320 |
| 매출원가 | 627,018 | 578,048 |
| 매출총이익 | 803,822 | 733,272 |
| 판매·일반관리비 | 477,301 | 428,186 |
| 영업이익 | 326,521 | 305,086 |
| 기타 수입(비용), 순액 | (15,835) | (13,826) |
| 법인세차감전이익 | 342,356 | 318,912 |
| 법인세비용 | 74,204 | 76,591 |
| 순이익 | 268,152 | 242,321 |
| 기타포괄손익 | 8,978 | 10,775 |
| 총포괄이익 | 277,130 | 253,096 |
| 기본 주당순이익 | 1.82 | 1.59 |
| 희석 주당순이익 | 1.82 | 1.59 |

출처: 데커스

데커스의 핵심 브랜드는 호카와 어그다. 두 브랜드가 여전히 성장을 지속하는 가운데, 호카의 러닝화 판매가 둔화하고 있다. DTC와 같은 판매가 부진하면서 구조적인 측면에서도 부정적인 시그널이 등장했다.

데커스의 2026 회계연도 2분기 순매출은 14억 3천만 달러로 전년 대비 9.1% 증가했다. 브랜드별로 보면, 호카의 순매출은 5억 7천만 달러로 전년 대비 11.1% 증가했고, 어그의 순매출이 6억 9천만 달러로 전년 대비 10.1% 증가했다. 기타 브랜드 순매출은 3,720만 달러로 전년 대비 26% 감소했다. 매출 규모에서 알 수 있듯이 데커스의 주가는 호카와 어그가 좌우한다. 그런 측면에서 봤을 때 데커스는 2026년 3월 말에 끝나는 기준으로 연간 호카의 성장률을 10%대 초반으로 예상한다. 어그의 경우에는 한 자릿수 초중반의 성장률을 예상한다. 어그의 성장세가 둔화될 것이라는 의미다.

매출의 국가별 분위기를 살펴보면, 미국에서 감소가 뚜렷하다. 미국 시장에서 매출은 8억 4천만 달러로 전년 대비 1.7% 감소했다. 반면 글로벌 시장에서는 29% 성장한 5억 9천만 달러를 기록했다. 직영점과 온라인으로 구성된 DTC 매출이 전년 대비 0.8% 감소했다. 통상 미국 시장에서 유행이 시작되면 미국 시장이 주춤하면서 글로벌 시장의 성장세가 확대되곤 한다. 데커스의 주가는 이 같은 우려를 반영해 2025년 부진한 흐름을 이어갔다.

# 온,
# 운동선수가 직접 만든 진짜 운동화

온 On

어바웃뉴욕 ▶

뉴욕 5번가(5th Ave)에 위치한 온 플래그쉽 스토어.

©온(On)

최근 미국 신발 시장을 관통하는 트렌드 가운데 하나는 '기술 혁신'이다. 특히 러닝과 관련한 혁신이 주를 이룬다. 현재 운동화 브랜드 가운데 가장 혁신적이라는 평가를 받는 브랜드는 온(On) 러닝이다. 호카에 이어 온 역시 러닝화 시장을 흔들고 있다. 온은 아웃솔에 구멍이 뚫린 독특한 디자인의 신발을 만들면서 주목받게 된다.

온의 기술력은 창업 스토리부터 시작된다. 온의 창업자 올리비에 베른하르트(Olivier Bernhard)는 스위스의 철인 3종 경기(수영, 사이클, 달리기) 선수였다. 그는 세계선수권 대회에서 세 번, 1개의 유럽 선수권 대회, 그리고 수많은 스위스 대회에서 타이틀을 따낸 인물이다. 그는 처음부터 운동화 사업을 할 생각은 없었지만, 새로운 느낌의 러닝화를 만들고 싶었다고 말했다.

## 기술보다 감각, 달리기의 공학을 재정의하다

베른하르트는 한때 나이키와 아디다스의 후원을 받는 철인 3종 경기 선수였다. 세계 각지를 돌며 대회에 출전했지만 극한의 운동 종목인 만큼 부상에 시달렸고, 결국 2005년 은퇴를 결심했다. 하지만 그의 시선은 여전히 '달리기'에 있었다. 선수로서의 경험을 바탕으로, 그는 새로운 러닝화의 가능성을 탐구하기 시작했다. 어느 날, 그는 정원에서 쓰던 호스 조각을 잘라 밑창에 붙인 신발을 신어보았다. 놀랍게도 그 신발은 부드럽게 착지되면서도 폭발적인 추진력을 만들어냈다. 그는 그 즉시 '새로운 러닝화의 감각'을 발견했다고 확신한

뉴욕의 온(On) 러닝 플래그쉽 스토어 내부.

©김용갑

그는 아이디어를 들고 다시 나이키와 아디다스를 찾아갔다. 하지만 두 회사 모두 냉담했다. "우리 내부에서 만든 것이 아니라면, 좋은 신발일 리 없다." 두 브랜드의 오만한 거절은 오히려 새로운 길의 시작이었다. 베른하르트는 친구이자 동료인 카스파 코페티(Caspar Coppetti)와 데이비드 알레만(David Allemann)을 찾아갔다. 하지만 처음엔 코페티도 부정적이었다. "러닝화 시장은 이미 포화야. 게다가 이건 너무 못생겼어." 그의 눈앞에 놓인 신발은 마치 프랑켄슈타인처럼 투박했다. 그러나 직접 신어본 순간, 생각이 완전히 바뀌었다. 그 신발은 마치 스키를 탄 것처럼 미끄러지듯 나아가는 새로운 감각을 선사했다. 그렇게 2010년, 이들은 스위스 취리히에서 온 홀딩스(On Holdings)를 창립하게 된다.

온 신발의 핵심은 바로 '클라우드 테크(Cloud Tec)' 기술이다. 제품 테스트 중 한 테스터가 "마치 구름 위를 달리는 기분"이라고 말한 것이 기술명과 첫 제품명 '클라우드서퍼(Cloudsurfer)'의 탄생 계기가 됐다. 클라우드 테크는 착지 시엔 부드럽게, 출발 시엔 강력하게 작동한다. 온의 러닝화 밑창은 독특하게 구멍이 뚫린 아웃솔 구조로 되어있다. 이 구멍들이 수직과 수평 두 방향으로 압축되며, 각기 다른 러너의 자세와 무게중심에 맞춰 정확한 쿠셔닝을 제공한다. 전통적인 러닝화가 수직 방향의 충격 흡수만 고려했다면, 온의 신발은 입체적인 쿠셔닝 구조를 통해 '구름 위를 달리는 듯한' 부드러운 착용감을 구현했다. 결국 온 러닝의 혁신은 기술이 아니라 감각에서 출발한 과학이었다. 베른하르트가 운동선수로 지내면서 겪었던 경험이 세계에서 가장 부드럽게 달릴 수 있는 신발을 만들어 낸 것이다.

## 페더러 효과, 구름 위를 걷다

온 러닝의 독특한 외형은 브랜드 인지도를 빠르게 끌어올렸다. 두꺼운 밑창과 구멍 뚫린 아웃솔은 기능뿐 아니라 '보이는 기술'로 작용했다. 온은 독일 뮌헨에서 열리는 세계 최대 스포츠 박람회인 ISPO(International Sporting Goods Trade Show)에서 신적인 스타트업에게 수여되는 ISPO '브랜드뉴 어워드(Brandnew Award)'를 받으며 기술력을 공식적으로 인정받았다. 그러나 온이 진정한 글로벌 브랜드로 도약한 계기는 테니스 전설 로저 페더러(Roger Federer)와의 만남이었다. 스위스 출신이라는 공통점을 지닌 두 존재는 자연스럽게 연결됐다. 온의 러닝화를 직접 신어보고 감탄한 페더러가 먼저 취리히로 연락을 취했고, 저녁 식사 자리에서 협업이 시작됐다. 마치 나이키가 마이클 조던을 만나면서 새 시대를 열었던 것처럼, 온에게 페더러는 '행운의 신호탄'이었다. 그는 실제 투자자로 참여했다. "로저 페더러가 투자한 신발 회사"라는 소식은 곧 입소문이 되었고, 온은 그의 이름을 딴 테니스화 'THE ROGER' 시리즈를 출시하며 세계적 브랜드 반열에 올랐다.

온은 동시에 러너 중심의 엘리트 마케팅을 꾸준히 이어왔다. 대표적인 사례가 케냐 출신의 마라톤 선수 헬렌 오비리(Hellen Obiri)다.

올림픽 은메달 2개, 세계선수권 메달 7개를 보유한 그녀는 2023년 보스턴 마라톤과 뉴욕 마라톤을 모두 제패했다. 34년 만의 더블 메이저 우승이었다. 그녀의 발끝에서 빛난 온의 로고는 곧 판매 상승으로 이어졌다.

### 새 신발을 신는 철학

온은 기술 브랜드이자 실험 정신이 살아있는 기업이다. 러닝화에 구독경제를 접목한 '사이클론' 프로그램이 대표적이다. 한 달에 약 30 달러를 내면, 6개월마다 새 신발로 교환할 수 있다. 헌 신발은 회수되어 100% 재활용 소재로 다시 제작된다. 말 그대로 "헌 신 줄게, 새 신 다오"를 실현한 셈이다. 온은 이 프로그램을 통해 '지속가능성과 순환소비(circular economy)'라는 새로운 패러다임을 제시했다.

팬데믹은 온의 성장에 불을 붙였다. 2020년 전 세계 체육관이 문을 닫자, 사람들은 거리로 나왔다. 달리기를 시작했고, 온의 러닝화는 그들의 발끝을 채웠다.

2021년 뉴욕증권거래소에 상장하며 기업 성장의 정점을 찍었다. 매출은 2021년 7억 2천만 스위스프랑에서 2022년 12억 2천만, 2023년 17억 9천만 스위스프랑(약 2조 7천억 원)으로 단 2년 만에 두 배 이상 급증했다. 현재 온의 전체 매출 중 3분의 2는 미국에서 발생한다. 나이키가 혁신의 속도를 늦춘 사이, 호카와 온이 '러닝화의 왕좌'를 나란히 향해 달리고 있다.

## 주가 키포인트

## 온 홀딩스(ONON)

### 온 홀딩스 2025 회계연도 2분기 실적

단위: 백만 스위스프랑(CHF)

| 구분 | 2025년 2분기<br>(6월 30일 종료) | 2024년 2분기<br>(6월 30일 종료) |
|---|---|---|
| 순매출 | 749.2 | 667.7 |
| 매출원가 | -288.4 | -227.4 |
| 매출총이익 | 460.8 | 340.2 |
| 판매·일반관리비 | -368 | -292.9 |
| 영업이익 | 92.8 | 47.3 |
| 금융수익 | 7.5 | 5.8 |
| 금융비용 | -7.7 | -5.9 |
| 외환손익 | -139.9 | -4.5 |
| 법인세차감전이익 | -47.3 | 42.7 |
| 법인세비용 | 6.4 | -11.8 |
| 당기순이익 | -40.8 | 30.8 |

출처: 온

온 홀딩스의 주가 포인트는 성장 모멘텀에 있다. 호카와 마찬가지다. 성장이 지속가능한지가 관건이다. 최근 확인된 2025 회계연도 2분기 실적에서는 온은 사상 최고치 순매출을 기록했다. 수익성도 증가했다. 순매출은 전년 대비해서 32% 증가했다. 고정환율을 기준으로 보면 스위스 프랑을 기준으로 38% 증가했다. 온은 실적 발표에서 신발 프랜차이즈의 다각화된 포트폴리오를 강조했다. 의류 부문에서의 성장이 향후 성장 지속을 위한 장치 가운데 하나로 보인다.

온 홀딩스의 성장을 보면 직접 소비자들과 접하는 DTC(Direct-to-Consumer) 채널을 통한 순매출이 47% 증가한 점이 유의미하다. 앞서 호카의 경우와는 사뭇 분위기가 다르다. 이는 기업에게 있어 질적으로 바람직한 매출의 성장이라 볼 수 있다. 아시아 태평양 시장에서 101%라는 폭발적인 성장을 보이는 점이 현재 성장의 동력이다. 주력 시장인 아메리카 시장에서는 성장이 다소 둔화됐다. 다만, 환율 변동으로 인한 순손실 리스크 그리고 관세와 공급망에 민감하다는 점도 향후 투자의 변수로 지속할 가능성이 크다.

# 뉴발란스,
# 원조 아빠 신발이 잇템으로

뉴발란스 New Balance

어바웃뉴욕 ▶

소호 패션거리에 위치한 핑크빛의 뉴발란스 매장.

©뉴발란스

호카와 온 같은 새로운 신발 브랜드들이 떠오르며 시장의 판도가 바뀌고 있다. 한때 영원할 것처럼 보였던 스포츠 제국 나이키는 지금 위기의 중심에 서 있다. 그러나 변화의 파도 속에서도 모든 기존 브랜드가 흔들리는 것은 아니다. 뉴발란스(New Balance)는 그 예외다.

미국에서 뉴발란스는 '아빠 신발'의 대명사로 불린다. 반바지에 흰 양말을 길게 올려 신고, 뉴발란스 운동화를 신은 모습은 미국인이 떠올리는 전형적인 아버지의 이미지다. 혁신과는 다소 거리가 있어 보이는 이 '아빠 신발'이 어떻게 다시 젊은 세대의 옷장 속으로 돌아왔을까?

## 새로운 밸런스의 시작

미국 시장에서 뉴발란스가 어떤 신발로 자리 잡았는지를 이해하려면, 그 뿌리부터 살펴볼 필요가 있다. 뉴발란스는 1906년, 미국 매사추세츠주 보스턴에 살던 영국인 발명가 윌리엄 라일리(William J. Riley)의 손에서 태어났다. 그는 발에 장애가 있거나 오랜 시간 서서 일하는 사람들을 위해 '아치 서포트(Arch Support)', 즉 지지대가 달린 깔창을 만들었다. 라일리는 집 마당에서 키우던 닭을 보며 영감을 얻었다. 닭의 세 발가락이 완벽한 균형을 이루는 모습을 보고, '불균형한 발에 새로운 밸런스를 주자'는 생각을 떠올렸다. 그렇게 '뉴 밸런스(New Balance)'라는 이름이 탄생했다. 1956년 84세의 나이로 창업자가 세상을 떠나자, 사위 폴 키드(Paul Kidd)가 회사를 이어받았다. 그는 최초로 신발 밑창에 잔물결 패턴이 들어간 러닝화 '뉴발란스 트랙스터(Trackster)'를 출시했고, 이 제품은 러너들 사이에서 큰 인기를 끌었다. 뉴발란스는 단순히 발 길이뿐 아니라 너비까지 세분화된 사이즈를 제공하며 편안함의 차별화를 이루었다.

뉴발란스가 본격적으로 브랜드의 궤도에 오른 것은 1972년, 짐 데이비스(Jim Davis)가 회사를 인수하면서다. 당시만 해도 직원이 여섯 명뿐인 소규모 기업이었지만, 그는 이를 세계적 러닝 브랜드로 키웠다. 1976년, 뉴발란스의 상징이 된 'N' 로고가 새겨진 러닝화 '320'이 출시되었고, 뉴욕 마라톤에서 톰 플레밍(Tom Fleming)이 이 신발을 신고 우승하면서 브랜드는 전국적인 주목을 받았다. 1982년에는 전설적인 모델 '990'이 등장했다. 회색의 미니멀한 디자인 위에 큼직한 N 로고가 박힌 이 신발은 이제 뉴발란스의 상징으로 자리 잡았다. 이름 990은 "1000점 만점 중 990점"이라는 의미를 담고 있다. 당시 출시가는 100달러로, 1980년대 초 기준으로 다른 운동화의 세 배에 달하는 고가였다. 그럼에도 불구하고 990은 기술력과 편안함을 상징하는 프리미엄 러닝화로 폭발적인 인기를 얻었다.

## 메이드 인 USA, 유행을 이기다

뉴발란스는 다른 신발 기업들이 생산비 절감을 위해 공장을 해외로 이전하던 시절에도 '메이드 인 USA'를 고집한 몇 안 되는 브랜드였다. 이런 뚝심은 브랜드의 정체성을 단단히 지탱해왔다. 2000년대

들어 뉴발란스는 '99X 시리즈'를 선보이며 다시 한 번 도약했다. 이 시리즈는 미국의 빌 클린턴 전 대통령이 즐겨 신으면서 '대통령의 신발'로 불렸고, 스티브 잡스의 시그니처 룩으로도 잘 알려져 있다. 잡스는 늘 입던 이세이 미야케(Issey Miyake)의 검정 터틀넥과 리바이스 청바지, 그리고 뉴발란스 992 회색 운동화로 '극단적 심플함의 미학'을 완성했다. 뉴발란스가 신발 모델명을 숫자로 표기하는 이유 역시 여기에 있다. 각 제품의 이름보다 브랜드 자체의 가치를 강조하기 위해서다. 또한 회색을 대표 색상으로 택한 이유도 같다. 눈에 띄지 않지만 오래가는, 조용한 자신감을 상징한다. 즉, 뉴발란스는 화려함 대신 품질과 균형의 철학으로 존재감을 드러냈다. 그런데 이 '아빠 신발'이 어느새 패션의 중심에 섰다. 미국에서 뉴발란스는 오랫동안 회색 운동화, 중년의 편안함을 상징했지만, 최근에는 오히려 그 클래식함이 '모던함'으로 재해석되고 있다. "어떤 스타일과도 어울린다"는 메시지가 통한 것이다. 전환점은 2019년이었다. 유명 스포츠 스타 후원에 소극적이던 뉴발란스가 NBA 스타 카와이 레너드(Kawhi Leonard)와 계약을 맺으며 변화를 선택했다. 그가 뉴발란스 농구화 'OMN1S'를 신고 토론토 랩터스를 우승으로 이끌고, 파이널 MVP에 오르면서 브랜드는 다시 주목받았다. 뉴발란스의 정중한 이미지에 '퍼포먼스'라는 새 에너지가 더해진 순간이었다.

## 패션의 무대에 선 뉴발란스

최근 뉴발란스는 트렌디한 패션 브랜드들과의 협업을 통해 새로운 전성기를 맞고 있다. 패션 브랜드이자 디자인 스튜디오인 JJJ자운드(JJJJound)와 협업해 출시한 제품은 리셀가가 100만 원을 훌쩍 넘길 만큼 폭발적인 인기를 얻었다. 2021년에는 테디 산티스(Teddy Santis)를 크리에이티브 디렉터로 영입하며 브랜드의 감도를 한층 끌어올렸다. 그는 뉴욕의 인기 스트리트 브랜드 에임 레온 도르(Aimé Leon Dore)의 창립자로, 뉴발란스 550 시리즈의 재발매를 이끈 주역이다. 또한 베르사체 출신의 신발 디자이너 살레헤 벰버리(Salehe Bembury)와의 협업 역시 큰 화제를 모았다. 이처럼 뉴발란스는 오랫동안 유지해온 '회색의 정체성'에서 벗어나 새로운 감각과 세대와의 연결을 시도하고 있다. 스포츠 선수 후원에 이어, 젊은층에게 영향력 있는 브랜드, 그리고 굵직한 크리에이터들과 협업하며 '뉴발란스는 어떤 스타일과도 어울린다'는 이미지를 구축했다. 에임 레온 도르나 베르사체와 같이 뉴발란스의 분위기와는 사뭇 다른 세계가 자연스럽게 공존하는 그림을 만들어낸 것이다. 이제 뉴발란스는 단순한 러닝화 브랜드가 아니라 정장에도 어울리는 패션 신발, 즉 어떤 룩에도 자연스럽게 녹아드는 신발로 자리 잡았다.

이 변화의 중심에는 셀럽들의 스타일링 효과도 있었다. 켄달 제너(Kendall Jenner), 헤일리 비버(Hailey Bieber) 등 세계적인 패션 아이콘들이 뉴발란스를 다양한 룩에 매치하면서 '패션 운동화'로서의 인식이 확고해졌다. 이제 사람들은 자켓에 운동화를 신을 때 나이키가 아닌 뉴발란스를 선택한다. 이러한 변화는 숫자로도 입증된다. 뉴발란스의 매출은 2020년 33억 달러에서 매년 20% 이상 성장해, 2023년에는 약 65억 달러, 2024년에는 사상 최대인 78억 달러를 기록했다. 불과 몇 년 전만 해도 '클래식'으로 분류되던 브랜드가 이제는 차세대 트렌드 리더로 자리매김한 것이다. 뉴발란스는 머지않아 매출 100억 달러 시대를 눈앞에 두고 있다.

# 스케쳐스,
# 피클볼 붐 속에서 기회를 잡다

## 스케쳐스 Skechers

어바웃뉴욕

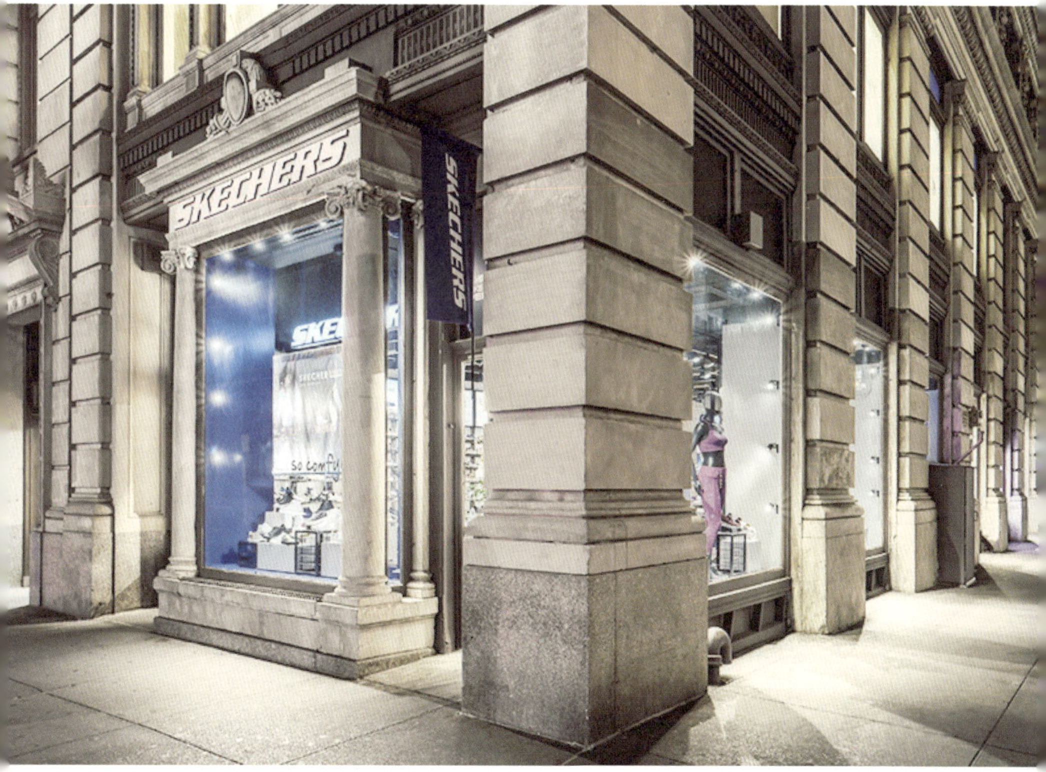


530 브로드웨이에 있는 스케쳐스 매장 전경.

©스케쳐스

미국 신발 산업은 끊임없이 진화하고 있다. 호카와 온이 기술 혁신 경쟁을 벌이고, 뉴발란스가 패션 산업으로 영역을 확장하는 사이, 또 다른 브랜드는 새로운 스포츠 시장에서 기회를 포착했다. 바로 스케쳐스(Skechers)다. 한국에서는 이재용 삼성전자 회장이 즐겨 신는 신발로 알려져 있지만, 스케쳐스가 주목한 무대는 다름 아닌 '피클볼(Pickleball)'이다.

최근 미국에서 피클볼의 인기는 폭발적이다. 배드민턴과 탁구, 테니스를 섞어놓은 듯한 이 스포츠는 미국에서 가장 빠르게 성장중인 종목이다. 배드민턴과 같은 크기의 코트에서, 탁구채보다 약간 큰 라켓으로 구멍 뚫린 플라스틱 공을 치며 즐기는 경기다. 규칙은 테니스와 유사하지만, 서브는 언더핸드로 넣고 네트 근처에서는 발리를 금지하는 등 차별화된 룰을 갖고 있다. 스케쳐스는 바로 이 '피클볼붐' 속에서 새로운 성장의 실마리를 찾고 있다.

## 미국에서 가장 빠르게 성장하는 스포츠

피클볼은 1956년 미국 시애틀 인근의 베인브리지섬에서 세 명의 아버지인 조엘 프리처드(Joel Pritchard)와 빌 벨(Bill Bell), 바니 맥칼럼(Barney McCallum)에 의해 탄생했다. 지루한 여름을 보내는 아이들을 위해 놀이로 만든 것이 시작이었다. 아이들도 쉽게 즐길 수 있도록 배드민턴보다 네트 높이를 낮추고, 탁구보다 패들을 크게 설계했다. 덕분에 남녀노소 누구나 즐길 수 있는 단순함과 접근성이 피클볼의 매력으로 자리 잡았다. 이름의 유래에는 두 가지 설이 있다. 조엘 프리처드의 아내는 '피클보트(Pickle Boat)'에서 착안했다고 말한다. 피클보트는 조정 경기에서 주전이 아닌 남은 선수들을 모아 만든 팀을 뜻하는데, 피클볼 역시 여러 스포츠의 요소를 섞었다는 점에서 비슷하다. 반면 바니 맥칼럼은 조엘 프리처드의 반려견 이름 '피클스(Pickles)'에서 따온 것이라고 회고했다. 그렇게 탄생한 피클볼은 가족형 스포츠에서 이제는 미국을 대표하는 국민 스포츠로 성장했다. 마이크로소프트 창립자 빌 게이츠가 즐기는 것으로 알려졌고, 최근에는 테일러 스위프트가 피클볼을 즐기는 모습이 공개되며 대중적 인지도가 급상승했다. 팬데믹을 거치며 참여율은 폭발적으로 증가했다. 미국 스포츠피트니스산업협회(SFIA)에 따르면, 2020년 420만 명이던 피클볼 인구는 2023년 1,360만 명으로 세 배 이상 늘었다. 단 3년 만에 미국에서 가장 빠르게 성장한 스포츠로 등극한 것이다.

이 열풍은 곧 산업으로 이어졌다. 세계 1위 선수 벤 존스(Ben Johns)의 연봉은 2021년 25만 달러 수준에서 2024년 250만 달러로 10배 상승했다. 피클볼 코트 수도 5만 개를 넘어섰다.

무엇보다 피클볼은 '참여형 스포츠'라는 점에서 다른 종목과 다르다. 예를 들어, 야구는 관람 중심이지만 피클볼은 직접 라켓을 쥐는 사람이 늘어난다. 즉, 인기가 높아질수록 라켓이나 신발, 의류 같은 선수용 아이템의 소비 수요가 함께 증가하는 구조다. 피클볼은 이제 신발 산업의 새로운 성장 동력이 되고 있다.

## 피클볼 시장의 새로운 승자

미국의 피클볼 열풍에 투자하는 방법은 여러 가지가 있다. 예를 들어, 피클볼 코트를 운영하는 라이프 타임 그룹 홀딩스(Life Time Group Holdings)가 관련 인프라 기업으로 꼽히며, 또 다른 주요 수혜 기업은 피클볼 공식 스폰서이자 전용 신발을 생산하는 스케쳐스다.

스케쳐스는 피클볼에 최적화된 신발 '바이퍼 코트(Viper Court)'를 2022년에 출시했다. 피클볼은 테니스처럼 짧은 거리에서 빠르게 움직이고, 방향 전환이 잦은 종목이다. 그만큼 미끄럼 방지력과 옆부분의 내구성이 중요하다. 스케쳐스는 이런 점에 착안해 충격 흡수를 강화하고, 고무 밑창의 안정성을 높여 발의 지지력과 착화감을 개선했다. 스케쳐스의 사장이자 창업자의 아들인 마이클 그린버그(Michael Greenberg)는 "출시 후 1년도 지나지 않아 선수들과 팬들의 반응이 놀라울 정도로 뜨겁다"고 평가했다. 특히 주목할 만한 기능은 '슬립-인스(Slip-Ins)'다. 손을 대지 않고도 신발을 신을 수 있는 구조로, 말 그대로 '미끄러지듯이 신는다'는 개념이다. 일반적으로 신발을 신을 때 구두주걱이나 손가락을 이용하지만, 슬립-인스는 발을 넣기만 하면 자연스럽게 들어간다. 피클볼 라켓과 가방을 양손에 든 채로도 신발을 쉽게 신고 벗을 수 있도록 설계된 실용적 혁신이다.

스케쳐스는 1992년 로버트 그린버그(Robert Greenberg)가 미국 캘리포니아주 맨해튼비치에서 창업한 기업이다. 그는 과거 엘에이 기어(L.A. Gear)를 창업해 1980년대 에어로빅 붐에 맞춰 여성용 운동화를 히트시킨 인물이다. 그러나 에어로빅의 인기가 식으면서 회사는 급락했고, 그는 경영진에서 밀려났다. 이후 아들 마이클과 함께 새롭게 시작한 브랜드가 바로 스케처스다. 과거 실패에서 얻은 교훈이 스케처스를 오늘날의 글로벌 스포츠 브랜드로 이끈 셈이다.

### 걷던 브랜드, 이제는 달리다

스케처스는 처음부터 틈새시장을 정확히 겨냥한 브랜드였다. 이미 남성 운동화 시장은 나이키와 아디다스가 장악하고 있었기 때문에, 스케처스는 여성 소비자에게 초점을 맞췄다. 1993년, 여성들 사이에서 인기를 끈 모델 '크롬 돔(Chrome Dome)'을 시작으로 브랜드가 성장 궤도에 올랐다. 브리트니 스피어스, 크리스티나 아길레라 등 당시 최고의 여성 팝스타들을 내세운 공격적인 마케팅도 성공을 거뒀다.

스케처스의 본격적인 도약은 '고 워크(GO Walk)' 시리즈의 등장으로 이어졌다. 가볍고 유연한 착화감, 그리고 탁월한 통기성 덕분에 장시간 착용해도 편안하다는 평가를 받았다. 대부분 끈이 없어 신고 벗기 편하다는 점도 강점이었다. 국내에서도 이재용 삼성전자 회장의 신발로 알려지며 화제가 됐다. 가격은 합리적이지만, '가볍고 발이 편한 신발'이라는 인식이 자리 잡으며 전 세계적으로 꾸준한 인기를 얻었다.

성장세도 꾸준했다. 2005년 약 10억 달러 수준이던 매출은 2010년 20억 달러, 2015년 31억 달러, 2021년 62억 달러를 돌파했다. 이후 2023년에는 80억 달러, 2024년에는 89억 달러를 기록하며 전년 대비 12% 성장했다. 30년이 가까운 시간 동안 단 한 번도 큰 추락 없이 꾸준히 성장해온 브랜드다.

이제 스케쳐스의 새로운 성장 동력은 '피클볼'이다. 스케쳐스는 북미 주요 피클볼 리그인 미국 피클볼(USA Pickleball), 메이저리그 피클볼(MLP), 피클볼 선수협회 투어(PPA Tour)를 모두 후원하는 유일한 기업이다. 남녀노소 누구나 즐길 수 있는 스포츠 피클볼에서 스케쳐스는 또 한 번의 기회를 보고 있다.

# 블랭크 스트리트 커피,
# 감성보다 효율성으로 제2의 스타벅스가 되다

블랭크 스트리트 커피 Blank Street Coffee

뉴욕 소호 스프링 스트리트(Spring Street)에 위치한 블랭크 스트리트 커피 매장.
이 매장은 '그린룸(The Green Room)' 컨셉으로 지어졌다. ©박경륜

235

미국에서 말차 열풍이 거세다. 요즘 미국의 MZ세대는 커피 대신 말차를 마신다. 그 중심에는 뉴요커들이 사랑하는 카페, 블랭크 스트리트 커피(Blank Street Coffee)가 있다. 이 브랜드를 보면, 미국 커피 시장이 새로운 세대의 취향 변화에 어떻게 대응하고 있는지 한눈에 읽을 수 있다.

블랭크 스트리트 커피는 아직 비상장 신생 기업이다. 하지만 시장에서의 존재감은 이미 상당하다. 기업가치는 약 5억 달러, 설립은 불과 2020년, 그리고 창업 2년 만에 40개 매장을 열며 뉴욕 전역으로 빠르게 확장했다. 짧은 시간 안에 뉴요커의 일상 속으로 파고든 이 브랜드는 '커피의 도시' 뉴욕에서 어떻게 새로운 문화를 만들어낸 걸까?

## 커피, 스타트업이 되다

블랭크 스트리트 커피는 테크기업을 꿈꾸던 두 청년의 아이디어에서 출발했다. 두바이의 미국계 고등학교 동문이었던 이삼 프레하(Issam Freiha)와 비나이 멘다(Vinay Menda)는 대학 진학을 위해 각각 컬럼비아대와 뉴욕대로 향했다. 두 사람은 이후 뉴욕의 벤처 캐피털에서 함께 일하며 창업의 씨앗을 키웠다. 그러던 중 그들은 "모든 커피가 놀라울 필요는 없다(Most coffee doesn't need to be amazing)"는 발상에 도달했고, 이어 품질보다 '효율'에 집중하자는 전략을 강화시켰다. 실제로 블랭크 스트리트는 합리적인 가격에 괜찮은 품질의 커피를 제공하는 것을 목표로 한다.

2020년 8월, 두 청년은 브루클린 거리에서 커피카트 한 대로 첫 매장을 열었다. 작은 시작이었지만, 이들은 운영 과정을 철저히 단순화하고 불필요한 비용을 제거했다. 기술을 적극적으로 도입해 인건비와 임대료를 절감하는 한편, 동시에 감성적인 경험을 잃지 않는 브랜드 운영 방식을 구축했다. 창업 1년 차였던 2021년, 블랭크 스트리트는 무려 6,700만 달러의 투자금을 유치했다. 투자자 명단에는 제너럴 카탈리스트(General Catalyst)와 타이거 글로벌(Tiger Global) 같은 유명 벤처 캐피털이 포함되어 있다. 특히 타이거 글로벌은 신발 브랜드 올버즈(Allbirds)의 투자사로도 잘 알려져 있다. 결국 블랭크 스트리트는 두 청년이 기술 기반의 효율성을 무기로, 벤처 캐피털 자금으로 성장시킨 커피 스타트업이라 할 수 있다.

## 뉴욕을 효율로 브루잉하다

자금력을 확보한 블랭크 스트리트 커피는 뉴욕시티를 중심으로 빠르게 확장했다. 2020년 8월 첫 매장을 연 뒤 불과 2년 만인 2022년에는 뉴욕시에만 40개 매장을 운영했다. 당시 뉴요커들 사이에서는 "이제 어디서나 블랭크 스트리트 커피를 볼 수 있다"는 말이 돌 정도였다. 흥미로운 점은 이 시기가 코로나19 팬데믹 한복판이었다는 사실이다. 도시가 봉쇄되고 사람들이 오프라인 매장을 피하던 그때, 대부분의 브랜드는 속도를 늦췄지만 블랭크 스트리트는 오히려 확장을 택했다. 그리고 그 전략은 정확히 맞아떨어졌다. 그 비결은 매장의 크기와 구조에 있었다.

스타벅스가 집과 직장 사이, 이른바 '세 번째 공간'을 만들며 커피보다 경험을 판매했다면, 블랭크 스트리트는 정반대의 길을 택했다. 매장의 대부분은 면적이 350제곱피트(약 10평) 미만으로, 앉을 자리조차 거의 없는 테이크아웃 중심 모델이었다. 즉, 커피를 머무는 공간이 아닌 '지나가며 사는 일상'으로 정의한 것이다. 여기에 팬데믹 시기 급락한 임대료가 성장의 촉매로 작용했다. 작은 매장은 고정비를 줄였고, 블랭크 스트리트는 지하철역이나 번화가 같은 유동 인구 밀집 지역을 공략해 낮은 가격, 빠른 회전, 높은 접근성의 삼박자를 갖췄다. 결국 이 '작은 매장 전략'이 브랜드 인지도를 폭발적으로 높인 핵심 동력이 되었다.

실제 커피를 마셔보면 스타벅스나 다른 로컬 브랜드와 큰 차이를 느끼기 어렵다. 창업자들 역시 이를 인정한다. "최고의 커피를 만들겠다는 생각은 없다. 다만 대부분의 사람은 그 차이를 구별하지 못한다." 이 말은 곧 '완벽한 품질보다 효율적인 품질'을 택했다는 선언이었다. 이 철학은 커피 제조 과정에서도 뚜렷하게 드러난다. 사람이 내린 카푸치노와 기계가 내린 카푸치노의 차이를 일반 소비자는 구분하기 어렵다는 전제 아래, 블랭크 스트리트는 기계 자동화에 적극 투자했다. 이들이 사용하는 에버시스(Eversys) 커피머신은 버튼 한 번으로 1시간에 700잔의 에스프레소를 추출할 수 있다. 기계 한 대의 가격은 5만 달러에 달하지만, 미국의 높은 인건비를 고려하면 오히려 경제적이다. 이 덕분에 매장당 필요한 인력은 평균 2명 수준으로 최소화되었다.

아이러니하게도 기계가 늘어난 만큼 사람이 해야 할 서비스에도 여유가 생겼다. 창업자들은 "기계가 커피를 만드는 동안, 직원은 고객을 더 잘 돌볼 수 있다"고 말한다. 이 효율성과 인간적 접점의 균형이 블랭크 스트리트의 매력이다. 대표 메뉴인 콜드브루 역시 같은 철학 위에 있다. 차가운 물로 오랜 시간 우려내 부드럽고 쓴맛이 덜한 이 커피는, 일반적으로 매장마다 밤새 추출해야 하는 번거로움이 있다. 하지만 블랭크 스트리트는 이를 별도의 중앙시설에서 대량 생산하는 시스템으로 바꾸었다. 그 결과 원가를 크게 절감하면서도 맛의 일관성을 유지했다. 결국 블랭크 스트리트 커피는 작은 매장, 자동화된 시스템, 합리적인 가격으로 뉴욕 한복판에서 커피 산업의 새로운 효율 모델을 만들어낸 셈이다.

## 말차로 재정의된 블랭크 스트리트의 진화

블랭크 스트리트 커피는 현재 홈페이지 기준으로 뉴욕시에 31개, 브루클린에 7개, 보스턴에 5개, 워싱턴 D.C.에 3개, 그리고 영국에 33개 매장을 운영 중이다. 총 79개의 매장을 보유한 규모이다. 하지만 이 급성장은 블루보틀처럼 '취향의 발견'에 기반한 성장이 아니라, 월가의 자본력에 의해 만들어진 속도였다. 문제는 그 이후였다. 동네 감성 커피숍이라 여겨졌던 소비자들이, 벤처캐피털의 자금으로 빠르게 확장한 기업이라는 사실을 알게 되면서 '자본의 커피'라는 비판이 나오기 시작했다. 뉴요커들 사이에서는 "스타벅스가 도시를 점령했다"는 말처럼, 블랭크 스트리트가 제2의 스타벅스로 성장해 소규모 로컬 카페를 몰아내는 것은 아닌지 우려의 시선이 이어졌다. 실제로 일부 매장은 이런 반발 속에 문을 닫기도 했다.

그러나 창업자들의 대응은 달랐다. 그들은 가격 경쟁이 아닌 '구독 모델'을 꺼내 들었다. 주당 약 18달러를 내면 일주일 동안 14잔을 마실 수 있는 방식이다. 한 번에 여러 명이 이용하지 못하도록 2시간 간격으로 1잔만 주문할 수 있게 제한을 뒀다. 하루 두 잔의 커피를 마시는 현실적인 이용 패턴에 정확히 맞춘 전략이었다. 이 구독 모델이 가능하려면 전제 조건이 있다. 바로 도시 어디서나 접근 가능한 매장 밀도와 빠른 추출 시스템이다. 에버시스 머신을 통한 자동화와 소형 매장 운영 경험이 있었기에, 블랭크 스트리트는 고객이 어디서든 쉽게 커피를 마실 수 있는 구독형 인프라를 구축할 수 있었다.

최근에는 이 구조를 유지하면서도 매장 콘셉트에 변화를 주고 있다. 테이크아웃 중심이던 과거와 달리, 조금 더 머물 수 있는 여유 있는 공간형 매장을 일부 오픈하며 새로운 실험을 이어가고 있다. 또 하나의 변화는 해외 확장과 음료 포트폴리오다. 그중에서도 특히 영국 런던에서의 성장세가 두드러진다. 2023년 무렵에 영국의 Z세대는 사이에서 달콤한 말차 라떼가 폭발적인 인기를 얻자, 블랭크 스트리트는 이를 빠르게 감지하고 말차 전문 브랜드로 진화했다. 현재 전체 매출의 절반이 말차 제품에서 나온다. 매장 간판에서도 'Coffee' 표기를 점점 줄이고, 'Blank Street'이라는 브랜드명만 전면에 내세우는 이유다.

2025년 5월, 블랭크 스트리트는 시리즈 B 투자 라운드에서 2,500만 달러를 추가 유치하며 총 투자금 1억 3,500만 달러, 연 매출 약 1억 4,900만 달러를 기록했다. 자본의 힘으로 성장했지만, 이제 블랭크 스트리트는 효율의 언어에서 문화의 언어로 이동하고 있다. 최근에는 신제품 '딸기 말차'를 "런던 동쪽에서 카츠아이(Katz Eye)를 들으며 걷는 소녀의 음료"라고 표현했다. 즉, 단순한 음료가 아닌 '취향과 라이프스타일을 파는 브랜드'로 자신을 정의하기 시작한 것이다. 뉴요커의 커피였던 블랭크 스트리트는 이제 글로벌 감성 브랜드로 진화하고 있다.

# 스쿠터스 커피와 더치 브로스,
# 커피가 사라지는 미국의 커피 전쟁

스쿠터스 커피 Scooter's Coffee  더치 브로스 Dutch Bros

어바웃뉴욕 ▶

스쿠터스 커피 매장은 주로 드라이브 스루 형태로 지어진다.

스타벅스는 오랫동안 미국은 물론 전 세계 커피 문화를 상징해 왔다. 그들의 매장 구조, 주문 방식, 메뉴 구성은 곧 '커피 트렌드' 그 자체였다. 하지만 시간이 흐르며 그 위상은 변하고 있다. 스타벅스가 더 이상 '새로운 커피 문화'를 주도하지 못하는 사이, 미국 커피 시장의 성장 축은 빠르게 신생 브랜드로 옮겨가고 있다. 앞서 말차 열풍에 대응한 블랭크 스트리트 커피가 효율성을 내세워 새로운 모델을 제시했다면, 이번에는 지역 밀착형 커피 체인들이 시장의 중심으로 부상하고 있는 점에 주목해보자. 대표적인 사례가 스쿠터스 커피(Scooter's Coffee)와 더치 브로스(Dutch Bros)다. 두 브랜드 모두 '드라이브스루'를 기반으로 성장했지만, 그들의 경쟁력은 단순히 차량 주문 시스템에 있지 않다. 이들은 각기 다른 방식으로 지역 커뮤니티에 스며들며, '속도보다 관계'를 중시하는 새로운 커피 비즈니스를 만들어가고 있다.

## Amazingly Fast, Surprisingly Warm

미국의 맛집 리뷰 플랫폼 옐프(Yelp)는 매년 '가장 빠르게 성장하는 브랜드 50'을 발표한다. 2024년 리스트에서 1위는 지중해식 레스토랑 체인 '카바(CAVA)'였고, 2위는 놀랍게도 커피 브랜드 스쿠터스 커피가 차지했다. 커피 부문만 놓고 보면 미국에서 가장 빠르게 성장하는 브랜드다. 특히 미국 서부와 중부 지역으로 범위를 좁히면, 스쿠터스 커피의 성장세는 카바를 뛰어넘는다. 스쿠터스 커피는 드라이브스루 전문 커피 체인이다. 같은 방식으로 운영되는 브랜드 중 1위가 더치 브로스, 2위가 스쿠터스 커피다.

1998년, 네브래스카주 벨뷰에서 돈 에클스(Don Eckles)와 린다 에클스(Linda Eckles) 부부가 창업했다. 캘리포니아 새크라멘토를 여행하던 중, 돈 에클스가 작은 드라이브스루 매장을 보고 영감을 얻게 되면서 시작했다. 양쪽에 창문이 달린 작고 효율적인 구조로 첫 매장을 열며, '빠르고, 친절하고, 품질 좋은 커피'라는 명확한 비전을 세웠다. 스쿠터스 커피의 슬로건은 "Amazing People, Amazing Drinks, Amazingly Fast(좋은 사람, 좋은 커피, 놀랍도록 빠른 서비스)." 이 말은 곧 브랜드의 철학을 압축한다. 이름의 '스쿠터스' 역시 'Scoot in, Scoot out', 빠르게 들러서 빠르게 나간다는 의미에서 비롯됐다.

2001년부터 본격적인 확장에 나선 스쿠터스는 한 가지 전략적 결정을 내린다. 직영 대신 프랜차이즈 모델을 선택한 것이다. 창업자 부부는 "우리만큼 커피를 중요하게 여길 직원을 고용하기 어렵다"고 판단했다. 반면 더치 브로스는 직영 중심으로 운영한다는 점에서 두 브랜드의 성장 모델은 확연히 다르다. 스쿠터스 커피의 시그니처 음료는 '아이스 카라멜리셔스(Iced Caramelicious)'다. 에스프레소에 카라멜 소스와 우유를 섞은 달콤한 음료로, 부드러운 맛이 특징이다. 이외에도 '럭키 참 라테(Lucky Charm Latte)'처럼 개성 있는 메뉴들로 다양하다. 에스프레소에 마시멜로와 바닐라를 섞은 크리미한 음료는 달콤함을 즐기는 고객층을 겨냥했다. 이렇듯 스쿠터스 커피는 커스터마이징과 달콤한 메뉴, 드라이브스루의 편의성이라는 세 가지를 축으로 미국 중부의 일상 속으로 빠르게 파고들며 성장했다.

## 프랜차이즈의 교과서, 스쿠터스식 성공법

스쿠터스 커피의 성장 속도는 눈부시다. 2018년까지만 해도 매장 수가 200개에 미치지 못했지만, 2022년 말에는 500개를 돌파했고 2023년에는 750번째 매장을 열었다. 2025년 현재는 이미 850개를 넘어섰다. 불과 1년 만에 50% 이상 성장하며, 스쿠터스 커피는 '미국에서 가장 빠르게 성장하는 커피 프랜차이즈' 1위 자리를 차지했다. 이 폭발적인 성장의 비결은 프랜차이즈 시스템에 있다. 스쿠터스는 가맹점주가 '실질적으로 돈을 벌 수 있는 구조'를 만드는 데 집중했다. 회사에 따르면, 드라이브스루 키오스크의 평균 연 매출은 약 88만 달러(약 12억 원)이며, 상위 25% 매장의 평균은 126만 달러(약 18억 원)에 달한다. 순이익률은 평균 14.8%, 상위 25% 매장은 20% 이상으로, 프랜차이즈 업계에서 보기 드문 수준이다. 매출 대비 인건비 비중은 약 26%로, 효율적인 구조를 보여준다. 이런 수익성이 가능한 이유는 매장 설계 자체가 효율적이기 때문이다. 평균 매장 크기는 약 664평방피트(약 19평)로 작지만, 직원 5~8명이면 운영이 가능하다. 매장당 초기 투자비는 약 89만~139만 달러(평균 약 15억 원)로 추산된다. 투자 대비 연 20% 안팎의 수익을 기대할 수 있다면, 적지 않은 투자금이더라도 충분히 매력적인 사업 모델이라 할 수 있다.

스쿠터스 커피는 '투명한 프랜차이즈 구조'를 내세운다. 홈페이지에는 가맹점 개설 비용이 항목별로 상세히 공개돼 있다. 건설비가 49만~82만 달러로 가장 큰 비중을 차지하고, 그 외에 가맹비 4만 달러, 초기 오픈 지원비 1만 5천 달러, 간판 제작비 5만 달러, 시스템 구축비 등이 뒤따른다. 프랜차이즈 확장에 진심인 브랜드답게, 스쿠터스는 돈이 어디에 쓰이는지를 명확히 보여주며 신뢰를 쌓고 있다.

## 팬덤으로 달리는 커피 프랜차이즈

더치 브로스의 경우에는 왜 성장했을까? 2024년 주가는 1년 만에 두 배 이상 상승했는데, 그 배경에는 바로 독특한 팬덤 중심의 기업문화가 있어서다.

더치 브로스는 1992년 미국 오리건주 그랜츠패스(Grants Pass)에서 네덜란드계 형제 데인 보스마(Dane Boersma)와 트래비스 보스마(Travis Boersma)가 창업했다. 형제는 원래 가족이 운영하던 낙농업을 함께했지만 농장이 문을 닫자, 커피 시장에서 새로운 기회를 모색했다. 초기 자본이 없던 그들은 식료품점 주차장에서 에스프레소 머신 하나로 커피를 팔기 시작했다. 당시 하루 임대료는 고작 5달러였다. 그러나 음악을 틀고 손님과 수다를 나누는 밝은 분위기로 단골이 생겼고, 하루 200~300달러의 매출을 올리며 성장의 발판을 마련했다. 이후 트레일러를 구입해 첫 드라이브스루 매장을 열었고, 4년 만에 40개 매장을 추가 오픈했다. 지금의 더치 브로스는 미국 전역에 약 1,000

뉴욕증권거래소(NYSE)에 더치 브로스의 상장을 기념하는 현수막이 걸려있다.

개 매장을 거느린 대형 프랜차이즈로 성장했다.

더치 브로스가 어떤 브랜드인지를 가장 잘 보여주는 장면은 2016년의 한 사진이다. 어느 날, 드라이브스루에 온 한 여성이 침울한 표정을 짓고 있었다. 이를 본 직원이 "괜찮으신가요, 기도해드려도 될까요?"라고 물었고, 그 여성은 남편을 잃었다는 이야기를 꺼냈다. 직원들은 즉시 일을 멈추고 함께 그녀를 위해 기도했다. 이 장면은 SNS를 통해 퍼지며 사람들에게 깊은 인상을 남겼다.

더치 브로스는 드라이브스루 매장을 운영하지만, 단순히 빠른 주문과 효율만을 추구하지 않는다. 오히려 고객과의 연결, 공감, 그리고 대화를 브랜드의 중심에 둔다. 직접 매장을 방문하면 그 차이를 실감할 수 있다. 직원은 창구 너머가 아니라, 태블릿을 들고 직접 차량 옆으로 다가와 주문을 받는다. 키오스크나 스피커 대신, 사람과 사람이 마주 보는 형태의 드라이브스루다. 이런 진심 어린 소통이 더치 브로스의 '충성 고객'을 만든다. 단골의 이름과 메뉴를 기억하는 직원, 친절한 대화, 그리고 유쾌한 에너지. 이 모든 것이 브랜드의 팬덤으로 이어졌다.

더치 브로스는 자선활동에도 적극적이다. "한 잔씩, 큰 변화를 만든다(Drink One for Dane)"라는 미션으로 루게릭병(ALS)으로 세상을 떠난 공동창업자 데인 보스마를 기리며 매년 5월 ALS협회에 기부한다. 이 따뜻한 문화는 더치 브로스의 브랜드 정체성으로 남았고, '드라이브스루의 효율성' 위에 '공감의 힘'을 더해 미국 커피 시장에서 유례없는 팬덤을 구축하게 했다.

## 정체성을 지키는 완벽한 고집

더치 브로스는 무엇보다 브랜드의 문화와 고객 경험을 지키는 일에 철저하다. 확장을 위해서라면 무한히 매장을 늘릴 수도 있었지만, 이들은 그 길을 택하지 않았다. 2017년 이후 프랜차이즈 모집을 전면 중단한 것도 같은 이유다. 브랜드의 품질과 문화를 유지하기 위해, 현재 모든 매장은 가맹이 아닌 직영 체제로 운영된다. 매장 책임자는 최소 3년 이상 현장에서 일한 직원에게만 맡길 수 있다. 이처럼 내부 성장 중심의 구조는 '사람이 만든 문화는 사람으로 지킨다'는 철학의 연장선에 있다. 여기에는 창업자 형제의 신념이 드러나는 유명한 일화도 있다. 1999년, 외부에 가맹 형태로 운영되던 한 매장이 브랜드의 기준에 미치지 못하자, 형제는 100만 달러를 들여 그 매장을 다시 사들였다. 브랜드의 영혼을 잃느니, 비싼 값을 치르더라도 되찾는 것이 낫다고 믿었던 것이다.

팬덤을 만드는 더치 브로스의 또 다른 무기는 '메뉴의 놀이성'이다. 특히 MZ세대의 취향을 정확히 파고들었다. 대표적인 예가 '샤크 어택(Shark Attack)' 같은 시크릿 메뉴다. 에너지 드링크에 블루 라즈베리와 코코넛, 라임, 석류 시럽을 섞은 이 음료는 밝은 색감과 중독적인 단맛으로 SNS 인증샷을 부르는 존재다. '나만 아는 메뉴'라는 희소성과 감각적인 비주얼이 MZ세대의 놀이 소비 본능을 자극했다. 새로운 메뉴가 출시될 때마다 단골들은 일부러 차를 몰고 찾아온다. 찾아가게 만드는 힘이 더치 브로스를 새로운 커피 브랜드로 바꿔놓은 것이다. 스쿠터스 커피와 더치 브로스는 모두 드라이브스루 기반의 커피 체인이지만, 방식과 방향은 완전히 다르다. 스쿠터스가 효율과 수익의 공식을 세련되게 다듬었다면, 더치 브로스는 감정과 팬덤을 브랜드의 엔진으로 삼았다. 다만 두 브랜드는 메뉴 트렌드에서 공통점이 있다. 바로 '논커피(Non-Coffee)' 음료의 급부상이다. 달콤한 음료나 프로틴 드링크가 인기를 끌며, 시장의 중심이 커피에서 '건강하고 즐거운 음료'로 이동하고 있다. 이 흐름을 일찍 읽었다면 지금의 말차 열풍 역시 어느 정도 예견할 수 있었을 것이다.

## 주가 키포인트

---

# 더치 브로스(BROS)

---

**더치 브로스 연매출 (2020~2024년)**

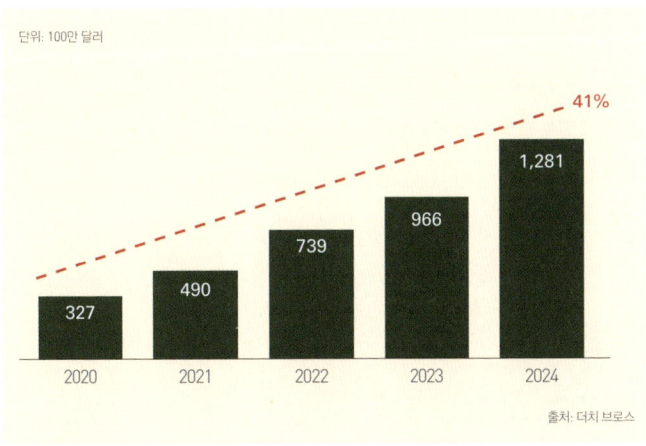

단위: 100만 달러

41%

1,281

966

739

490

327

2020 2021 2022 2023 2024

출처: 더치 브로스

더치 브로스는 미국 커피 프랜차이즈 가운데 가장 빠르게 성장하는 브랜드 가운데 한 곳이다. 2020년부터 연매출을 비교하면, 2021년에는 52% 성장했고, 2022년에도 48% 성장했다. 그 이후로도 31%, 33%로 30%대 성장을 지속했다. 복합성장률을 기준으로 보면 지난 5년간 41% 성장률을 기록했는데, 이를 통해 2020년부터 2022년 고성장했고, 2023년부터는 성장률이 둔화했지만 안정적인 수준에 접어들었음을 알 수 있다.

최근 분기 실적인 2025 회계연도 2분기 실적을 보면 매출은 28% 성장했다. 지난 2년의 연간 성장률과 비교해서 크게 둔화되지 않았다. 오히려 안정적인 흐름에 가깝다. 최근에도 직접 운영 분위기를 지속하고 있다. 2분기에 13개주에 31개의 새로운 매장을 열었는데, 이 가운데 30개가 직영 매장이다. 회사가 운영하는 매장의 매출은 3억 8천만 달러로 전년 대비 28.9% 증가했다.

투자 관점에서 볼 때 장기적으로 확장성의 한계를 볼 필요가 있다. 경영진은 현재 1천 개를 웃도는 매장을 2029년에는 2,029개로 확대하고, 최종적으로는 7,000개까지 늘리는 목표를 보유하고 있다. 모바일 주문의 증가 가능성은 강점이다. 현재 식품 부문의 매출이 전체의 2% 수준에 불과한데, 이는 향후 성장 가능성이 있는 부분이다. 스타벅스의 경우 매출의 약 20%가 식품부문에서 발생한다.

# 팀 홀튼,
# 캐나다 국민커피의 미국시장 분투기

팀 홀튼 Tim Hortons

어바웃뉴욕

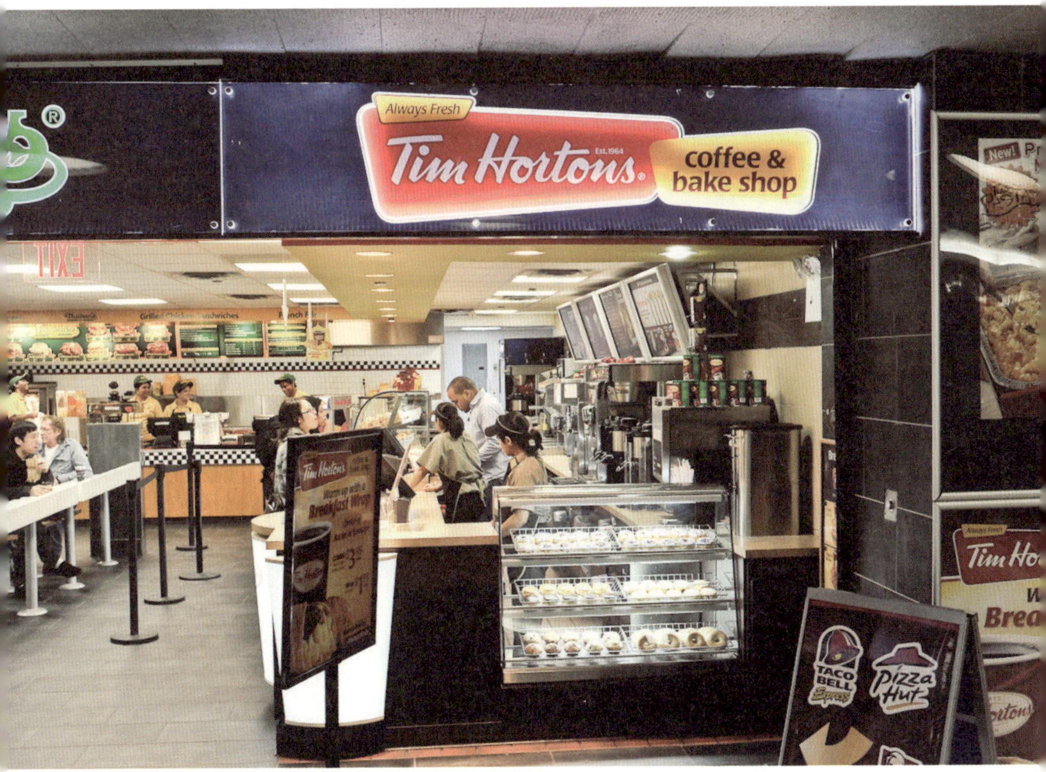


매디슨 스퀘어 가든 옆 펜실베니아 플라자 지하의 팀 홀튼 매장. ©위키피디아

캐나다 사람들의 아침은 팀 홀튼(Tim Hortons)의 커피로 시작된다. 캐나다의 '국민 커피'라 불릴 만큼 압도적인 존재감이다. 캐나다인의 80%가 한 달에 한 번 이상 팀 홀튼 매장을 찾으며, 길거리에서 팀 홀튼 간판을 보지 않고는 하루를 보내기 어려울 정도다. 스타벅스보다 매장 수가 두 배 이상 많고, 전국적으로 4천 개가 넘는 매장을 운영하고 있다. 하지만 국민 브랜드의 위상은 국경을 넘지 못했다. 미국 시장에서 팀 홀튼은 여전히 고전을 면치 못하고 있다. 이 부진은 팀 홀튼과 함께 버거킹(Burger King), 파파이스(Popeye's)를 보유한 모기업 '레스토랑 브랜즈 인터내셔널'의 주가에도 부담으로 작용하고 있다.

## 도넛 가게에서 시작된 캐나다의 전설

팀 홀튼의 이야기는 1964년, 캐나다 온타리오주 해밀턴에서 시작된다. 브랜드 이름은 창업자 이름인 '팀 홀튼'에서 비롯됐다. 1930년생인 그는 캐나다의 국민 스포츠인 아이스하키 선수로, 토론토 메이플 리프스(Toronto Maple Leafs)에서 활약하며 세 차례 올스타에 선정될 만큼 유명세를 누렸다. 그러나 당시 아이스하키는 큰 수입을 기대하기 어려운 스포츠였다. 팀 홀튼은 은퇴 이후의 삶을 고민하며 사업가로의 전환을 모색했고, 이때 짐 샤레이드(Jim Charade)를 만나 인연을 맺는다. 샤레이드는 'Your Do-Nut'이라는 도넛 가게를 운영하고 있었는데, 팀 홀튼의 명성과 브랜드 파워를 접목하기로 하면서 두 사람은 '팀 홀튼 도넛(Tim Horton Do-Nut)'을 탄생시켰다.

팀 홀튼은 도넛으로 유명하지만, 이외에도 갖가지 베이커리류를 저렴한 가격에 판매한다.

처음에는 햄버거와 드라이브인 레스토랑에도 도전했지만 오래 가지 못했다. 결국 두 사람은 토론토를 떠나 온타리오주의 작은 도시 해밀턴으로 자리를 옮겨, 오래된 주유소 자리에 커피와 도넛을 파는 작은 매장을 열었다. 이 첫 번째 매장이 예상 밖의 성공을 거두면서 브랜드의 시작을 알렸다. 이후 지역 경찰 출신의 론 조이스(Ron Joyce)가 합류해 두 번째 매장을 열었고, 그가 프랜차이즈 시스템을 도입하며 팀 홀튼을 전국적 브랜드로 성장시켰다. 팀 홀튼은 누구나 언제든 집처럼 편히 들를 수 있는 공간을 지향하며 지역사회 속에 뿌리내렸다. 하지만 창업자인 팀 홀튼은 브랜드가 본격적으로 성장하던 시기에 세상을 떠났다. 1974년 2월 21일, 새벽에 음주운전을 하던 중 교통사고로 현장에서 사망했다. 향년 44세였다. 그의 갑작스러운 죽음 이후, 경영을 맡은 론 조이스의 리더십 아래 브랜드는 오히려 더 단단히 성장했다. 오늘날 팀 홀튼은 캐나다 커피 시장의 70%, 아침 샌드위치 시장의 60%, 빵 및 제과류 시장의 65%를 점유하며 캐나다 국민의 일상 속에 깊이 자리한 압도적인 1위 브랜드로 남아있다.

## 글로벌 확장의 난관이 시작되다

팀 홀튼의 대표 메뉴는 '더블더블(Double-Double)'이다. 이름 그대로 블랙커피에 설탕 두 스푼, 크림 두 스푼이 들어간다. 달콤하면서도 진한 맛이 한국의 믹스커피를 떠올리게 한다. 도넛 역시 팀 홀튼의 상징적인 메뉴다. 던킨 도너츠와 비교하면 맛의 풍미는 다소 떨어진다는 평가도 있지만, 대신 '팀빗(Timbits)'이라는 한입 크기 도넛이 폭넓은 사랑을 받고 있다. 도넛의 가운데 구멍 부분을 한입 크기로 만들어낸 이 제품은 오히려 도넛보다 더 팀 홀튼을 대표하는 간식이 되었다. 이처럼 팀 홀튼은 '저렴하고 가까운 곳에서 즐길 수 있는 커피숍'이라는 정체성으로 캐나다인의 일상 속에 깊이 자리 잡았다. 그 존재감은 수치로도 드러난다. 미국에는 인구 약 2만 5천 명당 맥도날드 매장 하나가 있지만, 캐나다에서는 인구 1만 명당 팀 홀튼 매장 하나가 있다. 그만큼 압도적인 브랜드다. 하지만 국경을 넘어서면 이야기가 달라진다. 팀 홀튼은 미국 시장에서 여전히 뚜렷한 성공을 거두지 못하고 있다. 가장 큰 이유는 불안정한 경영 구조와 잦은 소유권 변경이다.

1995년, 팀 홀튼은 미국 진출을 위해 패스트푸드 체인 웬디스(Wendy's)와 합병했다. 그러나 양사 간 시너지가 제대로 작동하지 않았고, 2006년 다시 분리되어 독자 상장에 나섰다. 이후 2014년, 창립 50주년을 맞아 버거킹에 인수되면서 새로운 전환점을 맞는다. 이 인수를 계기로 '레스토랑 브랜즈 인터내셔널(Restaurant Brands International, RBI)'이 설립되었고, 현재 RBI는 팀 홀튼, 버거킹, 파파이스 등 글로벌 패스트푸드 브랜드를 모두 보유하고 있다. RBI는 캐나다와 미국 증권거래소에 동시에 상장되어 있으며, 팀 홀튼은 그 안에서 여전히 중요한 브랜드 축으로 남아 있다. 하지만 잦은 인수합병과 경영진 교체는 팀 홀튼의 정체성을 흔들었다. 결국 브랜드가 새로운 시장에서 자리를 잡기보다, 소유 구조의 변화 속에서 방향성을 잃은 채 흔들려온 셈이다.

## 캐나다다움을 잃다

미국 시장에서 팀 홀튼이 직면한 두 번째 문제는 경쟁자였다. 캐나다에서는 상징적인 브랜드로 자리 잡았지만, 미국에는 이미 스타벅스와 던킨이라는 강력한 경쟁 상대가 존재했다. 특히 던킨은 커피와 도넛이라는 제품 구성이 팀 홀튼과 거의 동일해 직접적인 경쟁을 피하기 어려웠다. 이 치열한 시장에서 팀 홀튼은 뚜렷한 차별화 포인트를 만들지 못했다. 그러나 팀 홀튼이 캐나다에서 성공한 이유는 단순히 저가 커피 때문이 아니었다. 그들은 오랜 세월 '캐나다인의 일상'과 '국가 정체성' 그 자체로 자리 잡았다.

광고 캠페인만 봐도 그 철학이 드러난다. 대표적인 예가 바로 '프라우드 파더스(Proud Fathers)' 캠페인이다. 이 광고는 캐나다로 이민 온 한 아버지와 그의 아들, 손자의 이야기를 담고 있다. 엄격했던 아버지는 아들의 아이스하키를 반대했지만, 세월이 흐른 뒤 손자의 경기장을 찾아와 자신도 예전에 아들의 경기를 몰래 지켜봤음을 고백한다. 그 순간 세대를 이어주는 매개로 등장하는 것이 바로 팀 홀튼의 커피다. 이 한 잔의 커피는 가족과 전통, 그리고 소속감이라는 감정을 상징한다. 그러나 미국 시장에서는 이런 감정적 연결고리를 만들지 못했다. 국경을 넘어온 커피는 있었지만, 그 커피에 깃든 이야기와 정체성은 함께 건너오지 못한 것이다. 팀 홀튼의 사례는 커피 시장에서 무엇을 파느냐보다 어떤 이야기를 파느냐가 더 중요하다는 사실을 다시 일깨워준다.

Part 05

# 현실이
# 브랜드를
# 만든다

# 메이시스,
# 미국 중산층이 사랑하는 백화점의 몰락

## 메이시스 Macy's

어바웃뉴욕

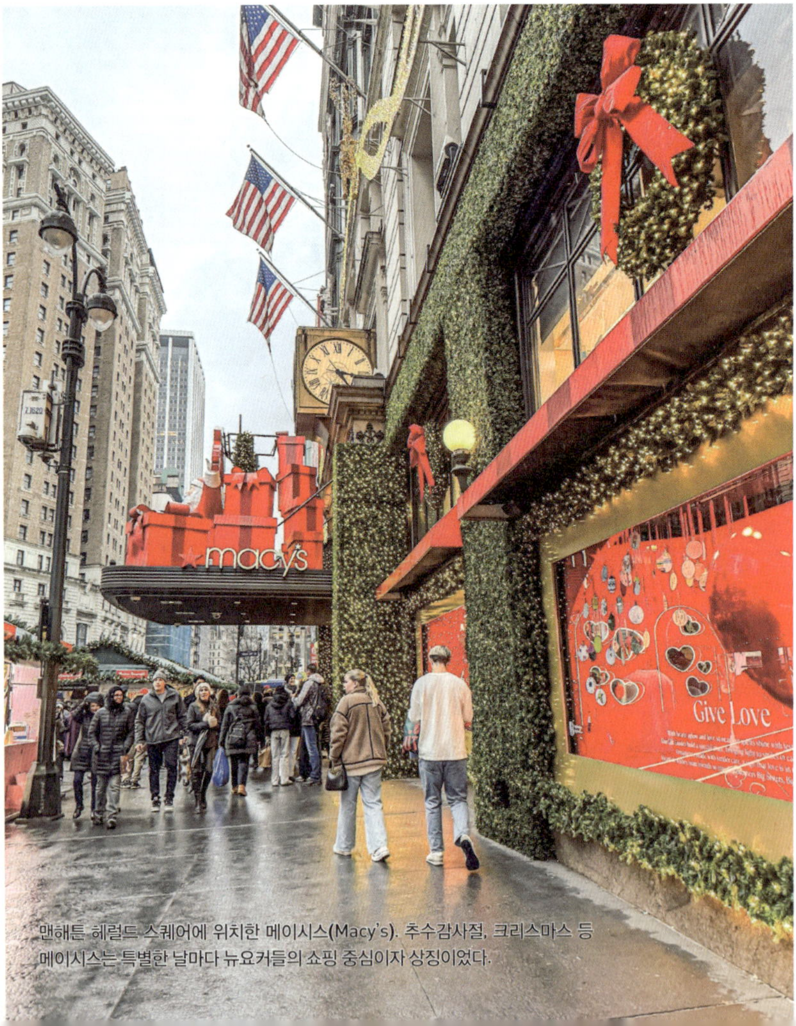


맨해튼 헤럴드 스퀘어에 위치한 메이시스(Macy's). 추수감사절, 크리스마스 등
메이시스는 특별한 날마다 뉴요커들의 쇼핑 중심이자 상징이었다.

팬데믹과 인플레이션을 거치며 미국의 중산층은 흔들리고 있다. 소득의 정체와 생활비 급등은 그들의 소비 패턴을 근본적으로 바꿔놓았다. 이 변화의 상징적인 희생자가 바로 메이시스(Macy's)다. 메이시스의 주가가 추락한 것은 단순히 한 백화점의 문제를 넘어, 한 시대의 '중산층 라이프스타일'이 무너지고 있음을 보여주는 신호다.

미국에서 11월 넷째 주 목요일은 추수감사절(Thanksgiving Day)이다. 한국의 추석처럼 가족이 모여 음식을 나누고, 한 해의 수확에 감사하는 날이다. 하지만 경제적으로 보면, 이날은 미국 연말 소비 시즌의 출발점이기도 하다. 추수감사절 연휴가 끝나면 크리스마스와 새해 선물을 미리 준비하려는 소비가 폭발적으로 늘고, 소매업체들은 재고를 털기 위한 대규모 세일에 돌입한다. 이 두 흐름이 맞물리며 생겨난 행사가 바로 '블랙 프라이데이(Black Friday)'이다. 과거 '블랙'은 인파가 몰려드는 혼잡함을 뜻했지만, 지금의 블랙은 적자 대신 흑자를 의미한다. 즉, 기업이 1년의 손실을 만회하는 매출의 블랙데이인 셈이다. 이 소비 축제의 공식적인 개막을 알리는 행사는 언제나 같다. 바로 '메이시스 추수감사절 퍼레이드(Macy's Thanksgiving Day Parade)'이다. 매년 맨해튼 한복판에서 펼쳐지는 이 퍼레이드는 약 3시간 동안 거대한 캐릭터 풍선들이 거리를 메우고, 유명 연예인과 밴드가 행진하며 도시를 축제의 열기로 물들인다. 퍼레이드 경로를 따라 몰려드는 인파는 350만 명, TV 중계로 전 세계에서 약 5,000만 명이 이 장면을 지켜본다. 미국인들에게 메이시스 퍼레이드는 '미국 중산층의 행복했던 시절'의 상징이자 의식이었다. 하지만 지금, 그 퍼레이드를 주최하는 기업이 몰락의 길을 걷고 있다. 이는 곧 미국 소비문화의 근간이 흔들리고 있음을 보여주는 장면이기도 하다.

## 붉은 별의 탄생, 메이시스 이야기

메이시스는 미국 유통의 역사이자, '쇼핑 문화'라는 개념을 만들어낸 미국의 상징이다. 뉴욕 맨해튼에 자리한 메이시스 헤럴드스퀘어 본점은 1902년에 문을 열었다. 2009년까지 무려 100년 넘게 '세계 최대 백화점'이라는 타이틀을 유지했는데, 현재 이 타이틀은 부산의 신세계 센텀시티가 보유하고 있다. 건물 안에는 여전히 시간의 흔적이 남아있다. 1920-1930년대에 설치된 나무 에스컬레이터가 지금도 운행 중이다. 최신식 도시 뉴욕 한복판에서, 나무 에스컬레이터의 덜컥거림은 메이시스가 걸어온 세월의 무게를 그대로 들려준다. 그 긴 역사에는 한 남자의 실패와 도전이 있었다. 1822년, 메사추세츠 낸터킷섬의 작은 상점 집안에서 태어난 롤랜드 허시 메이시 (Rowland Hussey Macy)가 그 주인공이다. 그는 15세의 나이에 집을 떠나 4년간 고래잡이배를 탔다. 그러다 다시 집으로 돌아와 아버지의 가게에서 일하면서 직접 장사를 시작했다. 1844년 보스턴에서 바늘과 실을 파는 가게를 열었지만 실패했고, 2년 뒤 새로 연 가게도 같은 운명을 맞았다. 실패는 끝나지 않았다. 그는 캘리포니아로 건너가 골드러시의 열기 속에서 금을 캐며 생계를 이어갔고, 다시 보스턴으로 돌아

세계에서 가장 큰 백화점(The World's Largest Store)이라고 홍보하고 있는 메이시스.    ©김용갑

와 또 한 번 상점을 열었지만 여전히 뜻을 이루지 못했다. 그러나 이 모든 시행착오는 마지막 도전의 자양분이 됐다. 1858년, 그는 뉴욕 맨해튼 14번가와 6번가 모퉁이에 자신의 이름을 딴 'R.H. Macy & Co.'를 세운다. 첫날 매출은 고작 11달러였지만, 그해 연매출은 8만 5천 달러를 기록하며 놀라운 반전을 이뤄냈다.

메이시스의 상징은 처음엔 수탉이었으나, 젊은 시절 고래잡이배를 타며 팔뚝에 새겼던 붉은 별 문신을 떠올려 이후 메이시스의 로고로 삼게 된다. 오늘날까지 이어지는 그 붉은 별은, 끊임없는 도전과 낙관의 상징으로 남아있다. 초기의 성공 배경에는 끊임없는 혁신이 있었다. 메이시는 1800년대 중반, 모든 고객에게 동일한 가격을 적용하는 '가격 정찰제(One Price Policy)'를 도입했다. 당시 대부분의 상점은 흥정이 일반적이었지만, 메이시는 신문 광고에 제품의 가격을 명시하며 신뢰를 쌓았다. 또한 환불 보장제를 도입했고, 1862년 크리스마스 시즌에는 산타클로스를 처음 등장시킨 매장으로 기록됐다. 지금의 추수감사절 퍼레이드에도 매년 산타가 등장하는 이유가 바로 여기에 있다. 또한 지나가는 고객의 시선을 사로잡기 위해 조명을 활용한 윈도우 디스플레이를 선보이며, '쇼윈도 문화'라는 새로운 개념을 만들어냈다. 메이시스는 단순히 물건을 파는 곳이 아니라, 소비가 경험이 되는 공간을 처음으로 구현한 기업이었다.

1877년 창업주 메이시가 세상을 떠난 뒤, 경영권은 가족을 거쳐 스트라우스 형제에게 넘어갔다. 형제 중 한 명인 이시도르 스트라우스(Isidor Straus)는 1912년 타이타닉호 침몰 당시, 구명보트가 부족하다는 사실을 알고 다른 사람들에게 자리를 양보한 뒤 부인과 함께 배에 남았다. 두 사람은 끝내 함께 바다에 잠겼다. 그들의 이야기는 지금도 메이시스의 역사에서 책임과 헌신의 상징으로 전해지고 있다.

## 사라진 중산층의 무대

1902년, 메이시스는 뉴욕 맨해튼 34번가와 브로드웨이가 만나는 헤럴드스퀘어로 자리를 옮겼다. 이후 전국으로 점포를 확장하며 '미국인들이 가장 사랑하는 백화점'으로 자리 잡았다. 메이시스는 미국 내에서 중산층의 일상과 꿈을 상징하는 브랜드였다. 하지만 1980년대 경기침체가 그 화려한 역사를 흔들었다. 매출은 급감했고, 결국 1992년 파산을 선언한다. 2년 뒤, 미국 최대 백화점 체인 페더레이티드(Federated Department Stores)가 메이시스를 인수하면서 브랜드는 다시 한번 새로운 국면을 맞았다. 이 인수로 메이시스는 고급 백화점 블루밍데일(Bloomingdale's)과 한지붕 아래 놓이게 된다. 페더레이티드는 이후 다른 지역 백화점들을 차례로 인수하며 브랜드 네임이 가장 강력한 '메이시스'로 통합했다. 그 결과 매장 수는 850개를 돌파했고, 2005년에는 '메이 백화점(May Department Stores)'을 170억 달러에 인수하며 1,000개가 넘는 점포와 연간 300억 달러의 매출을 기록하는 미국 최대 백화점 체인으로 부상했다. 2007년, 페더레이티드는 결국 회사 이름 자체를 '메이시스(Macy's Inc.)'로 변경했고, 뉴욕증시의 기업 티커도 FD에서 M으로 바꿨다. 붉은 별은 다시 한번 미국의 중심에 섰다. 그러나 그 정점은 오래가지 않았다. 온라인 시장이 급성장하면서 메이시스는 디지털 전환에 뒤처졌고, 팬데믹과 인플레이션이 이어지면서 '중산층의 백화점'이라는 정체성마저 흔들리기 시작했다.

2024년 매출은 223억 달러로 전년 대비 3.5% 감소했고, 2025년 전망도 어둡다. 한때 1,000개를 넘어섰던 매장은 이제 350개 남짓, 불과 10여 년 만에 3분의 1 수준으로 축소됐다. 더 이상 미국의 중산층은 메이시스에서 소비하지 않는다. 이 추락을 상징적으로 보여준 사건이 2023년 말에 벌어졌다. 경영난이 심화되던 시기, 부동산 투자회사 아크하우스(Arkhouse)와 헤지펀드 브리게이드 캐피털(Brigade Capital)이 메이시스 인수를 제안한 것이다. 인수가격은 주당 21달러, 총 58억 달러였다. 하지만 당시 메이시스가 보유한 매장 부동산의 평가 가치는 약 85억 달러였다. 즉, 부동산 가치에도 못 미치는 금액이었다. 브랜드로서의 가치가 부동산보다 낮게 평가된 순간, 메이시스의 위상은 완전히 무너졌다. 한 세기 넘게 미국 중산층의 자존심이었던 메이시스. 이제 사람들은 묻는다. "그들의 소비는 어디로 이동했는가?"

## 주가 키포인트

## 메이시스(M)

### 메이시스 2025 회계연도 2분기 실적

단위: 백만 달러 기준, 주당금액 제외

| 구분 | 2025년 8월 2일 종료 13주 | 2024년 8월 3일 종료 13주 |
|---|---|---|
| 순매출 | 4,812 | 4,937 |
| 기타수익 | 187 | 159 |
| 총수익 | 4,999 | 5,096 |
| 매출원가 | -2,900 | -2,938 |
| 판매 및 일반관리비 | -1,944 | -1,937 |
| 부동산 매각 이익 | 16 | 36 |
| 감가·손상, 구조조정 및 기타비용 | -22 | 1 |
| 영업이익 | 149 | 222 |
| 순이익 | 87 | 150 |
| 기본 주당순이익 | 0.32 | 0.54 |
| 희석 주당순이익 | 0.31 | 0.53 |

출처: 메이시스

메이시스의 2분기 순매출은 48억달러를 기록했다. 전년 대비 2.5% 감소한 수치이다. 여전히 구조적인 어려움은 지속되고 있다. 매출 회복은 여전히 더디고, 마진 압박도 심하다. 트럼프 행정부에서 관세 부담이 커지면서 원가 상승의 압박으로 이어지고 있다. 소비자들이 여전히 선택적으로 지갑을 열고 있음을 시사하는 부분이다.

하지만 동시에 긍정적인 시그널도 나타났다. 메이시스의 동일 매장 매출은 0.8% 증가했다. 이는 시장의 전망치를 뛰어넘는 수준이다. 동시에 메이시스 입장에서는 지난 12개 분기 가운데 최고 수준의 동일 매장 매출 성장률이다. 오랜기간 잠자던 메이시스 소비가 움직이고 있다. 소비 회복세의 시그널로 이해할 수 있다. 연간 가이던스를 상향한 점도 투자자들에게는 긍정적인 신호다. 특히 메이시스의 블루밍데일(Bloomingdale's)이 4분기 연속해서 성장했다. 블루밍데일의 동일 매장 매출은 3.6% 증가했다. 이를 통해 고급 브랜드와 뷰티 부문 중심의 성장세를 확인할 수 있다. 블루머큐리는 1.2%의 동일 매출 성장률을 기록하며 18분기 연속 성장했다.

메이시스는 회복세를 보면서 '볼드 뉴 챕터(Bold New Chapter)' 이니셔티브가 성장을 견인할 것이라는 확인을 하게 됐다고 판단하고 있다. 볼드 뉴 챕터는 크게 3가지 전략으로 정리된다. 첫 번째 메이시스의 강화다. 이를 위해 메이시스 백화점의 상품을 새롭게 구성하고, 디지털 채널의 개선, 생산성이 낮은 매장의 폐쇄에 집중한다.

두 번째로 럭셔리의 성장 가속화 전략이다. 메이시스는 럭셔리 포트폴리오 집중을 위해 블루밍데일과 블루머큐리가 주력하는 럭셔리 시장에서 규모를 더 키울 계획이다. 세 번째로 운영의 현대화 전략이다. 메이시스는 향후 3년간 공급망 포트폴리오를 합리화해서 수익화, 주문처리 과정의 간소화, 재고 개선 등을 통해 효율적인 운영 모델을 구축할 계획이다.

# 티제이엑스,
# 보물찾기 전략으로 성공하다

티제이엑스 TJX

어바웃뉴욕 ▶

뉴욕 맨해튼 건너 뉴저지 엣지워터(Edgewater)에 위치한 티제이 맥스 매장.

©박경륭

메이시스 백화점에서 명품을 사던 중산층은 더 이상 명품을 사지 않을까. 이 질문에 답을 해주는 기업이 티제이엑스(TJX)다. 미국의 중산층은 명품을 산다. 메이시스가 아닌 티제이엑스에서 산다. TJX의 주가는 팬데믹 당시 40달러 선이었지만, 2025년초에는 120달러를 넘어섰다. 인플레이션 시대에 주가가 무려 3배나 상승했다.

TJX는 미국에서 가장 큰 할인판매 소매기업이다. TJX는 T.J.Maxx를 비롯해 마샬, 홈굿즈 등 5,000개가 넘는 규모의 매장을 운영한다. 미국 기업의 매출액 순위인 〈포춘〉 500대 기업 가운데 80위를 기록하고 있다. 특히 주력 브랜드인 T.J.Maxx를 보면 TJX의 주가가 왜 고공행진을 하고 있는지 알 수 있다. T.J.Maxx는 소비자들에게 할인된 가격으로 구매를 했다는 느낌을 주는 곳이다. 보통 백화점의 일반가격과 비교해서 20~60% 정도 낮은 가격으로 상품을 제공한다. 그렇다고 저렴한 옷을 판매하는 것이 아니다. 비싼 옷을 저렴하게 파는 보물찾기 전략을 쓰고 있다. '두 번의 방문이 절대 같지 않은 곳'으로 알려져 있다.

회사의 스토리는 47년 전에 시작된다. 1976년 할인 백화점 체인인 제이어(zayre)가 마샬(Marshalls)의 판매 매니저였던 버나드 카마라타(Bernard Cammarata)를 영입하면서 시작된다. 제이어에 영입된 버나드 카마라타는 새로운 할인판매 소매업체 체인의 출시를 주도한다. 이에 1977년 T.J.Maxx 첫 매장이 문을 열게 된다. 1987년에는 제이어에서 분사해 TJX라는 새로운 법인이 탄생하고 버나드 카마라타는

CEO자리에 오른다. TJX는 1992년 홈굿즈를 출시하며 홈패션 영역으로 확대했고, 1995년에는 미국에서 두 번째로 큰 할인판매 소매체인인 마샬을 인수했다. 마샬은 패밀리 의류를 제공하는 곳이다. 이외에도 인수합병를 지속하며 몸집을 키웠다. T.J.Maxx는 첫 매장이 문을 열었던 1977년으로부터 35년만인 2012년에 1,000번째 매장을 열 정도로 빠르게 성장했다.

### 보물찾기의 경제학

T.J.Maxx는 미국에서 저렴한 가격에 브랜드 제품을 살 수 있는 곳으로 유명하다. 매장에 들어서면 의류, 가방, 보석 등이 구역별로 진열되어 있지만, 그 배치 방식이 일반 패션 매장과는 완전히 다르다. 대부분의 의류 매장은 같은 제품을 사이즈별로 모아 진열한다. 예를 들어 파란색 셔츠를 찾는다면, 그 옆에서 바로 M과 L, XL 사이즈를 함께 볼 수 있다. 하지만 T.J.Maxx는 그 방식을 뒤집었다. 여기서는 'XL 구역' 안에 서로 다른 브랜드와 디자인의 옷들이 뒤섞여 있다. 즉, 파란 셔츠를 사고 싶다면 XL 구역을 샅샅이 뒤져야 한다. 원하는 상품이 있으면 사는 거고, 없으면 어쩔 수 없다. 겉으로 보면 마치 서울의 동묘시장처럼 여러 옷이 뒤섞여 있는 느낌이다. 하지만 이것은 저가형 진열 방식이 아니라, 철저히 계산된 소비심리 전략이라고 TJX는 말한다. 그 핵심은 흥분과 긴박감을 유도하는 것이다. 고객이 언제 어떤 상품을 발견할지 모른다는 기대감이 매장을 다시 찾게

티제이 맥스 매장에서는 옷뿐만 아니라, 악세서리와 홈데코 상품 등 다양한 요소를 판매한다.

©박경륜

만드는 동력이 된다. 즉, 계획된 충동구매의 시스템이다.

매장의 가격표에도 이 전략이 반영돼 있다. 모든 상품에는 두 개의 가격이 붙는다. 하나는 T.J.Maxx의 판매가, 다른 하나는 '비교가격(Compare at price)'이다. 후자는 백화점이나 다른 소매점의 정상가를 기준으로 제시된다. 즉, 소비자는 "이만큼 싸게 샀다"는 만족감을 즉각적으로 느낀다. 만약 동일 제품이 없을 경우, 유사한 상품의 가격을 참고해 비교가를 제시한다. 따라서 T.J.Maxx는 저가 브랜드가 아니라, '유명 브랜드를 싸게 파는 곳'이라는 이미지를 만들어낸다.

이 브랜드의 가장 강력한 무기는 '보물찾기의 즐거움'이다. 이는 식료품 체인 트레이더조(Trader Joe's)의 전략과도 닮아있다. 트레이더조가 "쇼핑은 발견의 여행이어야 한다"고 말하듯, T.J.Maxx는 "쇼핑은 가격을 발견하는 모험이어야 한다"고 믿는다. 그래서 슬로건도 "Never the same place twice(두 번 와도 같은 곳이 아니다)." 매번 매장을 방문할 때마다 진열된 상품이 완전히 달라진다. T.J.Maxx는 고객의 취향을 반영해 제품을 들여오는 것이 아니라, 할인된 가격으로 확보한 한정 수량의 상품을 빠르게 판매한다. 이 불확실성이 바로 고객을 다시 부르는 힘이다. 매장 관리자조차 트럭 문을 열기 전까지 어떤 물건이 도착할지 모른다. 그만큼 예측 불가능한 재고 구조는 쇼핑의 긴장감을 높이고 '오늘 안 사면 다시는 못 산다'는 메시지가 자연스럽게 형성된다. 이 전략은 방문 빈도를 높이고, 고객이 매장에 머무는 시간을 늘리는 효과를 낳는다. 어떻게 보면, 이는 백화점이 영화관을 넣어 체류 시간을 늘리는 것과 같은 맥락이다. 단지 T.J.Maxx는 가격 자체를 엔터테인먼트로 만든 셈이다.

## 기회형 리테일의 탄생

자주 방문하게 만들고, 충동구매를 유도하기 위해서는 무엇보다 가격 경쟁력이 뒷받침되어야 한다. 이를 가능하게 하는 핵심은 바로 '구매 전략'이다. T.J.Maxx는 전통적인 소매업체보다 훨씬 유연하고 기민한 구매 시스템을 갖추고 있다. 전 세계에 1,300명이 넘는 전문 바이어들이 상시로 시장을 모니터링하며, 구매 타이밍이 오면 즉각적으로 움직인다. 그들이 사들이는 상품은 대부분 '누군가의 실수'에서 비롯된다. 예를 들어 백화점에서 판매되지 못한 재고나, 제조업체가 과잉 생산한 물량, 주문이 취소되어 남은 상품 등을 대량으로 매입한다. 이처럼 잉여 물량을 헐값에 사들이면 자연스럽게 판매가를 낮출 수 있다. TJX의 규모의 경제 역시 협상력을 극대화한다. 대량 구매가 가능하다는 점은 곧 더 좋은 단가를 확보할 수 있다는 뜻이다. 일반적인 소매업체가 수개월 전부터 생산을 계획하고 상품을 발주하는 것과 달리, T.J.Maxx는 계획된 구매가 아니라 '기회형 구매(opportunistic buying)' 방식을 취한다. 즉, 시장에 저렴한 물량이 나올 때 즉시 매입해 빠르게 진열하는 것이 포인트이다. 이 때문에 각 바이어에게 부여된 재량권도 매우 크다.

기민한 재고 순환을 위해 매장 구조 역시 고정되어 있지 않다. 진열대가 아니라 이동식 행거 중심으로 구성되어, 들어오는 상품에 따라 구성이 수시로 바뀐다. 그날 어떤 물건이 들어오느냐에 따라 매장의 모습이 매번 달라지는 이유다. 이런 유연한 시스템 덕분에 TJX는 경기 침체기에도 흔들리지 않는다. 회계연도 2025년 기준, TJX의 연 매출은 564억 달러에 달하며 전년 대비 4% 증가했다. 인플레이션에 민감한 소비자들이 합리적 소비를 찾아 TJX로 몰리고 있는 것이다.

백화점들이 주문을 취소하면서 시장에 잉여 상품이 늘수록, TJX는 더 많은 보물을 헐값에 확보할 기회를 얻는다. 결국 T.J.Maxx의 경쟁력은 남들이 버린 기회를 사는 능력에서 나온다. 누군가의 실수를 '발견의 즐거움'으로 바꾸는 것, 그것이 바로 보물찾기의 경제학이 작동하는 방식이다.

# 주가 키포인트

---

# TJX(TJX)

---

## 2025 회계연도 2분기 TJX 동일 매장 매출

| 구분 | 2026 회계연도 (FY2026) | 2025 회계연도 (FY2025) |
|---|---|---|
| **마맥스 (미국)** ※ TJ Maxx, Marshalls, Sierra 및 이커머스 포함 | 3% | 5% |
| **홈굿즈 (미국)** ※ HomeGoods 및 Homesense 포함 | 5% | 2% |
| **TJX 캐나다** | 9% | 2% |
| **TJX 인터내셔널 (유럽 & 호주)** ※ TK Maxx, Homesense 및 유럽 내 TK Maxx 이커머스 포함 | 5% | 1% |
| **TJX 전체 합계** | 4% | 4% |

출처: TJX

TJX 그룹의 매출 핵심은 전체의 약 60%를 차지하는 미국 TJ.맥스와 마샬이다. 최근 동일 매장 매출은 전년과 비교해서 다소 둔화되는 모습이 확인된다. 그럼에도 여전히 소비자들이 고물가 시대의 대안으로 선택하고 있음을 알 수 있다. 인테리어 용품을 판매하는 홈굿즈의 경우에는 팬데믹 시기 폭증했던 수요가 시간이 지나 다시 회복되고 있는 모습이다. 과거 수요 시기에 이어 교체시기를 맞아 반등하며 성장세를 견인하고 있다. 특히 캐나다 시장에서 성장세가 확인되고 있다.

TJX과 같은 오프 프라이스 리테일(off-price-retail) 비즈니스 모델은 경기 둔화, 혹은 소비위축에도 비교적 대응력이 강하다. 경기가 어려워질수록 싸고 좋은 제품을 찾는 소비자들은 증가한다. 이 수요를 흡수할 수 있는 곳이다. TJX에 투자한다는 것은 TJX가 매력적인 가격으로 브랜드 제품을 얼마 확보할 수 있을 것인지에 베팅하는 셈이다. 브랜드 판매사들은 언제 자신들의 옷과 가방을 더 싸게 TJX에게 넘길까.

# LVMH,
# 가방 대신 향수를 사는 중산층

LVMH LVMH

어바웃뉴욕 ▶

뉴욕 5번가에 위치한 루이비통 플래그쉽 스토어.

럭서리 시장에 이상 기류가 감지되고 있다. 팬데믹 이후 끝없는 상승세를 이어오던 글로벌 명품 산업이 이제 정체의 신호를 보이기 시작했다. 그 변화의 중심에는 세계 최대 럭서리 그룹 LVMH가 있다. 루이비통(Louis Vuitton), 디올(Dior), 셀린느(Céline), 펜디(Fendi), 로에베(Loewe), 마크 제이콥스(Marc Jacobs) 등 패션 하우스부터, 샹동(Chandon), 돔 페리뇽(Dom Pérignon), 크루그(Krug) 같은 주류 브랜드, 그리고 불가리(Bvlgari), 세포라(Sephora)까지. LVMH는 사실상 럭서리 산업 그 자체라 할 수 있다. 따라서 LVMH의 실적과 행보는 미국뿐만 아니라 세계 럭서리 시장의 바로미터로 읽힌다.

## 가방 대신 향수를 사는 사람들

LVMH는 2024년 한 해 동안 매출 847억 유로를 기록했다. 1년 전인 2023년(862억 유로)과 비교하면 약 2% 감소한 수치다. 특히 그룹의 핵심 사업인 패션·가죽 부문 매출이 2023년 422억 유로에서 2024년 411억 유로로 줄어 약 3% 감소했다. 시계·주얼리 부문 역시 같은 기간 3% 하락했다. 반면, 향수·화장품 부문은 소폭 상승했다. 2024년 매출은 84억 유로로, 전년(83억 유로) 대비 약 2% 증가했다. 이 수치는 럭서리 시장의 소비 구조 변화를 짐작케 한다.

LVMH의 사업 부문별 실적에서 드러나듯, 소비자들은 '작은 사치(Small Luxury)', 즉 비싼 가방은 못 사더라도 향수는 산다는 선택으로 이동하고 있다. 이는 불황기에도 감정적 만족을 주는 합리적 사치를 찾는 새로운 럭셔리 소비 트렌드다. 일반적으로 상품 가격이 오르면 수요가 줄지만, 가격 상승이 오히려 구매 욕구를 자극해 수요를 늘리는 현상을 '베블런 효과(Veblen Effect)'라 한다. 경제학자 소스타인 베블런이 《유한계급론》에서 제시한 개념으로, 과시욕이 부르는 소비를 설명한다. 럭셔리 산업은 이 베블런 효과를 기반으로 성장해왔다. 비쌀수록 잘 팔리는 시장, 그리고 그 중심에는 중산층의 과시욕이 있었다. 진짜 부자만을 상대로는 한계가 있었기에, 럭셔리 기업들은 중산층의 '상징적 소비'를 팔아온 것이다.

하지만 지금의 정체는 단순히 한 지역의 경기 탓이 아니다. 일각에서는 아시아 매출 감소를 원인으로 지적하지만, 이는 절반의 진실이다. 2024년 LVMH 매출을 보면, 일본을 제외한 아시아 지역에서 11% 감소가 나타났다. 일본만은 예외다. 엔화 약세로 외국인 쇼핑객이 몰리며 환차익 특수를 누려 매출이 오히려 증가했다. 반면 중국을 중심으로 한 아시아 전반의 럭셔리 수요는 위축됐다. 그런데 이러한 둔화는 미국 시장에서도 동일하게 나타난다. LVMH의 2024년 미국 매출은 전년 대비 2% 증가에 그쳤으며, 연말 성수기 수요가 없었다면 증가율은 1%대로 떨어졌을 것이다. 결국 이는 특정 국가의 경기 문제를 넘어, 럭셔리 시장 전반의 구조적 정체를 의미한다.

## 럭셔리의 양극화

결국 럭셔리 시장의 위기는 곧 중산층의 위기다. 럭셔리 소비의 주축은 언제나 중산층이었다. 보스턴 컨설팅 그룹(BCG)에 따르면, 전세계 명품 소비의 절반은 연간 2,000유로, 그러니까 약 300만 원 미만을 지출하는 3억 3천만 명의 소비자가 담당한다. 이들은 1년에 수백만 원짜리 가방을 여러 개 사는 상류층이 아니다. 한 해당 한 개의 가방에 신중히 투자하는 현실적인 중산층이다. 럭셔리 기업들도 이 사실을 잘 알고 있다. 그래서 최근 몇 년간 루이비통을 비롯한 주요 브랜드들은 '미니백 전략'으로 방향을 틀었다. 루이비통 매장에 들어서면 가장 눈에 띄는 자리에 놓인 '펠리시 포쉐트(Félicie Pochette)'가 그 대표적 사례다. 가로 21cm, 세로 11cm, 폭 3cm의 지갑인지 파우치인지 헷갈릴 만큼 작은 크기지만, 이 미니백은 중산층을 위한 럭셔리의 입문 티켓으로 기능한다. 기업 입장에서는 접근 가능한 가격대의 제품으로 소비자 풀을 유지하고, 소비자 입장에서는 작은 사치의 만족감을 얻는 구조다. 버버리(Burberry) 역시 같은 방향으로 선회했다. 지난 10여 년간 에르메스를 넘어서기 위해 초고가 전략에 집중했던 버버리는 가격 상승으로 핵심 소비층이 이탈하자 다시 중간 가격대와 실용적인 일상복으로 회귀했다.

트렌치코트, 스카프 같은 버버리의 상징적 아이템이 다시 매장의 중심에 돌아온 이유다. 겉으로는 '일상복 강화 전략'이라 하지만, 실제로는 중산층을 되찾기 위한 전략적 후퇴다. 반면, 시장 전체가 주춤한 가운데 에르메스(Hermès)는 예외다. 2024년 에르메스의 매출은 152억 유로로, 전년 대비 15% 성장했다. 특히 미국 시장에서는 여전히 15%에 가까운 성장세를 유지하고 있다. 수천만 원을 호가하는 버킨백은 여전히 '완판 행진' 중이다. 같은 초고가 전략을 펼치는 반클리프 앤 아펠(Van Cleef & Arpels) 역시 견조한 성장세를 이어가고 있다. 즉, 럭셔리 시장 내부에서도 두 개의 흐름이 선명하게 갈리고 있다. 하나는 중산층의 작은 사치로 이동하는 흐름, 다른 하나는 부유층의 초고가 소비가 굳건히 유지되는 흐름이다. 이 대비 속에서 럭셔리 시장의 진짜 구조가 드러난다. 바로 가방 대신 향수를 사는 사람들과 여전히 버킨백을 사는 사람들이다.

# 윌리엄스 소노마,
# 비싼 가방은 살 수 없어도 비싼 그릇은 산다

윌리엄스 소노마 Williams-Sonoma

어바웃뉴욕 ▶

뉴욕 인근 뉴저지 해큰색(Hackensack) 리버사이드 샵 2층에 위치한 윌리엄스 소노마.

2020년, 팬데믹이 전 세계를 덮쳤다. 수많은 기업이 무너졌지만, 그 와중에도 예상치 못한 수혜 기업들이 있었다. 재택근무가 일상화되자 화상회의 플랫폼 줌(Zoom)의 이용자가 폭증했고, 헬스장 대신 집에서 운동을 즐기려는 사람들이 늘면서 펠로톤(Peloton)의 실내 자전거는 불티나게 팔렸다. 주가는 연일 고공행진이었다. 그러나 팬데믹이 끝나자 상황은 급변했다. 사람들은 다시 운동화를 신고 거리로 나섰고, 펠로톤의 주가는 정점 대비 90% 이상 폭락했다. 그런데 이와 다른 길을 걸은 기업이 있다. 팬데믹의 수혜를 받은 뒤에도 꾸준히 성장세를 이어가며 '작은 사치의 힘'을 보여준 기업, 바로 윌리엄스 소노마(Williams-Sonoma)다.

재택근무로 집에서 보내는 시간이 늘자, 미국인들은 집 안을 새롭게 꾸미기 시작했다. 그 덕분에 윌리엄스 소노마의 주가는 팬데믹 기간 동안 급등했다. 문제는 이후였다. 팬데믹이 끝나면 집 꾸미기 수요가 급감할 것이라는 전망이 쏟아졌다. 실제로 2022년 말, 모건스탠리는 윌리엄스 소노마의 목표주가를 150달러에서 100달러로 대폭 하향했다. 다른 가정용품 브랜드들이 줄줄이 부진에 빠졌기 때문이다. 대표적으로 고급 가구 브랜드 RH는 실적 하락을 피하지 못했다. 하지만 윌리엄스 소노마는 달랐다. 이들은 팬데믹 이후에도 꾸준히 좋은 흐름을 이어갔다. 그 이유는 단순히 가구를 잘 팔아서가 아니라, 변화하는 소비 심리를 정확히 읽고 비즈니스 전략으로 녹여냈기 때문이다.

## 소노마의 작은 철물점에서 미국의 거실로

월리엄스 소노마의 이야기는 1956년, 창립자 척 월리엄스(Chuck Williams)가 문을 연 한 작은 주방용품점에서 시작된다. 3년 전인 1953년, 그는 우연히 떠난 2주간의 유럽 여행에서 프랑스 주방의 정갈한 아름다움과 정교한 도구들에 매료됐다. 귀국 후, 미국 캘리포니아주 소노마(Sonoma)에서 낡은 철물점을 하나 사들여 프랑스산 주방용품을 팔기 시작했다. 그것이 바로 월리엄스 소노마의 첫 번째 매장이었다. 창업자의 이름과 도시의 이름을 합친 브랜드가 세상에 등장한 순간이었다.

당시 미국은 요리에 대한 관심이 서서히 높아지던 시기였다. 이 트렌드와 맞물려, 척 월리엄스의 가게는 오픈 첫 해에 3만 5,000달러의 매출을 기록하며 빠르게 성장했다. 그는 브랜드의 상징으로 파인애플 로고를 만들었다. 파인애플은 환대와 우정을 상징한다. 크리스토퍼 콜럼버스를 통해 유럽에 처음 소개된 후, 추운 기후 탓에 유럽에서는 귀한 과일로 여겨졌다. 또한 식민지 시절, 항해를 마치고 귀환한 선장이 담장에 파인애플을 꽂아두면 "집에 돌아왔고, 방문객을 맞을 준비가 되었다"는 신호로 사용됐다. 월리엄스 소노마는 지금도 파인애플을 '환대의 정신'을 상징하는 자사 철학의 중심으로 삼고 있다. 첫 매장의 성공을 발판으로 척 월리엄스는 샌프란시스코를 시작으로 매장을 넓혀갔다. 그는 프랑스 주방용품에 이어 유럽 각국의 고품질 브랜드를 하나씩 미국에 소개했다. 스테인리스 거품기, 소테 팬, 스틸 그라인더 등 이전에는 보기 어려웠던 주방 도구들이 그의 손을 통해 미국 가정으로 들어왔다. 그러나 매장 수를 5개까지 늘린 1977년, 사업은 적자 전환을 맞는다. 결국 척 윌리엄스는 더 큰 확장을 위해 회사를 전문가에게 넘기기로 결심한다. 그때 등장한 인물이 하워드 레스터(Howard Lester)다. 컴퓨터 업계에서 성공을 거둔 그는 1978년, 윌리엄스 소노마를 25만 달러에 인수했다. 이 결정은 브랜드의 운명을 바꿔놓았다.

레스터의 경영 아래 윌리엄스 소노마는 효율적 운영과 고급 이미지를 결합한 '라이프스타일 리테일' 기업으로 변모했다. 주방용품에 머물지 않고 집 전체로 사업 영역을 확장했다. 현재 윌리엄스 소노마는 미국 전역에 200개가 넘는 매장을 보유하고 있으며, '포터리 반(Pottery Barn)', '웨스트 엘름(West Elm)' 등 자회사를 거느린 종합 홈퍼니싱 그룹으로 성장했다. 2025년에는 S&P500 지수에 편입되며 그 위상을 공고히 했다. 오늘날 윌리엄스 소노마 매장에서는 식기와 조리도구, 주방 가전은 물론 가구와 인테리어 소품까지, 집을 꾸미는 거의 모든 것을 만날 수 있다.

## 디자인과 디지털, 두 개의 엔진

윌리엄스 소노마의 경쟁력은 단 두 가지로 요약된다. 디자인과 디지털이다. 대부분의 경쟁사들이 외부 브랜드의 제품을 유통하는 데 그치지만, 윌리엄스 소노마는 자체 디자인 중심의 모델을 고수한다. 현재 약 150명의 사내 디자이너와 아티스트가 상시로 제품을 개발하며, 판매되는 상품의 90% 이상이 윌리엄스 소노마만의 독자 디자인이다. 생활의 미학을 직접 설계하는 브랜드라는 점에서, 이미 출발선이 다르다. 이 디지털 감각은 창업자가 회사를 넘긴 뒤, 하워드 레스터 시절부터 본격적으로 강화됐다. 컴퓨터 업계 출신인 그는 IT 인프라를 기반으로 매장과 고객 경험을 혁신했다. 대표적인 사례가 '결혼 등록 서비스'다. 초창기에는 매장 계산대 옆에 결혼 등록책이 놓여 있었지만, 1991년에는 전국 매장의 시스템을 컴퓨터로 연결해, 부부가 직접 위시리스트를 등록하고, 이를 가족과 친구에게 공유할 수 있도록 했다. 친구들은 신혼부부가 원하는 선물을 고를 수 있었고, 부부는 선물 중복 걱정 없이 실질적인 도움을 받았다. 지금의 카카오톡 선물하기 모델을 30년도 전에 구현한 셈이다.

또 하나의 성장 엔진은 포터리반의 성공이었다. 윌리엄스 소노마가 인수한 이 홈퍼니싱 브랜드는 침실, 욕실, 어린이 가구 등 생활 밀착형 제품군으로 폭발적인 성장을 이끌었다. 특히 포터리반 닷컴(potterybarn.com)의 등장은 디지털 전환의 결정적 계기가 됐다. 이 웹사이트는 단순한 온라인 쇼핑몰이 아니라, '홈 투어(Home Tour)'라는 가상 체험 공간을 도입했다. 고객은 화면 속 가상의 집을 둘러보며, 각 공간에서 사용된 제품을 바로 구매할 수 있었다. 당시에는 획기적인 UX였다. 출시 직후 포브스(Forbes)는 포터리반 닷컴을 'Best of the Web'으로 선정하며 "온라인 쇼핑의 새로운 기준을 세웠다"고 평가했다. 결국 윌리엄스 소노마의 저력은 집을 꾸미는 감각을 디자인으로 구체화하고, 그것을 디지털로 확장한 데 있었다.

## 작은 사치가 만든 큰 성장

팬데믹 기간 동안 윌리엄스 소노마의 매출은 급등했다. 재택근무와 집콕 생활이 일상화되면서 소비자들의 관심이 집 안으로 향했기 때문이다. 이 시기에 회사는 공격적인 주주환원 정책을 펼쳤다. 팬데믹 이전보다 약 3배 규모의 자금을 배당과 자사주 매입에 투입했고, 주가는 2년 만에 5배 이상 상승했다. 그러나 더 주목할 점은 팬데믹 특수 이후에도 경쟁력을 잃지 않았다는 것이다. 회사는 할인 행사를 최소화하고, 고급 라이프스타일 브랜드라는 포지션을 확실히 굳혔다. 대대적인 세일 대신 프리미엄 이미지를 강화하며, 미국 소비자들의 새로운 소비 트렌드인 '작은 사치'와 완벽히 맞물렸다. 비싼 가방은 살 수 없어도, 비싼 그릇과 세련된 식탁을 갖추며 만족감을 얻는 중산층의 욕망을 정확히 읽어낸 것이다. 인플레이션으로 지갑이 얇아지는 시기에도 사람들은 완전한 절제 대신 약간의 여유를 택했다. 당시 CEO 로라 알버는 이를 "쉬운 업데이트 전략"이라 설명했다. 큰 가구를 바꾸지 않더라도, 한두 개의 고급 식기나 인테리어 소품으로 일상의 분위기를 바꾸는 경험이 소비자의 만족도를 높인다는 것이다. 결국 윌리엄스 소노마는 작은 사치의 감각을 가장 세련된 방식으로 구현한 브랜드로 남았다.

## 주가 키포인트

---

# 윌리엄스 소노마(WSM)

---

**윌리엄스 소노마 2025 회계연도 2분기 브랜드별 순매출 및 동일 매장 매출**

단위: 천 달러

| 구분 | 순매출 | | 동일 매장 매출 증감률 | |
|---|---|---|---|---|
| | Q2 2025 | Q2 2024 | Q2 2025 | Q2 2024 |
| 포터리 반 (Pottery Barn) | 724,579 | 725,323 | +1.10% | -7.10% |
| 웨스트 엘름 (West Elm) | 468,550 | 458,779 | +3.30% | -4.80% |
| 윌리엄스 소노마 (Williams Sonoma) | 249,053 | 239,867 | +5.10% | -0.80% |
| 포터리 반 키즈 & 틴 (Pottery Barn Kids and Teen) | 286,749 | 259,408 | +5.30% | +1.50% |
| 기타 (Other) ※ Rejuvenation, Mark and Graham, GreenRow, 해외 프랜차이즈 포함 | 107,829 | 104,930 | N/A | N/A |
| 총계 (Total) | 1,836,760 | 1,788,307 | +3.70% | -3.30% |

출처: 윌리엄스 소노마

윌리엄스 소노마의 2025 회계연도 2분기 매출은 18억 3천 달러를 기록했다. 전년 대비 2.7% 증가했다. 동일 매장 매출성장률은

3.7%를 기록하면서 전년 역성장과 비교해서 뚜렷한 반등의 분위기를 보여준다. 팬데믹 기간 이후 침체기를 거친 가정용품 시장에서 회복에 접어들고 있는 것으로 해석할 수 있다.

특히 포터리반의 매출은 전체에서 가장 큰 비중을 차지하고 있다. 매출 7억 2천만 달러로 지난해와 비슷한 수준을 기록했다. 동일 매장 매출이 1.1% 성장했다. 다만 전년에 7.1% 감소와 비교하면 회복세 전환이 확인됐다. 특히 주목되는 분위기는 역시나 윌리엄스 소노마다. 4개 브랜드 가운데 가장 높은 성장률을 보인다. 마진이 높은 프리미엄 키친 제품들이 성장을 견인했다. 온라인 판매 비중도 50% 이상으로 높다. 중산층이 윌리엄스 소노마에서 지갑을 열면서 기업 입장에서 마진을 크게 남기고 있다. 향후 인테리어 시장의 회복 가능성을 확인하기 위해 주택시장의 동향을 살펴볼 필요가 있다.

# 빌드어베어,
# 어른에게 곰인형을 팔아서 대박난 기업

## 빌드어베어 워크숍 Build-A-Bear Workshop

어바웃뉴욕

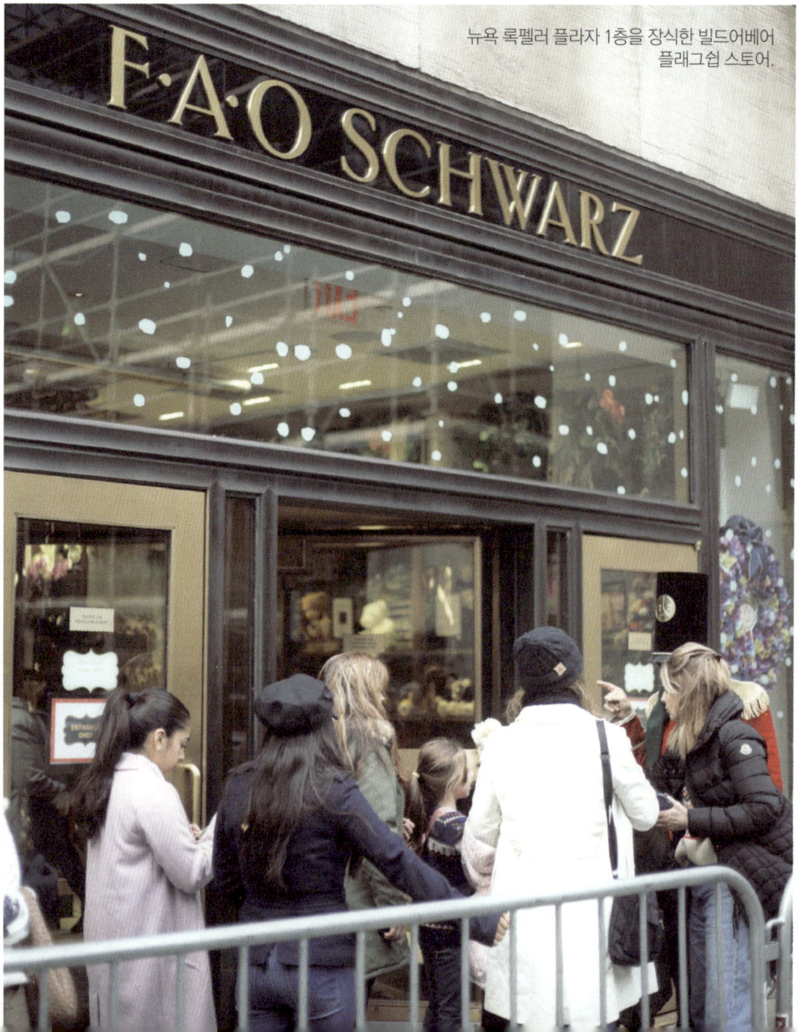


뉴욕 록펠러 플라자 1층을 장식한 빌드어베어 플래그십 스토어.

©박경은

한국인이 가장 사랑하는 미국 주식 가운데 하나인 엔비디아(NVIDIA)는 2022년부터 2025년까지 주가가 약 10배 상승했다. 눈부신 성장세다. 기술주의 상승이 눈에 띄지만, 그보다 더 극적인 흐름을 보인 소비재 기업도 있다. 곰인형을 파는 빌드어베어 워크숍(Build-A-Bear Workshop)이 그 주인공이다. 팬데믹 당시 주가가 2달러에도 못 미쳤던 이 회사는 2025년에 75달러를 돌파했다. 불과 몇 년 만에 40배 가까이 오른 셈이다. 기술주만이 아니라, 소비 트렌드를 정확히 읽은 기업에도 여전히 기회는 존재한다.

## 추억을 파는 리테일

미국인들은 곰인형을 '테디베어(Teddy Bear)'라고 부른다. 이 이름은 미국 제26대 대통령 시어도어 루스벨트의 애칭인 '테디(Teddy)'에서 유래했다. 루스벨트 대통령이 사냥 도중 잡은 곰을 쏘지 않고 풀어준 일화가 《워싱턴 포스트》 만평으로 알려지면서, 뉴욕 브루클린의 한 장난감 가게 주인이 그 곰인형에 '테디'라는 이름을 붙인 것이 시작이다. 이후 테디베어는 미국 어린이들의 상징적인 친구가 되었다. 어린 시절 곰인형은 단순한 장난감이 아니라, 정서적 안정과 위안을 주는 존재였다. 빌드어베어 워크숍은 이런 문화적 감성을 현대적으로 재해석한 브랜드다. 이곳에서는 아이들이 직접 재료와 옷, 소리를 고르며 '자신만의 곰인형'을 만든다. 단순한 판매점이 아니라, 만드는 과정 자체가 놀이이자 추억이 되는 체험형 공간이다. 최근에는 이 감성을 어른들에게까지 확장해, 맞춤형 인형을 추억의 선물로 판매하고 있다. 어린 시절의 감정을 다시 꺼내주는 감성의 리테일이다.

## 곰인형에 경험을 입히다

빌드어베어는 소매업계 베테랑 맥스린 클라크(Maxine Clark)의 손에서 탄생했다. 1949년생인 그녀는 비교적 늦은 나이에 창업가의 길을 택했다. 대학 졸업 후 미국 백화점 체인 메이 백화점(May Department Stores)에서 커리어를 시작했고, 이후 다양한 브랜드를 거쳐 신발 할인 매장 페이리스 슈소스(Payless ShoeSource)의 대표이사를 지냈다. 그녀가 창업 아이디어를 얻은 건 우연이었다. 친구의 딸과 함께 쇼핑을 하던 중, "맞춤형 곰인형을 만들면 어떨까?"라는 생각이 떠올랐다. 그렇게 1997년, 47세의 나이로 미국 미주리주 세인트루이스에 첫 번째 빌드어베어 매장을 열었다.

빌드어베어가 세계 최초의 맞춤형 인형 매장은 아니었지만, '체험형 리테일(Experiential Retail)'이라는 새로운 개념을 완성한 브랜드였다. 맥스린 클라크는 "고객이 즐거워할수록 더 많이 소비한다"는 믿음을 가지고, 아이들이 직접 인형을 만들며 놀 수 있는 공간을 설계했다. 매장에 들어선 아이들은 곰인형의 종류를 고르고, 입힐 옷과 액세서리, 심지어 눌렀을 때 나오는 소리까지 직접 선택한다. 세상에 하나뿐인 나만의 곰인형을 완성하는 과정은 장난감 구매를 놀이와 감정의 경험으로 바꿔놓았다. 이 사업에는 폭발적인 반응이 뒤따랐다. 창업 다음 해인 1998년에는 매장이 4곳으로 늘었고, 2000년에는 39개, 2005년에는 200번째 매장을 열며 빠르게 확장했다. 현재는 전 세계 500개가 넘는 매장을 운영한다. 2004년에는 상장에 성공하며 성장 정점을 찍었다. 그러나 글로벌 금융위기와 2010년대 온라인 쇼핑의 부상은 직격탄이 되었다. 매출은 정체됐고, 팬데믹 시기에는 주가가 1달러 선까지 추락했다. 하지만 이후, 빌드어베어는 놀라운 부활을 이뤄냈다. 어떻게 무너진 감성 리테일이 다시 살아났을까?

## 고객이 만드는 인형, 브랜드를 남기는 전략

빌드어베어 매장에 들어서면, 진열대 위에는 머리만 달린 인형들이 줄지어 서 있다. 몸은 비어 있고, 아직 솜이 채워지지 않았다. 고객이 마음에 드는 인형을 고르면 솜 채우기 기계로 가져가 직접 인형을 완성한다. 넣고 싶은 만큼 솜을 채울 수 있고, 심장 소리나 향기를 추가할 수도 있다. 마지막으로 옷을 입히면 비로소 나만의 인형이 완성된다. 이처럼 고객이 직접 곰인형을 만드는 과정이 브랜드 이름 빌드어베어의 의미이며, 매장을 '스토어'가 아닌 '워크숍'이라 부르는 이유이기도 하다. 이곳에서는 인형에게 생명을 불어넣는 체험이 이루어진다. 완성된 인형은 이름과 생일, 몸무게가 적힌 출생증명서까지 발급된다. '인형 하나 파는 가게가 얼마나 벌겠어?'라고 생각하기 쉽지만, 빌드어베어의 비즈니스 모델은 결코 단순하지 않다. 인형뿐 아니라 의상과 액세서리 가격도 만만치 않다. 나만을 위해 만들어진 인형

빌드어베어 워크숍의 테디베어 만드는 스테이션에서 찍었다.

©김용갑

이라는 상징성이 곧 프리미엄을 만든다. 인형을 구매하는 사람은 아이지만, 결제하는 사람은 어른이다. 선물이라는 감정적 가치가 가격의 한계를 허문다. 또한 매장 곳곳에는 브랜드 철학이 담긴 전략이 숨어 있다. 대표적인 이벤트가 '페이 유어 에이지 데이(Pay Your Age Day)'다. 말 그대로, 아이의 나이만큼만 가격을 내는 행사다. 생일을 맞은 아이가 매장을 방문하면 정가 14달러의 인형을 3살이면 3달러, 10살이면 10달러에 살 수 있다. 어린 나이에 방문할수록 혜택이 크다. 이 이벤트는 부모와 아이가 함께 매장을 찾는 추억을 만들게 하고, 어릴 때부터 브랜드와 감정적 연결을 쌓게 만드는 장치이며, 결국 빌드어베어는 곰인형을 파는 가게가 아니라, 기억을 만드는 공간이다.

### 아이들의 브랜드에서 어른들의 추억으로

빌드어베어는 2010년대 중반, 온라인 쇼핑이 급성장하면서부터 흔들리기 시작했다. 여기에 2020년 팬데믹이 결정타로 작용했다. 매출의 90% 이상을 오프라인 매장이 차지하던 빌드어베어는 매장을 모두 닫아야 하는 초유의 위기를 맞는다. 그러나 위기 속에서 CEO인 샤론 프라이스 존(Sharon Price John)은 두 가지 과감한 변화를 추진했다.

첫째는 온라인 전환이었다. 팬데믹 동안 온라인 매출은 폭발적으로 성장했다. 2020년 4분기, 온라인 판매는 전년 대비 무려 160% 이상 급증했다. 빌드어베어는 오프라인의 감성과 체험 요소를 온라인으로 옮겨왔다. 고객이 웹사이트에서 인형의 종류, 옷, 향기, 소리까지 직접 선택할 수 있는 '디지털 빌드' 서비스를 선보이며, 화면 속에서도 나만의 인형을 만드는 경험을 재현했다.

두 번째는 고객층의 확장이었다. 어린이 중심의 브랜드였던 빌드어베어는 어린 시절 이 인형과 함께 자랐던 성인 고객층으로 눈을 돌렸고, 그들에게 향수를 자극하는 제품을 재출시했다. 예를 들어 2008년에 처음 출시되었던 고양이 인형 '펌킨 키티(Pumpkin Kitty)'를 2023년에 한정판으로 복각했는데, 폭발적인 인기에 힘입어 1인당 최대 4개까지만 구매할 수 있도록 제한을 둘 정도였다. 어릴 적 친구였던 곰인형은 이제 어른이의 추억으로 돌아왔다. 그 결과, 빌드어베어의 고객 구조도 크게 바뀌었다. 2023년 기준으로 10대와 성인 고객이 전체 매출의 약 40%를 차지했다. 이는 단순한 브랜드 변화가 아니라 소비 트렌드의 전환을 보여준다. 시장조사기업 서카나(Circana)에 따르면, 2024년 1월부터 4월까지 18세 이상 소비자들이 장난감 구매에 지출한 금액은 15억 달러로, 전통적으로 주요 소비층대인 3~5세 아동보다 많았다. 놀라운 점은, 이 중 43%가 자신을 위해 장난감을 구매했다는 사실이다. 장난감은 더 이상 아이들의 전유물이 아니다. 어른들은 이제 '어릴 적의 위로'를 다시 사는 중이다.

## 주가 키포인트

### 빌드어베어 워크숍 (BBW)

빌드어베어 워크숍은 2025 회계연도 2분기 실적에서 2분기 기준으로 사상 최고 기록을 달성했다. 매출 1억 2,420만 달러를 기록한 것이다. 지난해 같은 기간과 비교해서 11.1% 증가했다. 조정 주당순이익(EPS)는 0.94달러로 사상 최고치를 기록했다. 반기 실적으로 봐도 매출과 이익 모두 증가 추세가 유지되고 있다. 회사의 창고나 매장에서 처리되는 온라인 주문을 포함한 통합 전자상거래는 2분기에 전년 대비 15.1%나 증가했다. 해당 분기에 14개의 글로벌 시장에서 신규 매장을 열었다. 현재 전체를 다 합치면 627개의 글로벌 매장을 보유하고 있다.

현금 및 현금성 자산은 2분기 말 기준으로 3,910만 달러에 달한다. 지난해 같은 기간 대비 55.4% 증가했다. 유동성이 개선되었으며, 무차입 상태로 안정성이 높은 상황이다. 재고자산은 증가했다. 8,180만 달러로 전년 대비 1,480만 달러(22%) 증가했다. 이는 미국 행정부의 관세 정책에 대응해 핵심 제품을 선매입했기 때문이다. 관세 상승에 따른 부담 증가에 대비한 결과다.

빌드어베어 워크숍의 주가는 미국 성인들의 인형 선호도 현상이
언제까지 지속하는지를 살펴야 한다.

# 플래닛 피트니스,
# 월 2만 원인 미국 1등 헬스장

## 플래닛 피트니스 Planet Fitness

어바웃뉴욕

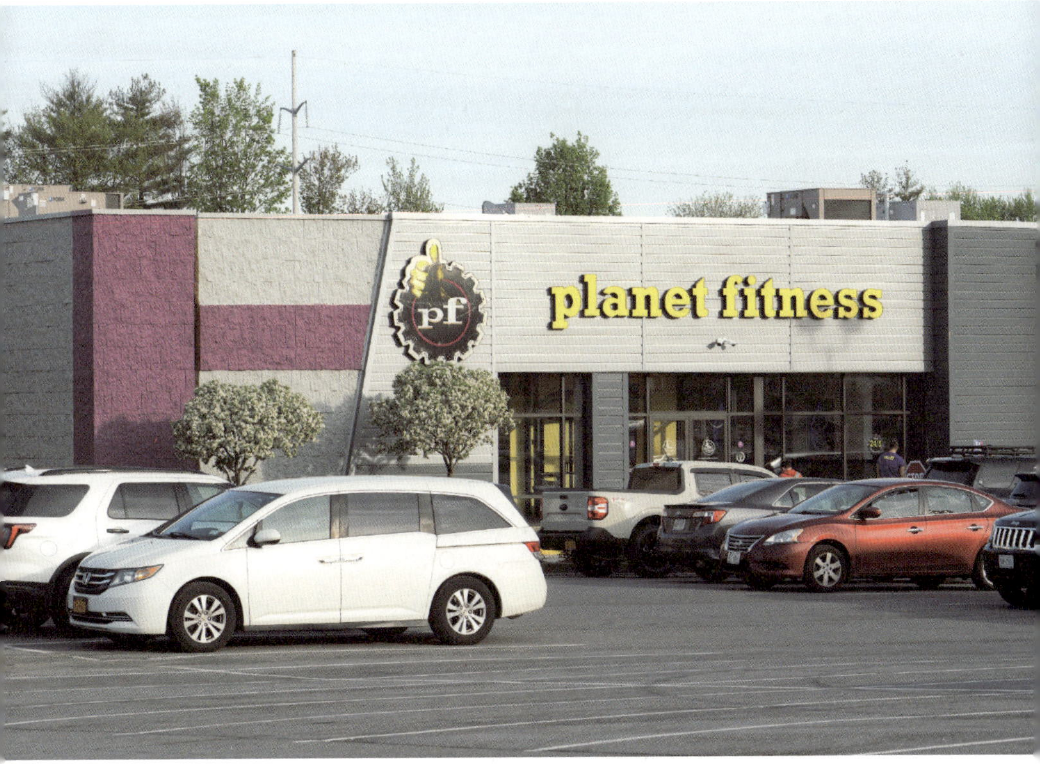


플래닛 피트니스 매장 전경. 매장마다 로고 색깔과 분위기를 통일시키지 않은 것이 독특하다.

일 년에 두 번은 꼭 운동을 다짐한다. 한 번은 새해에, 또 한 번은 여름 직전이다. 이 시기가 되면 동네 헬스장마다 '여름 준비 할인' 같은 이벤트가 쏟아진다. 미국도 다르지 않다. 그런데 미국의 헬스장은 가격이 놀라울 정도로 저렴하다. 피트니스 업계 1위 기업 '플래닛 피트니스(Planet Fitness)'의 월 이용료는 단돈 2만 원(약 10달러) 수준이다. 미국 물가를 고려하면 거의 믿기 어려운 금액이다. 이쯤 되면 "이 가격에 회사가 유지될 수 있을까?"라는 의문이 들지만, 현실은 정반대다. 플래닛 피트니스의 주가는 2025년에도 사상 최고치를 경신했다. 저가 헬스장으로 출발했지만, 지금의 플래닛 피트니스는 새로운 소비 계층과 심리를 포착한 비즈니스 모델의 상징이 되었다.

## 피트니스 시장을 다시 디자인하다

플래닛 피트니스는 저렴한 멤버십이라는 단순 전략으로 피트니스 시장의 판도를 바꾼 기업이다. 1992년, 미국 뉴햄프셔주 도버에서 마이클 그론달(Michael Grondahl)과 마크 그론달(Marc Grondahl) 형제가 처음 문을 열었을 때만 해도, 그저 그런 평범한 헬스클럽에 불과했다. 당시 대부분의 헬스클럽이 그랬듯, 이미 운동을 즐기는 미국 인구의 약 20%를 대상으로 치열한 경쟁을 벌였다. 그러나 형제는 곧 시야를 바꿨다. "왜 나머지 80%의 사람들은 헬스장에 오지 않을까?" 이 질문이 플래닛 피트니스의 운명을 바꿨다.

그들이 내린 결론은 명확했다. 첫째, 헬스장에 처음 오는 사람들

새해를 맞이하기 위해 타임 스퀘어에 모인 뉴요커들이 플래닛 피트니스 모자를 쓰고 있다.

©김용갑

은 보여주기식 운동 문화에 부담을 느낀다는 것이었다. 무거운 중량을 드는 숙련자들이 지배하는 분위기 속에서 초보자들은 위축되었다. 이에 1997년, 플래닛 피트니스는 'Judgement Free Zone(비판받지 않는 공간)'이라는 개념을 도입했다. 초보자들이 편하게 운동할 수 있는 환경을 만들기 위해 유산소 기구를 대폭 늘리고, 숙련자들이 사용하는 프리 웨이트존을 과감히 줄였다. 러닝머신 앞에서 줄을 서지 않아도 되는 공간, 운동 잘하는 사람이 아닌 '운동을 처음 시작하는 사람'을 위한 헬스장이 탄생한 것이다.

둘째, 진입장벽을 낮췄다. 초보자는 고가의 회원권에 부담을 느낀다는 점을 간파하고, 멤버십 요금을 월 10달러(약 1만 5천 원)로 대폭 인하했다. 이 단순하고 명확한 전략은 폭발적인 반응을 이끌었다. 2006년에 100번째 클럽을 열었고, 2012년에는 500개, 2015년에는 1,000개, 2019년에는 2,000개 매장을 돌파했다. 2015년에는 뉴욕증시에 상장까지 성공했다. 플래닛 피트니스는 운동을 안 하던 80%를 고객으로 만든 최초의 헬스장이었다. 피트니스 업계가 근육을 키우는 법을 고민할 때, 이들은 심리적 장벽을 허물어 시장을 키우는 법을 택했다.

## 피트니스, 경쟁이 아닌 환영의 공간

플래닛 피트니스의 내부는 우리가 익숙하게 떠올리는 일반적인 헬스장의 모습과는 완전히 다르다. 가장 먼저 눈에 띄는 것은 예상보다 훨씬 많은 트레드밀과 일립티컬(Elliptical) 머신, 로잉머신이다. 대부분의 공간이 유산소 운동기구로 채워져 있다. 초보자들이 선호하는 기구들이다. 자유 중량 운동보다 기구 중심의 환경은 운동 방법에 익숙하지 않은 사람들에게 훨씬 편안한 분위기를 제공한다. 그렇다고 해서 단순히 가볍게 운동하고 가는 곳은 아니다. 회원들은 무료로 트레이닝 프로그램을 받을 수 있고, 소규모 그룹 세션을 통해 운동법과 기구 사용법을 배울 수 있다. 여기에 디지털 경험도 강화되어 있다. 예를 들어 플래닛 피트니스의 모바일 앱에서는 각 지점의 혼잡도를 실시간으로 확인할 수 있다. 특정 요일과 시간대별로 혼잡 비율이 퍼센트(%)로 표시되기 때문에, 사용자는 자신의 생활 패턴에 맞춰 합리적으로 등록할 수 있다.

플래닛 피트니스의 멤버십은 두 가지로 나뉜다. 기본형인 '클래식(Classic)' 회원은 월 15달러, 프리미엄인 '블랙카드(Black Card)' 회원은 월 29.99달러로 약 두 배 수준이다. 두 회원 모두 매년 49달러의 연회비를 낸다. 지점별 프로모션에 따라 약간의 차이는 있지만, 대체로 월 2만 원대면 클래식, 4만 원대면 블랙카드 회원이 된다. 블랙카드 회원에게는 흥미로운 혜택이 많다. 전 세계 모든 플래닛 피트니스 지점 이용 가능, 마사지 의자 이용, 음료 50% 할인이 제공된다. 특히 눈에 띄는 점은 매 방문 시 게스트 1명을 무료로 동반할 수 있다는 것이다. 운동을 망설이는 초보자가 친구를 따라 자연스럽게 운동을 경험할 수 있게 한 구조다. 매장 인테리어도 브랜드 철학을 반영한다. 플래닛 피트니스의 시그니처 컬러인 보라색과 노란색은 밝고 친근한 분위기를 조성하기 위해 선택된 색이다. 로고의 기어와 엄지손가락은 각각 '움직임'과 '긍정'을 상징한다. 이외에도 초보자 친화적 문화를 강화하는 이벤트들이 있다. 대표적으로 매월 첫째 주 월요일 밤에는 무료 피자, 둘째 주 화요일에는 무료 베이글을 제공한다. 이 전통은 1999년에 시작됐다. 당시 온수 시스템 고장으로 불편을 겪은 회원들에게 감사의 의미로 피자를 나눠준 것이 시초였다. 예상치 못한 이 이벤트가 큰 호응을 얻으면서 정기 행사로 자리 잡았다.

결국 플래닛 피트니스는 운동을 좋아하는 사람이 아닌, 운동을 시작하려는 사람을 위한 공간을 만들었다. 러닝머신과 피자, 보라색 조명과 미소가 공존하는 이곳에서, 피트니스는 더 이상 경쟁의 공간이 아니라 환영의 공간이 되었다.

## 조롱받을수록 더 강해진다

초보자를 주요 고객층으로 삼은 플래닛 피트니스는 때때로 밈의 대상이 되곤 한다. 저렴한 멤버십 구조 덕분에 대중적인 인기를 얻었지만, 동시에 서비스 품질이 떨어진다는 지적을 받기 때문이다. 대표적인 상징이 바로 '렁크 알람(Lunk Alarm)'이다. 헬스장 분위기를 해치는 행동이 감지되면 울리는 사이렌이다. 세트 마지막에 덤벨을 바닥에 떨어뜨리거나, 과도하게 큰 소리를 내며 주목을 끌거나, 다른 사람의 외모를 조롱하는 행위 등이 대상이다. 미국에서는 이 알람이 '운동 잘

하는 사람들을 막는 헬스장'이라는 풍자적 밈으로도 자주 등장한다. 가격이 저렴하고 초보자들이 많다 보니, 운동 대신 기구에 앉아 신문을 읽거나 휴대폰을 보는 사람들의 모습이 온라인에서 회자되기도 한다. 또 하나 자주 등장하는 밈은 멤버십 취소 절차의 번거로움이다. 간단히 앱으로 취소되지 않고 직접 매장을 방문해야 하는 시스템 때문에, 이용자들이 "회원들을 인질로 잡았다"고 농담처럼 표현하기도 한다.

최근 가장 큰 이슈는 가격 인상이었다. 1998년 도입된 월 10달러 멤버십은 플래닛 피트니스의 상징과도 같았다. 하지만 2024년, 설립 이후 처음으로 요금을 15달러로 인상했다. 회사는 이를 매우 신중하게 진행했다. 인상 1년 전부터 100개 매장에서 12.99달러와 15달러 두 가지 요금을 테스트한 뒤, 고객 유지율과 수익성을 면밀히 분석해 최종 결정을 내렸다. 플래닛 피트니스의 구조적 강점은 프랜차이즈 모델에 있다. 전체 매장의 90% 이상이 가맹점이며, 본사가 직접 운영하는 직영 매장은 10% 미만이다. 덕분에 사업성이 입증되면 빠르게 확장할 수 있다. 실제로 지난 10년 동안 꾸준한 성장세를 유지했고, 팬데믹 시기에도 단 한 곳의 매장도 폐쇄하지 않았다. 당시 미국 내 오프라인 체육관의 약 25%가 문을 닫았던 것과 대조적이다. 비웃음 속에서도 끊임없이 성장하는 브랜드, 그것이 플래닛 피트니스의 진짜 체력이다.

## 대중성으로 증명한 성장 공식

가격 인상 이후 플래닛 피트니스의 주가를 끌어올린 결정적 계기는 2024년 3분기 실적 발표였다. 매출은 전년 동기 대비 5.3% 증가한 2억 9,220만 달러를 기록했고, 동일 매장 매출도 4.3% 상승했다. 조정 주당순이익(EPS)은 0.64달러로 전년의 0.59달러에서 5.7% 늘어나며 사상 최고치를 경신했다. 콜린 키팅(Colleen Keating) CEO는 당시 실적 발표에서 이렇게 말했다.

"25년 만에 처음으로 클래식 멤버십 요금을 15달러로 인상했습니다. 이는 사람들의 삶을 개선하고, 가맹점주와 주주 모두에게 장기적인 성공을 가져다줄 결정이 될 것입니다."

3분기 기준 플래닛 피트니스의 전 세계 지점 수는 2,637개에 달했다. 무엇보다 주목할 점은 회원 수 1,970만 명으로, 미국 내 피트니스 체인 중 단연 1위라는 사실이다. 미국 전체 인구가 약 3억 4천만 명임을 감안하면, 미국인 20명 중 1명꼴로 플래닛 피트니스 회원이라는 뜻이다. 플래닛 피트니스는 종종 월마트에 비유되곤 한다. 저렴한 가격으로 피트니스의 대중화를 이끈 기업, 동시에 누구나 부담 없이 운동을 시작할 수 있는 공간을 만든 브랜드라는 점에서다. 건강과 웰니스에 대한 관심이 높아진 Z세대 세대의 성장세는 이 브랜드의 미래를 더욱 밝게 하고 있다. 플래닛 피트니스는 여전히 '저렴하지만 가치 있는 시작'이라는 자리를 지키며, 피트니스 산업의 진입 문턱을 낮추고 있다.

## 주가 키포인트

▮▮▮

---

# 플래닛 피트니스(PLNT)

---

플래닛 피트니스는 약 1,400만 명의 회원을 확보하고 있다. 미국 인구가 3억 4천만 명 수준인 점을 고려하면 미국 인구 20명 중에 1명은 플래닛 피트니스의 회원이다. 2025년으로 상장한 지 10년을 맞았다. 미국 50개주와 4개국가에서 사업을 지속하고 있다. 소비자들이 건강과 웰빙에 집중하면서 플래닛 피트니스에 대한 수요는 강해질 수 있다. 플래닛 피트니스는 중고등학생을 위한 프로그램으로 어릴 때부터 회원 유입을 유도한다. 고등학생 여름 무료 이용권(High School Summer Pass)의 경우 6-8월까지 이용이 가능한 프로그램이다. 학생들의 방학을 노린 전략이다.

플래닛 피트니스가 가격을 인산한 이후 2024년 실적에서는 가격 인상이 실적을 견인했다. 25년 만에 처음 클래식 멤버십 가격을 15달러로 인상하면서 효과를 누렸다. 가장 최근 실적에서도 양호한 성장세가 이어지고 있다. 2025 회계연도 2분기 실적에서 총 매출은 3억 4천만 달러로 전년 대비 13% 증가했다. 프랜차이즈 부문 매출은 1억 2천만 달러로 11% 증가했다. 플래닛 피트니스는 최근 소매

## 플래닛 피트니스 2025 회계연도 2분기 실적

단위: 천 달러, 주당금액 제외

| 구분 | 3개월 종료 (2025.6.30) | 3개월 종료 (2024.6.30) | 6개월 종료 (2025.6.30) | 6개월 종료 (2024.6.30) |
|---|---|---|---|---|
| **브랜드별 순매출** | | | | |
| 프랜차이즈 | 107,617 | 97,416 | 202,691 | 184,918 |
| 가맹 클럽 장비 매출 | 47,625 | 42,235 | 91,405 | 83,736 |
| 회사 직영점 | 55,472 | 50,419 | 106,812 | 98,874 |
| 기업 전반적 매출 | 2,774 | 2,310 | 5,187 | 4,659 |
| **총매출** | 213,488 | 192,380 | 406,095 | 372,187 |
| **비용 (Expenses)** | | | | |
| 매출원가 | 34,870 | 32,161 | 67,520 | 62,727 |
| 판매, 일반 및 관리비 (SG&A) | 78,607 | 70,642 | 154,933 | 138,560 |
| 감가상각비 | 12,017 | 10,846 | 23,752 | 21,541 |
| 기타운영비용 | 7,015 | 6,434 | 14,204 | 12,924 |
| **총비용** | 132,509 | 120,083 | 260,409 | 235,752 |
| **영업이익** | 80,979 | 72,297 | 145,686 | 136,435 |
| **기타 수익(비용)(Other income/expense)** | | | | |
| 이자수익 | 1,372 | 1,238 | 2,764 | 2,377 |
| 이자비용 | -39,570 | -41,102 | -78,853 | -81,893 |
| 기타 | -1,335 | -1,059 | -2,324 | -1,771 |
| **법인세 차감 전 이익** | 41,446 | 31,626 | 67,273 | 55,148 |
| **순이익** | 31,457 | 23,749 | 50,659 | 41,441 |
| **비지배지분 귀속이익** | -1,234 | -1,146 | -2,437 | -2,205 |
| **지배기업 귀속 순이익** | 30,223 | 22,603 | 48,222 | 39,236 |
| **기본 주당순이익 (Basic EPS)** | 0.38 | 0.28 | 0.6 | 0.49 |
| **희석 주당순이익 (Diluted EPS)** | 0.37 | 0.27 | 0.59 | 0.47 |
| **가중평균 유통주식수** | | | | |
| 기본 (Basic) | 79,405 | 80,805 | 79,600 | 80,522 |
| 희석 (Diluted) | 81,000 | 82,545 | 81,240 | 82,174 |

출처: 플래닛 피트니스

업체의 불확실성인 관세와 거리가 있다. 실제로 플래닛 피트니스도 관세 인상에 따른 영향은 제한적이고, 관세 인상이 향후 실적 전망에 영향을 미치지 않는다고 밝히고 있다.

플래닛 피트니스는 저렴한 가격으로 피트니스계의 월마트라 불린다. 건강에 대해 더욱 중요하게 생각하는 미국의 GenZ 세대가 증가하는 상황에서 누구나 처음 운동할 수 있는 공간이라는 장점, 피트니스의 대중화에 유리하다는 장점을 지닌 기업이다.

# 스피릿 할로윈,
# 할로윈 때만 여는 팝업으로 승리하다

스피릿 할로윈 Spirit Halloween

어바웃뉴욕 ▶

올해 8월, 맨해튼에서 스피릿 할로윈의 시즌제 팝업 스토어가 열렸다.

미국에서는 매년 할로윈이 다가오면 온 도시가 축제 분위기에 휩싸인다. 사람들은 집을 거미줄, 해골, 유령 장식으로 꾸미며 이웃 간에 누가 더 멋지게 장식했는지를 두고 경쟁을 벌인다. 아이들은 분장을 하고 집집마다 돌아다니며 "Trick or Treat!"을 외친다. '사탕을 주지 않으면 장난칠 거야!'라는 귀여운 협박과 함께다. 어른들 역시 괴물이나 영화 속 캐릭터로 분장해 파티를 즐긴다. 남녀노소 모두가 함께 즐기는, 그야말로 미국식 대형 소비 축제다.

이 시기 기업들도 가만히 있지 않는다. 초콜릿과 사탕 제조사인 허쉬 같은 기업들에게는 최대의 성수기다. 월마트는 할로윈 코너를 꾸리고, 홈디포는 해골과 조명, 거미줄 장식으로 매장을 채운다. 그리고 이때만 등장해 한철 장사를 하는 기업이 있다. 바로 '스피릿 할로윈(Spirit Halloween)'이다. 말 그대로 할로윈에 필요한 모든 것을 파는 가게다. 의상, 가면, 분장용품, 장식, 소품까지. 할로윈이 시작되는 순간, 도시 곳곳에 스피릿 할로윈의 간판이 불을 밝힌다.

## 할로윈, 소비를 소환하다

스피릿 할로윈의 가장 큰 특징은 단 3개월만 운영되는 1,500개의 임시 매장이라는 점이다. 할로윈 시즌이 다가오면 미국 전역의 쇼핑몰이나 상가 한켠, 혹은 망한 매장의 빈자리에 어김없이 스피릿 할로윈의 팝업스토어가 등장한다. 매년 여름이 끝나갈 무렵이면 그 익숙한 주황색 간판이 하나둘씩 들어서며, 도시는 곧 다가올 축제를 예고

한다. 이들의 핵심 전략은 단순하다. 짧은 기간, 집중된 수요, 최소한의 임대비용이 그 핵심이다. 할로윈이 끝나면 매장은 곧바로 문을 닫고 흔적도 없이 사라진다.

할로윈 자체의 기원은 고대 켈트족의 삼하인(Samhain) 축제에서 비롯되었다. 켈트족은 11월 1일을 새해로 여겼고, 그 전날 밤인 지금의 10월 31일에 망령들이 세상으로 돌아온다고 믿었다. 사람들은 영혼이 자신에게 들어오지 않도록 귀신이나 괴물로 분장했다. 이후 가톨릭이 이를 모든 성인을 기리는 날인 만성절(All Saints' Day)'로 지정하면서, 그 전날인 10월 31일은 '성인의 전날(Hallow's Eve)', 즉 할로윈(Halloween)으로 자리 잡게 됐다.

오늘날 미국의 할로윈은 공포보다는 가족과 이웃이 함께 즐기는 이벤트의 성격이 강하다. 아이들은 "Trick or Treat!"을 외치며 사탕을 얻으러 다니고, 어른들은 분장을 즐긴다. 코스튬의 이미지 역시 귀신을 쫓기보다는 축제를 즐기기 위한 장식에 가깝다.

스피릿 할로윈은 이러한 문화적 흐름 속에서 할로윈을 산업으로 만든 브랜드다. 이들은 매년 8월부터 11월 초까지만 문을 열고, 11월 3일이면 모든 매장이 일제히 철수한다. 예컨대 할로윈 시즌에 뉴욕 맨해튼의 4개 매장이 운영되더라도, 11월이 되면 흔적 없이 사라진다. 이렇게 운영되는 임시매장이 무려 1,500곳. 덕분에 스피릿 할로윈은 단 세 달 만에 5만 명의 임시 고용을 창출한다. 한철 장사지만, 그 규모는 웬만한 대기업에 버금간다. 미국의 노동통계에서도 이러

할로윈을 맞아 스피릿 할로윈의 코스튬 복장을 입고 있다.

©김용갑

한 시즌성 일자리의 폭발적 증가는 매년 할로윈 시기에 나타나는 뚜렷한 경제 현상으로 기록된다.

## 한철 장사로 미국을 사로잡다

스피릿 할로윈의 시작은 1983년으로 거슬러 올라간다. 창업자 조셉 마버(Joseph Marver)는 원래 미국 캘리포니아 샌프란시스코에서 여성 의류 매장을 운영하고 있었다. 그러던 중 근처의 한 할로윈 매장이 폭발적인 인기를 끄는 모습을 보고, 그는 과감히 사업 방향을 틀었다. 기존의 의류 매장을 할로윈 전문점으로 전환한 것이다. 다음 해, 인근 쇼핑몰의 임시 공간을 빌려 한 달간 운영한 결과, 무려 10만 달러의 매출을 기록했다. 그때 마버는 확신했다. 할로윈은 비즈니스가 될 수 있다고 말이다. 이후 그는 본격적으로 팝업 매장 모델을 도입했다. 폐업한 점포나 비어있는 쇼핑몰 공간을 활용해 매년 8월 초부터 11월 초까지만 영업하는 구조였다. 짧지만 강렬한 '한철 장사'였다. 이 모델은 1990년대 후반 들어 폭발적인 성공을 거두며, 매장 수가 60개까지 늘었다. 그리고 1999년, 잡화·기념품 전문 브랜드 '스펜서 기프트(Spencer Gifts)'에 인수되며 전국적 확장의 발판을 마련한다. 현재 스피릿 할로윈은 상장사는 아니지만, 모기업 스펜서스(Spencer's)가 상장사로 등록되어 있다.

스펜서스의 유통망과 자본을 등에 업은 스피릿 할로윈은 전국으로 확산됐다. 지금은 1,500개 이상의 팝업스토어를 운영하는 미국 최대의 할로윈 전문 브랜드로 자리 잡았다. 매장에서는 코스튬 의상, 액세서리, 장식품, 분장용품 등 할로윈 관련 제품을 총망라한다. 특히 매장 분위기 자체를 체험형 공간으로 구성해 고객이 실제로 할로윈의 공포와 즐거움을 느낄 수 있게 했다. 이는 온라인 쇼핑 강자 아마존과 차별화된 전략이었다. 경험을 파는 오프라인 공간, 그것이 스피릿 할로윈의 무기였다.

또한 스피릿 할로윈은 시대의 트렌드와 유행을 적극 반영한 상품 기획으로도 유명하다. 아이들 사이에서는 '스파이더맨'이 단골 1위 코스튬이고, 어른들에게는 '마녀'와 '뱀파이어'가 꾸준히 인기를 끈다. 이곳에서는 매년 대선 후보들의 얼굴을 본뜬 가면도 출시된다. 미국 CBS뉴스에 따르면, 1996년 이후 20년 동안 스피릿 할로윈에서 더 많이 팔린 후보의 가면이 실제 대선 승리로 이어졌다고 한다. 단 한 번 빗나간 해가 있었는데, 바로 2020년이었다. 당시 트럼프 가면이 더 많이 팔렸지만, 실제 당선자는 조 바이든이었다. 할로윈의 열기가 높아질수록, 스피릿 할로윈의 매장은 공포보다 즐거운 체험을 파는 거대한 무대로 진화하고 있다.

### 유령은 떠나고, 돈은 남는다

스피릿 할로윈의 핵심 전략은 '부동산 비용 최소화'에 있다. 매년 1,500개에 달하는 팝업 매장을 열지만, 그 부담을 최소화할 수 있는 이유가 여기에 있다. 다만 건물주 입장에서는 반가운 세입자가 아닐 수도 있다. 스피릿 할로윈은 이를 고려해 독특한 임대 방식을 구축했다. 먼저 빠르게 접근해 단기 임대를 제안하되, 만약 건물주가 그 시점 이전에 다른 장기 임차인을 확보하면 계약을 포기하는 조건을 둔다. 즉, 공실로 비워둘 바엔 단기라도 수익을 올리자는 건물주의 심리를 활용하는 구조다. 이런 유연한 계약 방식 덕분에 스피릿 할로윈은 집주인과의 이해관계가 맞아떨어지고, 매년 안정적으로 매장을 확보할 수 있다.

또 하나 흥미로운 점은 팝업 매장의 입지 관리 방식이다. 매년 새로운 매장을 찾아 공사하고 준비하는 일이 만만치 않지만, 스피릿 할로윈의 전체 매장 중 약 3분의 2가 전년도와 동일한 쇼핑몰 공간에 자리한다. 공실이 많은 쇼핑몰 입장에서도 반가운 손님이기 때문이다. 결과적으로 스피릿 할로윈은 '유휴 공간의 활용'이라는 도시의 문제를 비즈니스 기회로 바꿔놓았다. 이처럼 단기 운영의 비효율을 감수하면서도 스피릿 할로윈이 매년 사업을 이어가는 이유는, 할로윈 시장 자체가 그만큼 커지고 있기 때문이다. 미국 소매협회(National Retail Federation)에 따르면, 2023년 미국인의 핼러윈 관련 소비 규모는 122억 달러에 달했다. 2005년 대비 약 4배 증가한 수치다. 경기 침체기였던 2008년이나 팬데믹 이후인 2018년에도 일시적 둔화가 있었지만, 전체적으로는 꾸준한 성장세를 보였다. 할로윈은 이제 단순한 축제가 아니라, 미국 소비심리를 움직이는 거대한 연례 산업이 된 셈이다.

# 뉴요커의 지갑에서 배운 것들

뉴욕 특파원 이전에는 뉴욕을 생각하면 단연 월스트리트를 떠올렸다. 하지만 뉴욕 특파원 시절 강한 인상을 받은 부분은 다름 아닌 '인종의 다양성'이다. 뉴욕에는 유대인부터 백인, 아시아인, 히스패닉 등 다양한 사람들이 모여 산다. 전 세계인들이 기회를 찾아 뉴욕으로 모인다. 그들에게는 각자의 문화, 종교, 언어가 있다. 그러니 뉴욕은 전 세계의 축소판이라 볼 수 있다.

이러한 관점은 투자 측면에서도 흥미롭다. 기업으로서 뉴욕은 최적의 실험장이다. 한 도시에서 다양한 인종에게 평가를 받아볼 수 있기 때문이다. 특히 소비재 기업으로서는 더욱 매력적이다. 자신들이 판매하는 음식, 옷, 신발 등 일상 속 다채로운 소비 상품을 한번에 평가를 받을 수 있다.

뉴욕 맨해튼 골목골목에 있는 소비재 기업의 매장에서 실험이 펼쳐진다. 뉴욕에 유독 플래그쉽 스토어가 많은 이유도 이 때문이다. 주말에 뉴욕 소호를 걷다 보면, 유독 줄이 긴 기업을 찾아볼 수 있다. 이들 중 누군가는 매주 실험에 성공하고 있다. 그 장면이 뉴욕 특파원 시절 콘텐츠를 만드는 데 있어 많은 아이디어를 줬다.

전 세계의 축소판인 뉴욕에서 승리를 맛본 트렌드는 곧 미국 전역으로 빠르게 퍼진다. 그리고 전 세계로 확장된다. 그러니 뉴요커가 돈을 쓰는 기업을 확인하는 작업은 전 세계의 소비 트렌드를 가장 빨리 파악하는 작업이기도 하다. 투자는 미래를 예측하는 것이 아니라, 이미 도착해 있는 미래를 발견하는 일이라고 한다. 뉴욕은 그 미래를 발견하기에 최적의 장소다. 새로운 변화는 결국 기업의 성과로 이어지고, 주가와도 연결된다.

독자들에게 꼭 드리고 싶은 말씀이 있다. 이 책은 특정 기업을 추천하고 투자를 권유하는 책이 아니다. 본문에서 언급한 기업들의 주가는 현재 하향 추세로 전환한 곳들도 있다. 이 책은 소비 트렌드를 읽고, 그 변화에서 살아남을 기업을 찾는다면 투자에 성공할 수 있다는 시각을 전달하고자 하는 것에 의미를 두고 있다. 기술주 투자는 정보의 비대칭성이 크다. 팔란티어에 투자하지만, 실제 팔란티어가 어떤 기업인지 모르는 투자자가 많다. 반면, 소비재는 비교적 예측 가능성이 높다. 에르메스의 인기는 지속적이며, 루이비통의 인기는 시들해진다. 비싼 가방보다 윌리엄스 소노마의 비싼 그릇은 판매 비중이 늘었다. 이와 같은 현상을 통해 미국 중산층의 소비 변화를 읽을 수 있다. 중산층이 향하는 기업을 찾으면 미국 주식의 투자가 보인다.

　미국은 소비의 나라다. 미국 GDP의 70%는 소비가 차지한다. 그래서 미국 주식 투자자들도 거시경제지표를 볼 때, 소비와 관련된 지표들을 확인한다. 그러나 정작 투자자들은 기술주에만 집중한다. 소비 기업 투자에 많은 기회가 있다는 것을 등한시한 채 말이다. 이제 그 기회를 찾기 위해 질문을 던지겠다.

　"지금 뉴요커는 어디에 돈을 쓰고 있을까?"

　마지막으로 이 책이 세상에 나오기까지 혼자만의 힘으로는 불가능했다. 뉴욕에서 이 책의 토대가 된 유튜브 〈어바웃 뉴욕〉을 함께 만들어 준 장형원 PD와 서동렬 PD에게 깊이 감사의 말씀을 드린다. 응원과 조언을 건네준 뉴욕팀의 윤원섭, 홍장원, 오찬종 특파원에게도 깊이 감사함을 보낸다. 그리고 일일 PD로 여러 콘텐츠를 함께 만든 동료이자 든든한 응원자인 아내에게 고마움을 전한다.

2025년 12월
김용갑

# 뉴요커가 돈을 쓰는
# 기업에 투자하라

**초판 1쇄** 2025년 12월 10일

**지은이** 김용갑
**펴낸이** 허연
**편집장** 유승현

**책임편집** 장현송
**편집부** 김민보 정혜재 고병찬 이예슬 민경연
**마케팅** 한동우 박소라 김영관
**경영지원** 김정희 오나리
**디자인** 김보현 한사랑

**펴낸곳** 매경출판(주)
**등록** 2003년 4월 24일(No. 2-3759)
**주소** (04557) 서울시 중구 충무로 2(필동1가) 매일경제 별관 2층 매경출판(주)
**홈페이지** mkbook.mk.co.kr **스마트스토어** smartstore.naver.com/mkpublish
**페이스북** @maekyungpublishing **인스타그램** @mkpublishing
**전화** 02)2000-2631(기획편집) 02)2000-2646(마케팅) 02)2000-2606(구입 문의)
**팩스** 02)2000-2609 **이메일** publish@mkpublish.co.kr
**인쇄·제본** (주)M-print 031)8071-0961
**ISBN** 979-11-6484-833-1(03320)